Food Guide

Food Guide

DAS KULINARISCHE HANDBUCH MIT ÜBER 1000 LEBENSMITTELN

INGEBORG PILS

Parragon

Bath • New York • Singapore • Hong Kong • Cologne • Delhi
Melbourne • Amsterdam • Johannesburg • Auckland • Shenzhen

© Parragon Books Ltd
Queen Street House
4 Queen Street
Bath BA1 1 HE, UK

© Texte und Bilder: ditter.projektagentur GmbH
Texte: Ingeborg Pils
Konzept und Zusammenstellung: Irina Ditter
Cover & Layout: Martinez Design
Fotografie: Alle Fotos von Michael Ditter, Jürgen Schulzki, Ruprecht Stempell, Felix Sodomann und Jo Kirchherr außer: S. 146, Truthahn: Karam Miri/Fotolia.com; S. 194, Hering: Aleksandr Ugorenkov/Fotolia.com; S. 202, Hecht: Dmitry Syechin/Fotolia.com; S. 238, Weiße Trüffel: Luca Manieri/Fotolia.com

ISBN: 978-1-4454-3437-7

Printed in China

Wissen und Genießen 6

Getreide und Getreideprodukte 8

Milch und Milchprodukte 44

Essige, Speiseöle und Speisefette 112

Fleisch, Geflügel und Eier 128

Würste und Schinken 154

Fisch und Meeresfrüchte 180

Gemüse 234

Kräuter und Gewürze 290

Obst und Nüsse 322

Süßungsmittel und Süßes 362

Register 380

WISSEN UND GENIESSEN

Noch nie war das Angebot an Nahrungsmitteln aus der ganzen Welt so groß und bunt wie heute. Doch das vermeintliche kulinarische Schlaraffenland hat nicht nur Vorteile. Angesichts der verschwenderischen Fülle kann man bisweilen auch ein wenig die Übersicht verlieren. Woher kommen die Lebensmittel, wofür und wie kann man sie in der Küche verwenden, welche Teile sind genießbar und wie isst man sie? Viele Fragen, auf die der *Food Guide* in kurzen, knappen Texten schnell und übersichtlich Antwort gibt. Sie erfahren beispielsweise, wie lange ein Käse reift, aus welcher Milchsorte er hergestellt wird, wie hoch sein Fettanteil ist und welche Geschmacksnoten ihn auszeichnen. Entdecken Sie, welche Fleischteile sich zum Kochen, Braten oder Schmoren eignen, welche Nudelform am besten zu bestimmten Saucen passt und wer das Wiener Würstchen erfunden hat.

Der *Food Guide* bietet kulinarisches Grundwissen in kompakter Form. Er vermittelt auf einen Blick Basiswissen über 1000 Lebensmittel in Wort und Bild. Der inhaltliche Schwerpunkt liegt bei den beliebtesten oder häufigsten Nahrungsmitteln in Europa, ergänzt durch besondere kulinarische Highlights wie exotische Früchte und Delikatessen aus der ganzen Welt. Die sachlich-informativen Texte, die aussagekräftigen Fotos und die übersichtliche Darstellung helfen Ihnen, sich in der Welt der Lebensmittel schneller und besser zurechtzufinden. 18 Foto-Reportagen über die Produktion von Grundnahrungsmitteln wie Brot, Salz und Butter runden das Kompendium ab.

Das Bewertungssystem von 1 bis 5 Sternen zeigt, welchen Genuss-Stellenwert ein Lebensmittel in Europa hat. Die höchste Anzahl erreichen dabei Produkte, die einzigartig sind – durch ihren Geschmack, ihre Qualität und/oder die Art der Produktion. Besonderes Augenmerk haben wir dabei auf regionale Spezialitäten und traditionelle handwerkliche Produktionsmethoden gelegt, die vielfach bereits durch die Gesetzgebung der Europäischen Union geschützt sind – vom einzigartigen Aceto Balsamico Tradizionale über die Bresse-Poularde bis zum spanischen Weichkäse Torta del Casar. Ebenfalls mit 5 Sternen gekennzeichnet sind die wichtigsten Grundnahrungsmittel in Europa.

Doch der *Food Guide* ist nicht nur kulinarischer Ratgeber und Warenkunde, sondern auch ein Wörterbuch. Denn neben leicht verständlichen Kurztexten enthält er auch die Namen vieler Lebensmittel in den Sprachen Englisch, Französisch, Spanisch und Italienisch, außerdem den wissenschaftlichen lateinischen Namen. Auf diese Weise trägt er dazu bei, dass man sich auch in den Küchen der beliebtesten europäischen Urlaubsländer zurechtfindet.

Der *Food Guide* soll Ihnen ein Wegweiser durch die faszinierende und vielfältige Welt unserer Lebensmittel sein, eine kompetente Orientierungshilfe beim täglichen Einkauf und eine Quelle kulinarischer Inspiration. Lassen Sie sich verführen zum Probieren unbekannter Spezialitäten und entdecken Sie fast in Vergessenheit geratene Obst- und Gemüsesorten neu. Dabei wünschen wir Ihnen viel Vergnügen!

Ingeborg Pils

GETREIDE UND GETREIDEPRODUKTE

NATURREIS, VOLLKORNREIS

GB: Brown rice
F: Riz complet
E: Arroz integral
I: Riso integrale
Lat.: *Oryza sativa*

Reis, dessen Körner nur entspelzt wurden und noch vom schützenden Silberhäutchen umschlossen sind.

Enthält mehr Vitamine und Mineralstoffe als polierter Reis.

Verwendung: für Reisgerichte, als Beilage zu Fisch, Fleisch, Geflügel und Gemüse

★★★★

SCHWARZER PIEMONT REIS

GB: Black Piedmont rice
F: Riz noir du Piémont
E: Arroz negro del Piamonte
I: Riso nero del Piemonte

Vollkornreis mit natürlich schwarzer Schale, nussigem Geschmack und dem Duft nach frischem Brot

Reich an Spurenelementen und Proteinen

Neuere Kreuzung aus asiatischen und italienischen Reissorten

Verwendung: für Reisgerichte

★★★

PARBOILED REIS

GB: Parboiled rice
F: Riz parboiled
E: Arroz vaporizado
I: Riso parboiled
Lat.: *Oryza sativa*

Speziell behandelter Reis mit verkürzter Kochzeit, der nach dem Garen körnig bleibt.

Rohreis wird unter Druck gedämpft, anschließend getrocknet und erst dann poliert. Dadurch bleiben die Nährstoffe erhalten.

Die gelblichen, leicht durchsichtigen Körner werden beim Kochen wieder weiß.

Verwendung: für Reisgerichte, als Beilage zu Fisch, Fleisch, Geflügel und Gemüse

★★★★

LANGKORNREIS

GB: Long-grain rice
F: Riz long grain
E: Arroz de grano largo
I: Riso a grana lunga
Lat.: *Oryza sativa ssp. indica*

Reis, dessen Körner etwa viermal so lang wie dick sind.

Hartes, glasiges Korn, das auch nach dem Garen locker und körnig bleibt.

Zu den besten Sorten gehören der Patnareis aus Vorderindien, der Siamreis aus Hinterindien und der Karolinareis aus den USA.

Verwendung: für Reisgerichte, als Beilage zu Fisch, Fleisch und Gemüse

★★★★★

BASMATIREIS

GB: Basmati rice
F: Riz basmati
E: Arroz Basmati
I: Riso Basmati
Lat.: *Oryza sativa ssp. indica*

Nordindischer Duftreis, der in bester Qualität am Fuß des Himalajas angebaut wird.

Langkornreis mit besonders langen und sehr schmalen Körnern, der Duft und Aroma den stark mineralhaltigen Böden verdankt.

Gehört zu den feinsten Reissorten.

Verwendung: für indische Gerichte, als Beilage zu Fisch, Fleisch, Geflügel und Gemüse

★★★★★

JASMINREIS

GB: Jasmine rice
F: Riz jasmin
E: Arroz jazmín
I: Riso jasmine
Lat.: *Oryza sativa ssp. indica*

Thailändischer Duftreis

Langkornreis mit besonders langen und sehr schmalen Körnern, der Duft und Aroma den stark mineralhaltigen Böden verdankt.

Entfaltet erst beim Kochen seinen blumigen Duft.

Gehört zu den feinsten Reissorten.

Wird auch als Vollkornreis angeboten.

Verwendung: für thailändische Gerichte, als Beilage zu Fisch, Fleisch und Gemüse

★★★★★

Reisfelder müssen immer wieder geflutet werden, denn die Pflanzen brauchen neben Wärme viel Feuchtigkeit.

Gegen Ende der Reifezeit wird das Wasser abgelassen, damit die Körner ausreifen können.

Die Rispen werden noch heute vielfach per Hand geerntet.

KLEBEREIS

GB: Glutinous rice
F: Riz gluant
E: Arroz glutinoso
I: Riso glutinoso
Lat.: *Oryza sativa ssp. japonica*

Mittelkornreis mit hohem Stärkeanteil, der beim Kochen leicht zusammenklebt.

Vor allem in Asien sehr verbreitet, weil er ideal zum Essen mit Stäbchen ist.

Verwendung: als Beilage zu asiatischen Gerichten

★★★★

SUSHI-REIS (SHINODE)

GB: Japanese Rice
F: Riz japonais
E: Arroz japonés
I: Riso giapponese
Lat.: *Oryza sativa*

Japanischer Rundkornreis mit sehr stärkereichen Körnern, der klebrig einkocht.

Ist gekocht und mit Reisessig vermischt die Grundlage für Sushi.

Verwendung: für Sushi

★★★★★

ARBORIO-REIS

GB: Arborio rice
F: Riz arborio
E: Arroz Arborio
I: Riso Arborio
Lat.: *Oryza sativa ssp. indica*

Italienische Rundkornreissorte mit großen Körnern aus den Regionen Piemont, Lombardei und Emilia-Romagna

Daneben gibt es noch die Sorten Vialone Nano (kleinkörnig, aus Venetien) und Carnaroli (neuere Kreuzung aus Vialone mit einer japanischen Reissorte).

Die drei Sorten unterscheiden sich in der Stärkezusammensetzung und der Korngröße.

Verwendung: für Risotto und andere Reisgerichte

★★★★★

MOCHI, SÜSSER REIS

GB: Mochi, Sweet rice
F: Mochi
E: Mochi, Arroz dulce
I: Mochi
Lat.: *Oryza sativa ssp. japonica*

Natürlich süßer Rundkornreis mit kurzen, dicken Körnern

Ursprüngliche Heimat: Japan

Verwendung: für süße Reisgerichte und Reiskuchen

★★★

ROTER CAMARGUEREIS

GB: Camargue red rice
F: Riz rouge de Camargue
E: Arroz rojo de la Camarga
I: Riso rosso della Camargue
Lat.: *Oryza sativa*

Spezialität aus der südfranzösischen Camargue mit nussigem Geschmack, entstanden aus einer natürlichen, nicht genau zu bestimmenden Kreuzung

Wird seit rund 20 Jahren gezielt angebaut.

Die rote Farbe sitzt in den Häutchen der Körner, deshalb wird der Reis nur als ungeschliffener Vollkornreis angeboten.

Verwendung: für Reisgerichte, als Beilage zu Fisch, Fleisch, Geflügel und Gemüse

★★★★

WILDREIS

GB: Wild rice
F: Riz sauvage
E: Arroz silvestre
I: Riso selvaggio
Lat.: *Zizania*

Botanisch gesehen kein Reis, sondern ein wildwachsendes, teilweise auch kultiviertes Wassergras

Ursprüngliche Heimat: Kanada und das Mississippi-Delta

War einst Grundnahrungsmittel der indianischen Ureinwohner, heute bei Feinschmeckern beliebt.

Wird oft mit preiswerterem Langkornreis gemischt.

Verwendung: als Beilage zu Fisch, Fleisch, Geflügel und Gemüse

★★★★★

WEIZEN

GB: Wheat
F: Blé
E: Trigo
I: Grano
Lat.: *Triticum*

Eine der ältesten Brotgetreidearten aus der Gattung der Süßgräser

Die Wildformen stammen aus Vorder- und Mittelasien bzw. aus Äthiopien.

Wird heute auf allen Kontinenten angebaut und gedeiht am besten in gemäßigten Klimazonen auf feuchten, nährstoffreichen Böden.

Das wichtigste Brotgetreide in Europa

Verwendung: zu Mehl vermahlen für Brot, Kleingebäck, Kuchen, Backwaren, Kekse, Teigwaren, als Flocken für Müsli

★★★★★

KAMUT

Alte Getreideart mit gelben Körnern, Vorfahre des Hartweizens

Nährstoffreicher als die gezüchteten Weizenformen

Das einzige Getreide, dessen Namen als eingetragenes Warenzeichen gesetzlich geschützt ist.

Einst das Brotgetreide der alten Ägypter, wird er heute vorwiegend in Nordamerika ökologisch angebaut.

Eignet sich gemahlen wegen seiner guten Klebereigenschaften besonders gut zum Backen.

Verwendung: für Müsli, Couscous und Bulgur, als Flocken und gemahlen für Brot, Gebäck, Kuchen, Pfannkuchen und Nudeln

★★★★

ROGGEN

GB: Rye
F: Seigle
E: Centeno
I: Segale
Lat.: *Secale cereale*

Winterfestes Getreide aus der Gattung der Süßgräser, das erst seit rund 3000 Jahren zwischen dem 50. und dem 65. nördlichen Breitengrad angebaut wird.

Neben Weizen das wichtigste Brotgetreide in Europa

Verwendung: zu Mehl vermahlen für Brot und Kleingebäck, als Flocken für Müsli, vergoren zur Herstellung von Wodka und Kwass (russisches Brotbier)

★★★★★

HAFER

GB: Oats
F: Avoine
E: Avena
I: Avena
Lat.: *Avena sativa*

Alte Getreideart aus der Familie der Süßgräser

War bis zum Siegeszug der Kartoffel Grundnahrungsmittel in Nord- und Mitteleuropa.

Wird in der Küche hauptsächlich als Flocken verwendet.

Verwendung: für Müsli, Porridge und Suppen

★★★★★

GERSTE

GB: Barley
F: Orge
E: Cebada
I: Orzo
Lat.: *Hordeum vulgare*

Eine der ältesten Getreidearten, gehört zur Familie der Süßgräser.

War über Jahrtausende das wichtigste Getreide, aus dem Fladenbrot und Getreidebrei hergestellt wurden.

Wächst vorwiegend zwischen dem 50. und dem 65. nördlichen Breitengrad.

Verwendung: zur Graupen- und Grützeherstellung, als Braugerste, gemahlen

★★★★★

DINKEL

GB: Spelt
F: Épeautre
E: Escanda, Espelta
I: Spelta, Farro
Lat.: *Triticum spelta*

Alte Weizenart, die traditionell im südwestdeutschen Raum, in der Schweiz und in Österreich angebaut wurde.

Wird heute vor allem zu Mehl vermahlen.

Unreif geernteter Dinkel ist als Grünkern beliebt.

Verwendung: zu Mehl vermahlen als Brot, für Müsli

Als Grünkern für Bratlinge, Suppen und Eintöpfe

★★★★★

HIRSE

GB: Millet
F: Millet
E: Mijo
I: Miglio

Alte Getreideart aus der Familie der Süßgräser

Grundnahrungsmittel in Nordafrika und Asien

Glutenfrei

Verwendung: für herzhafte und süße Aufläufe, als Beilage, als Flocken für Müsli und Suppen, geschrotet für Couscous, gemahlen für Suppen, Brei und Backwaren

★★★★★

MAIS, KUKURUZ(A)

GB: Corn, Maize
F: Maïs
E: Maíz
I: Mais
Lat.: *Zea mays*

Getreide, dessen Körner dicht an dicht an Kolben sitzen, die von Hüllblättern umgeben sind.

Gehört neben Weizen und Reis zu den wichtigsten Getreidearten.

Ursprünglich in Zentralamerika beheimatet, wird heute fast weltweit in heißen und gemäßigten Klimazonen angebaut.

Gemüsemais, auch Zucker- oder Süßmais genannt, wird frisch als Maiskolben, als vorgegarte Körner oder süßsauer eingelegte Kölbchen angeboten.

Verwendung: Maiskolben gekocht oder gegrillt mit Butter, Körner gekocht als Beilage

★★★★★

QUINOA

Lat.: *Chenopodium quinoa*

Eine der ältesten Kulturpflanzen aus der Familie der Gänsefußgewächse mit stärkereichen, hirsekornartigen Samen, die je nach Sorte weißlich, rötlich oder schwarz sind.

Ursprüngliche Heimat sind die südamerikanischen Andenregionen.

Die Inkas schrieben dem Korn magische Kräfte zu.

Verwendung: für herzhafte und süße Aufläufe, für Salat, Suppen, Bratlinge und Risotto als Beilage

★★★★

AMARANT

GB: Amaranth
F: Amarante
E: Amaranto
I: Amaranto
Lat.: *Amaranthus*

Alte getreideähnliche Pflanze, deren kleine Körner ähnlich wie Getreide zubereitet werden können.

Auch für Allergiker geeignet, weil glutenfrei

Ursprungsländer: Peru und Mexiko sowie die Hochlandregionen Asiens

Wird auch das „Wunderkorn der Inkas und Azteken" genannt.

Verwendung: für Müsli, Flocken und Backwaren

★★★★

BUCHWEIZEN, TÜRKENKORN, HEIDEN (A)

GB: Buckwheat
F: Blé noir, Sarrasin
E: Alforfón
I: Grano saraceno, Saggina
Lat.: *Fagopyrum esculentum*

Anspruchslose Pflanze, deren kleine abgekantete Körner ähnlich wie Getreide zubereitet werden können.

Auch für Allergiker geeignet, weil glutenfrei

Ursprungsregionen: Asien und Osteuropa, worauf umgangssprachliche Namen wie „Türkenkorn" hinweisen.

Verwendung: für Teigwaren, Pfannkuchen, als Zutat für bestimmte Wurstarten, unerlässliche Zutat für russische Blini und polnische Kaschka (Grütze)

★★★

WEIZENMEHL

GB: Wheat flour
F: Farine de blé
E: Harina de trigo
I: Farina di grano

Gemahlene Körner des Weizens

Wegen des hohen Kleberanteils sehr gut zum Backen geeignet

Verwendung: für Brot, Nudeln, Spätzle, Backwaren, Kuchen und Kekse

★★★★★

ROGGENMEHL

GB: Rye flour
F: Farine de seigle
E: Harina de centeno
I: Farina di segale

Gemahlene Körner des Roggens, beliebte Mehlsorte für Vollkornbrote

Hat trotz eines geringen Kleberanteils sehr gute Backeigenschaften.

Verwendung: für Brot und Backwaren

★★★★★

GERSTENMEHL

GB: Barley flour
F: Farine d'orge
E: Harina de cebada
I: Farina d'orzo

Gemahlene Körner der Gerste mit sehr niedrigem Glutenwert, wird deshalb zum Backen meist mit Weizen- oder Roggenmehl gemischt.

Verwendung: gemischt mit anderen Mehlen für Brot, Fladenbrot, Gebäck und Pfannkuchen

★★★★

HAFERMEHL

GB: Oatmeal
F: Farine d'avoine
E: Harina de avena
I: Farina d'avena

Gemahlene Körner des Hafers

Zum Brotbacken nur gemischt mit anderen Mehlsorten geeignet

Verwendung: für Suppen, Brei und Kekse

★★★

DINKELMEHL

GB: Spelt flour
F: Farine d'épeautre
E: Harina de espelta
I: Farina di spelta

Gemahlene Körner des Dinkels, einer alten Weizenart, die traditionell im südwestdeutschen Raum, in der Schweiz und in Österreich angebaut wurde.

Wegen des hohen Kleberanteils sehr gut zum Backen geeignet

Verwendung: für Brot, Nudeln, Spätzle, Backwaren und Kekse

Für Weißmehlallergiker geeignet

★★★★★

REISMEHL

GB: Rice flour
F: Farine de riz
E: Harina de arroz
I: Farina di riso

Gemahlene Reiskörner

Glutenfrei, muss deshalb beim Backen mit anderem Mehl gemischt werden.

Verwendung: zum Binden von Suppen und Saucen, als Stärke beim Backen

★★★

MAISMEHL

GB: Cornmeal, Maize meal
F: Farine de maïs
E: Harina de maíz
I: Farina di mais

Fein oder grob gemahlene Körner des Mais

Feiner Maisgrieß (Polenta) hat kaum Klebereiweiß und eignet sich deshalb nur zum Backen von dünnen Fladen wie den mexikanischen Tortillas. Für Brot wird es mit Weizenmehl gemischt.

Verwendung: gekocht (Polenta) als Beilage zu Fisch, Fleisch und Gemüse, zum Backen von Tortillas, Kuchen und Brot

★★★★

SAUERTEIGBROT

GB: Sourdough bread
F: Pain de levain
E: Pan con masa madre
I: Pane di lievito

Rustikales Brot, dem nur Sauerteig und keine Hefe zugesetzt wird.

Wird sowohl aus Weizenmehl als auch als Mischbrot aus Roggen- und Weizenmehl handwerklich hergestellt.

Kräftige, dicke Kruste, elastische Krume und angenehm säuerlicher Geschmack

Verwendung: zu Käse und Wurst, für süße und herzhafte Aufstriche, als Beilage zu kalten und warmen Speisen

★★★★★

WEISSBROT, WEIZENBROT

GB: White bread
F: Pain blanc
E: Pan blanco
I: Pane bianco

Helles Brot mit weicher Krume, das aus Weizenmehl, Wasser, Salz und Hefe hergestellt wird.

Verwendung: zu Käse und Wurst, für süße und herzhafte Aufstriche, als Beilage zu kalten und warmen Speisen

★★★★

GRAUBROT, MISCHBROT, SCHWARZBROT (A, CH)

GB: Brown bread, Rye-wheat bread, Mixed-grain bread
F: Pain bis
E: Pan integral
I: Pane bigio, Pane misto

Aus Weizen- und Roggenmehl, Wasser, Sauerteig und/oder Hefe gebackenes, leicht gewürztes Brot mit lockerer Krume

Wird in 3 Varianten angeboten, als Roggenmischbrot (über 51 % Roggenmehl), Weizenmischbrot (über 51 % Weizenmehl) und Mischbrot (gleicher Anteil von Roggen- und Weizenmehl).

Das meistverkaufte Brot in Deutschland. Heißt in Bayern auch Hausbrot.

Verwendung: zu Käse und Wurst, für süße und herzhafte Aufstriche, als Beilage zu kalten und warmen Speisen

★★★★

SCHWARZBROT BACKEN

Schwarzbrot ist sehr ballaststoffreich und relativ lange haltbar.

Basis dieser Brotsorte ist ein Vollkornteig, der mit weiteren Zutaten wie Haselnüssen versehen sein kann.

Der Teig wird portioniert und in Form gebracht.

Die Rohlinge werden in eine Kastenform gegeben und erhalten so ihre eckige Gestalt.

Vor dem Backen werden die Brote mit in Wasser gelöstem Kartoffelmehl bestrichen.

Die Brote werden in den heißen Ofen geschoben und gebacken.

Rheinisches Schwarzbrot kommt manchgmal am Stück, häufiger in Scheiben in den Handel.

VOLLKORNBROT

GB: Whole-grain bread
F: Pain complet
E: Pan integral
I: Pane integrale

Dunkles Brot, das mindestens 90 % Vollkornmehl enthält.

Hergestellt aus geschrotetem oder gemahlenem Vollkorngetreide (meist Roggen oder Weizen), Wasser, Hefe und/oder Sauerteig, Salz, eventuell auch Gewürzen.

Wird als ganzer Brotlaib oder bereits geschnitten angeboten.

Verwendung: zu Käse und Wurst, für süße und herzhafte Aufstriche, als Beilage zu kalten und warmen Speisen

★★★★★

RHEINISCHES SCHWARZBROT

GB: Rhenish black bread
F: Pain noir rhénan
E: Pan negro del Rin
I: Pane nero renano

Roggenschrotbrot aus feinem und grobem Roggen- und Weizenschrot mit dunkler, saftiger Krume und glänzender Kruste

Wird in Mulden- oder Kastenform gebacken.

Verwendung: zu Käse und Wurst, für süße und herzhafte Aufstriche

★★★★

PUMPERNICKEL

Deutsche Brotspezialität aus Westfalen, handwerklich hergestellt nur aus geschrotetem Roggenvollkorn und Wasser. Während der bis zu 24 Stunden langen Backzeit karamellisiert die Stärke im Korn, es entsteht ein saftiges, schwarzbraunes Brot mit natürlicher Süße.

Industriell erzeugtes Pumpernickel hat eine kürzere Backzeit und enthält deshalb auch Sauerteig und/oder Hefe, zur Färbung wird Zuckerrübensirup zugegeben.

Verwendung: zu Käse und Wurst, für herzhafte Aufstriche

★★★★

BAGUETTE

GB: Baguette, French bread
F: Baguette
E: Baguette, Barra de pan
I: Baguette

Französisches Stangenbrot aus Weizenmehl, Wasser und Hefe, mit knuspriger Kruste und weicher Krume mit groben, unregelmäßigen Poren

Lieblingsbrot der Franzosen

Die Form des Baguettes (franz.: Stöckchen, Stab) ist festgelegt: 70 cm lang, etwa 6 cm Durchmesser, Gewicht 320 g. Muss an der Oberfläche diagonale Einschnitte haben.

Wird handwerklich und industriell hergestellt.

Verwendung: zu Käse und Wurst, für süße und herzhafte Aufstriche, als Beilage zu kalten und warmen Speisen

★★★★★

FLÛTE

Französisches Stangenbrot, das etwas dünner ist als das Baguette und traditionell 250 g wiegt.

Handwerklich und industriell hergestellt aus Weizenmehl, Hefe und Wasser, mit knuspriger Kruste und weicher Krume

Verwendung: zu Käse und Wurst, für süße und herzhafte Aufstriche, als Beilage zu kalten und warmen Speisen

★★★★

PARISIENNE

Rustikal gebackenes, längliches französisches Weißbrot aus Weizenmehl, Wasser und Hefe, mit knuspriger Kruste und weicher Krume mit groben, unregelmäßigen Poren

Dicker und schwerer als das Baguette

Verwendung: zu Käse und Wurst, für süße und herzhafte Aufstriche, als Beilage zu kalten und warmen Speisen

★★★★

CIABATTA

Italienisches Weißbrot aus Weizenmehl, Hefe, Olivenöl, Wasser und Salz

Knusprige Kruste und weiche Krume mit groben, unregelmäßigen Poren

Flacher, breiter und länglicher Laib, dessen Form dem Brot seinen Namen gegeben hat (ital. ciabatta = Pantoffel).

Wird traditionell im Steinofen gebacken und in vielen Variationen angeboten, u.a. mit Oliven, Tomatenstücken, Chilischoten, Knoblauch, Kräutern und Gewürzen.

Verwendung: zu Käse und Wurst, für süße und herzhafte Aufstriche, als Beilage zu kalten und warmen Speisen

★★★★

FLADENBROT

GB: Flatbread
F: Pain plat
E: Pan plano
I: Pane arabo

Rundes, einfaches Brot aus Mehl oder zerstoßenem Getreide und Wasser, je nach Region auch mit Hefe

Das weltweit am weitesten verbreitete Brot, das es in vielen Variationen gibt, von millimeterdünn bis zu einigen Zentimetern dick.

Wird je nach Region aus unterschiedlichem Mehl oder Getreide hergestellt, mit Sesamsaat, Schwarzkümmel oder Kräutern bestreut, im Ofen, auf heißen Steinen, über offenem Feuer oder in der Pfanne gebacken.

In vielen Ländern ein Grundnahrungsmittel

Verwendung: als Beilage zu kalten und warmen Speisen

★★★★★

SCHÜTTELBROT

Hartes Fladenbrot, Südtiroler Brotspezialität

Nach traditionellen Rezepten hergestellt aus Roggen- und Weizenmehl, Wasser, Sauerteig und/oder Hefe und Gewürzen

Dem dünnen Fladenbrot wird beim Backen die Feuchtigkeit entzogen und es entsteht ein knuspriges, lange haltbares Brot.

Verwendung: zu Käse, Speck und Wurst, als Beilage zu kalten Speisen

★★★★

NAAN

Indisches Fladenbrot aus Weizenmehl, Wasser, Hefe und/oder Backpulver. Der Teig wird mit Joghurt gesäuert, das Brot traditionell im sehr heißen Lehmofen (Tandorr) gebacken.

Wird heute zum Braten in der heißen Pfanne auch vorgebacken angeboten.

Verwendung: als Beilage zu kalten und warmen Speisen

★★★★

TOASTBROT

GB: Toast
F: Pain de mie
E: Pan de molde
I: Pan caré, Pane da toast

Meist vorgeschnittenes, feinporiges Kastenweißbrot mit dünner Kruste

Industriell hergestellt aus Weizenmehl, Wasser, Fett, Salz und Hefe, Sauerteig oder Backpulver

Wird auch aus Vollkornmehl angeboten.

Verwendung: zu Käse und Wurst, für süße und herzhafte Aufstriche, für Sandwiches und Toasts

★★★

KNÄCKEBROT

GB: Crisp bread
F: Pain croquant suédois, Galette suédoisse
E: Pan crujiente
I: Gallette croccante, Gallette integrali

Ursprünglich aus Schweden stammendes, rechteckiges oder rundes, flaches Vollkornbrot, meist aus Roggenschrot, Wasser, Hefe und Malz, das kurz sehr heiß gebacken und anschließend getrocknet wird.

Je nach Sorte wird der Teig vor dem Backen mit Leinsamen oder Sesamsaat angereichert.

Brot mit der höchsten Nährstoffdichte, enthält dreimal so viele Ballaststoffe wie die gleiche Menge Weißbrot.

Verwendung: zu Käse und Wurst, für süße und herzhafte Aufstriche

★★★★

MATZEN

GB: Matzo
F: Matzot, Matza
E: Matzo, Matzá
I: Matzah, Matzà, Pane azimo

Dünne, flache, ungesäuerte Brotfladen, die aus Wasser und dem Mehl von Weizen, Roggen, Gerste, Hafer oder Dinkel ohne Treibmittel gebacken werden.

Jüdische Brotspezialität

Verwendung: als Brot während des jüdischen Pessachfests, als Beilage zu warmen und kalten Speisen

★★★

BAGUETTEBRÖTCHEN

GB: Baguette roll
F: Petit pain
E: Panecillo
I: Panino tipo baguette

Brotähnliches Kleingebäck aus Weizenmehl, Wasser und Hefe mit knuspriger Kruste und weicher Krume

Wird auch aus Vollkorn-Weizenmehl hergestellt.

Verwendung: zu Käse und Wurst, für süße und herzhafte Aufstriche, als Beilage zu kalten und warmen Speisen

★★★★

PANINO PUGLIESE

Italienisches, brotähnliches Kleingebäck aus Weizenmehl, Hefe, Sauerteig und Salz mit knuspriger Kruste und weicher Krume

Stammt ursprünglich aus Apulien (ital. Pugliese = Apulier).

Verwendung: zu Käse und Wurst, für süße und herzhafte Aufstriche, als Beilage zu kalten und warmen Speisen

★★★

MOHNBRÖTCHEN

GB: Poppy seed roll
F: Petit pain aux graines de pavot
E: Panecillo con semillas de amapola
I: Panino ai semi di papavero

Brotähnliches Kleingebäck aus Weizenmehl, Wasser, Hefe und Mohn

Teig wird vor dem Backen mit Mohn bestreut und auf der Oberseite eingeschnitten, damit die Kruste beim Backen aufreißt.

Verwendung: zu Käse und Wurst, für süße und herzhafte Aufstriche, als Beilage zu kalten und warmen Speisen

★★★

SESAMBRÖTCHEN

GB: Sesame seed roll
F: Petit pain aux graines de sésame
E: Panecillo con sésamo
I: Panino ai semi di sesamo

Brotähnliches Kleingebäck aus Weizenmehl, Wasser, Hefe und Sesamsaat

Teig wird vor dem Backen mit Sesamsaat bestreut und auf der Oberseite eingeschnitten, damit die Kruste beim Backen aufreißt.

Verwendung: zu Käse und Wurst, für süße und herzhafte Aufstriche, als Beilage zu kalten und warmen Speisen

★★★

KRUSTENBRÖTCHEN

GB: Crusty roll
F: Petit pain croustillant
E: Panecillo crujiente
I: Panino rustico

Brotähnliches Kleingebäck aus Roggen- und Weizenmehl, Wasser, Hefe und Brotgewürzen mit knuspriger Kruste

Verwendung: zu Käse und Wurst, für süße und herzhafte Aufstriche, als Beilage zu kalten und warmen Speisen

★★★★

ROGGENBRÖTCHEN

GB: Rye roll
F: Petit pain au seigle
E: Panecillo de centeno
I: Panino di segale

Brotähnliches, dunkel gebackenes Kleingebäck aus Roggen- und Weizenmehl, Sauerteig, Wasser und Hefe

Kräftiger im Geschmack als Weizenbrötchen

Verwendung: zu Käse und Wurst, für süße und herzhafte Aufstriche, als Beilage zu kalten und warmen Speisen

★★★★

GETREIDE UND GETREIDEPRODUKTE

KORNSPITZ

Brotähnliches, längliches Kleingebäck aus Weizenmehl, Weizenschrot, Weizenkleie, Sojaschrot, Weizen-Malzschrot, Roggenmehl, Hefe und Gewürzen (Originalrezeptur)

Das erfolgreichste Markengebäck Europas, 1984 in Österreich erfunden

Die Zutaten variieren je nach Hersteller.

Verwendung: zu Käse und Wurst, für süße und herzhafte Aufstriche, als Beilage zu kalten und warmen Speisen

★★★★★

LAUGENBREZEL, BREZEL, BREZN, BREZE

GB: Pretzel
F: Bretzel
E: Pretzel
I: Brezel

Süddeutsche Kleingebäckspezialität aus Weizenmehl, Wasser und Hefe, wird vor dem Backen mit Lauge bestrichen und mit grobem Salz bestreut.

Die typische Form entsteht, indem ein dünner Teigstrang an den Enden so geschlungen wird, dass er zwei verschränkten Armen ähnelt. Früher in Handarbeit hergestellt, heute meistens mit speziellen Schlingmaschinen.

In Bayern die traditionelle Beilage zur Weißwurst

Süße Brezeln sind seit dem Mittelalter ein traditionelles Festtags- und Fastengebäck und das Zunftzeichen der Bäcker.

Verwendung: zu Käse und Wurst, als Beilage zu kalten und warmen Speisen

★★★★

WECKCHEN

GB: Sweet yeast rolls
F: Petit pain au lait
E: Bollo suizo
I: Panino dolce

Süßes, weiches Milchbrötchen aus Weizenmehl, Milch, Butter, Eier, Zucker und Hefe

Variante mit Rosinen erhältlich

Verwendung: für süße und herzhafte Aufstriche, zu Kaffee und Tee

★★★

CROISSANT (D, A), GIPFELI (CH)

GB: Croissant
F: Croissant
E: Croissant, Cruasán, Medialuna
I: Cornetto

Französisches Frühstücksgebäck aus Plunderteig

Handwerklich und industriell hergestellt aus Weizenmehl, Butter oder Margarine, Zucker und Hefe

Werden auch mit Schokolade oder Schinkenwürfeln gefüllt oder mit Käse überbacken angeboten.

Verwendung: für süße Aufstriche, zu Kaffee und Tee

★★★★

GETROCKNETE NUDELN

GB: Dried noodles
F: Pâtes sèches
E: Pasta seca
I: Pasta secca

Industriell gefertigte Nudeln, meist aus Hartweizengrieß, mit oder ohne Zugabe von Ei

Der Teig wird mit hohem Druck durch Düsen oder Schablonen zu den verschiedenen Nudelformen gepresst oder glatt gewalzt und in Bänder unterschiedlicher Dicke geschnitten.

Handwerklich arbeitende, italienische Pastahersteller verwenden noch Bronzeformen, die den Nudeln eine rauhe Oberfläche verleihen, damit sie die Sauce besser aufnehmen können.

Allein in Italien gibt es über 600 verschiedene Formen und Sorten, die sich oft nur minimal in Form, Größe und Durchmesser unterscheiden.

Verwendung: je nach Nudelform für Salate, Suppen, Aufläufe, mit Saucen, als Beilage zu Fisch, Fleisch, Gefügel und Gemüse

★★★★★

FRISCHE NUDELN

GB: Fresh noodles
F: Pâtes fraîches
E: Pasta fresca
I: Pasta fresca

Frisch hergestellte Teigwaren aus Hart- oder Weichweizen, meist unter Zugabe von Eiern zubereitet

Werden in verschiedenen Formen und Größen angeboten.

Verwendung: mit Pesto, Saucen oder als Beilage zu Fisch, Fleisch, Geflügel und Gemüse

★★★★★

VOLLKORNNUDELN

GB: Whole grain noodles
F: Pâtes au blé complet
E: Pasta integral
I: Pasta integrale

Teigwaren aus den vermahlenen vollen Körnern, hauptsächlich von Weizen, Dinkel und Kamut, mit oder ohne Ei

Von fast allen beliebten Nudelsorten gibt es inzwischen auch eine Vollkornvariante.

Nussiger Geschmack, kerniger Biss

Verwendung: mit Pesto, Saucen oder als Beilage zu Fleisch, Geflügel und Gemüse

★★★★

GRÜNE NUDELN

GB: Green noodles
F: Pâtes vertes
E: Pasta verde
I: Pasta verde

Teigwaren aus Hartweizen, je nach Hersteller auch mit Eiern

Der Nudelteig wird mit Spinatpulver oder püriertem Spinat, Rucola oder Kräutern grün gefärbt.

Vor allem in Italien beliebt

Verwendung: mit Sahnesauce, als Beilage zu Gemüse, Fisch und Fleisch

★★★★

LASAGNEBLÄTTER

GB: Lasagna sheets
F: Pâtes à lasagne
E: Láminas de lasaña
I: Lasagne

Dünne, rechteckige Teigplatten aus Hartweizen, je nach Hersteller auch mit Eiern

Grundzutat für die Zubereitung von Lasagne, einer Spezialität aus der italienischen Region Emilia-Romagna

Verwendung: für Aufläufe, Lasagne

★★★★★

CAPELLINI, CAPELLI D'ANGELO

Lange, sehr dünne Teigwaren, ursprünglich aus Mittel- und Norditalien

Werden auch zu Nudelnestern aufgerollt angeboten.

Industriell hergestellt aus Hartweizen

Verwendung: zu zerlassener Butter, Pesto, für Ei-Saucen, mit Tomaten, als Suppeneinlage

★★★★

PAPPARDELLE

Lange, sehr breite, flache Bandnudeln aus Hartweizen, oft unter Zugabe von Eiern hergestellt

Werden auch zu Nestern aufgerollt angeboten.

Ursprünglich aus Mittel- und Süditalien

Verwendung: zu Tomaten-, Sahne- und Käsesaucen, als Beilage zu Wildgerichten und kurz gebratenem Fleisch

★★★★

LINGUINE

Lange, flache, etwa 2 mm breite Bandnudeln aus Hartweizen, ursprünglich aus der italienischen Region Kampanien

Werden auch aus frischem Eiernudelteig hergestellt.

Verwendung: mit Pesto, Saucen oder als Beilage zu Fisch, Fleisch und Gemüse

★★★★

SPAGHETTINI

Lange runde Teigwaren aus Hartweizen, die etwas dünner als Spaghetti sind und ursprünglich aus Neapel stammen.

Verwendung: mit Olivenöl, Pesto und allen Varianten von Tomaten- und Fischsaucen

★★★★

SPAGHETTI

Lange, dünne, runde Teigwaren aus Hartweizen, ursprünglich aus Süditalien

Weltweit die bekannteste italienische Nudelform

Verwendung: mit Olivenöl, Pesto und allen Varianten von Nudelsaucen

★★★★

TAGLIATELLE

Lange, flache Bandnudeln aus Hartweizen mit Zugabe von Eiern, ursprünglich aus Ligurien

Eine Spezialität sind Paglia e Fieno (Stroh und Heu), gelbe und grüne (mit Spinat gefärbte) Tagliatelle

Verwendung: zu Sahne-, Gemüse-, Fleisch- und Fischsaucen, für Aufläufe

★★★★

PENNE

Röhrenförmige, schräg geschnittene, kurze Teigwaren aus Hartweizen

Auf der Außenfläche gerillt, um die Sauce besser aufnehmen zu können

Stammen ursprünglich aus der italienischen Region Kampanien

Verwendung: mit Gemüse- und Fleischsaucen, für Aufläufe

★★★★

FARFALLE

Italienische Teigwaren aus Hartweizen in der Form eines Schmetterlings

Alte Nudelform aus der Emilia-Romagna und der Lombardei, heute industriell hergestellt.

Verwendung: mit zerlassener Butter, Erbsen und Schinken, mit Sahne-Saucen, als Beilage zu Gemüse, Fleisch und Fisch

★★★★

HÖRNCHENNUDELN

GB: Elbow pasta
F: Macaroni
E: Macarrón
I: Chifferi

Dünne, röhrenförmige, gebogene und kurze Teigwaren mit geriffelter Oberfläche aus Hartweizengrieß und/oder Mehl und Eiern

Verwendung: als Beilage zu Gerichten mit Sauce, für Salate, Suppen und Aufläufe

★★★★

MACCHERONI

Röhrenförmige, gebogene und kurz geschnittene Teigwaren aus Hartweizengrieß und/oder Mehl

Verwendung: mit gehaltvollen Saucen, als Beilage zu Fleisch und Gemüse

★★★★

ORECCHIETTE

Hutförmige italienische Teigwaren aus Hartweizengrieß

Außen leicht gerillt, um die Sauce besser aufnehmen zu können.

Verwendung: mit gehaltvollen Fleisch- und Gemüsesaucen, zum Überbacken

★★★

FUSILLI

Spiralförmige Nudeln aus Hartweizengrieß

Typisch für Mittel- und Norditalien

Verwendung: für Salate, mit gehaltvollen Saucen

★★★

CANNELLONI

Italienische Teigwaren aus Hartweizen, industriell hergestellt

Große, dicke Röhrennudeln, die ungekocht gefüllt und überbacken werden.

Verwendung: zum Füllen mit Hackfleisch, Fisch oder Gemüse, als Auflauf

★★★

RIGATONI

Röhrenförmige, kurze italienische Teigwaren aus Hartweizen, industriell hergestellt

Sind an der Außenfläche gerillt, um die Sauce besser aufnehmen zu können.

Verwendung: für gehaltvolle Saucen, als Beilage zu Ragouts

★★★★

CONCHIGLIE

Muschelförmige Teigwaren aus Hartweizen, industriell hergestellt

Sind an der Außenfläche gerillt, um die Sauce besser aufnehmen zu können.

Verwendung: für gehaltvolle Fleisch- und Gemüsesaucen, zum Füllen und Überbacken

★★★

GABELSPAGHETTI
GB: German macaroni
F: Spaghetti courts
E: Espaguetis cortos
I: Gramigna o gobbetti

Kurze, leicht gebogene, mundgerechte, deutsche Eiernudeln

Verwendung: für Nudelsalat, als Suppeneinlage

★★★

BUCHSTABENNUDELN
GB: Pasta letters
F: Pâtes alphabet
E: Pasta de letras
I: Pastina alfabeto

Kleine Nudeln in Buchstabenform, industriell hergestellt aus Hartweizengrieß und/oder Mehl, eventuell auch mit Eiern

Vor allem in Deutschland und Österreich beliebt

Verwendung: als Einlage für klare und gebundene Suppen

★★★

FADENNUDELN
GB: Vermicelli
F: Vermicelles
E: Fideos
I: Filini

Feine, dünne, kurz geschnittene Eiernudeln

Deutsche Nudelspezialität

Verwendung: als Suppeneinlage

★★★

GNOCCHI

Klassiker der italienischen Küche aus gekochten Kartoffeln, Ei und Mehl, traditionell von Hand geformt

Werden auch gefüllt angeboten.

Zutaten, Form und Größe variieren je nach Region.

Verwendung: mit zerlassener Butter, gehaltvollen Saucen, gratiniert oder süß mit Zucker und Zimt

★★★★

SCHUPFNUDELN, BUBESPITZLE, FINGERNUDELN

Klassiker der süddeutschen und österreichischen Küche aus gekochten Kartoffeln, Ei und Mehl, traditionell von Hand geformt

Zutaten, Form und Größe variieren je nach Region.

Verwendung: als Beilage zu Fleisch, Geflügel und Gemüse, süß mit Zucker und Zimt

★★★★

SPÄTZLE, NOCKERLN (A), SPÄTZLI (CH), KNÖPFLE (CH)

Teigwaren aus Weizenmehl, für deren traditionelle Herstellung ein zähflüssiger Teig vom Brett in das kochende Wasser geschabt oder durch ein Knöpflesieb gedrückt wird.

Spezialität aus Schwaben, die heute auch industriell erzeugt wird.

Verwendung: als Beilage zu Fleisch, Geflügel und Gemüse, für Eintöpfe, mit Käse und braunen Zwiebeln (Käsespatzen)

★★★★

TORTELLI

Große, runde Teigtasschen aus Eiernudelteig mit verschiedenen Füllungen

Ursprünglich aus der norditalienischen Stadt Mantua, wo sie mit Kürbisfleisch und Amarettibrösel gefüllt werden.

Verwendung: mit zerlassener Butter, Tomaten-, Gemüse-, Käse-Sahne- oder Fleischsauce

★★★★

TORTELLINI

Kleine Teigtaschen mit verschiedenen Füllungen

Kulinarisches Wahrzeichen der Universitätsstadt Bologna

Verwendung: mit Käse-Sahne- oder Fleischsauce, gratiniert in Tomatensauce, in Brühe

★★★★

TORTELLONI

Größere Tortellini, italienische Teigtaschen aus Eiernudelteig mit verschiedenen Füllungen

Verwendung: mit Käse-Sahne- oder Fleischsauce, gratiniert in Tomatensauce, in Brühe

★★★★

RAVIOLI

Rechteckige Teigtaschen aus Eiernudelteig, die mit Gemüse, Käse, Kräutern, Fisch oder Fleisch gefüllt sind

Ursprünglich eine Spezialität der italienischen Region Ligurien, erhielten ihren Namen vom Genueser Dialektwort für Rest (ital. rabioli).

Verwendung: mit zerlassener Butter, in Brühe, mit Tomaten- oder Käsesauce

★★★★

CAPPELETTI

Kleine, gefüllte Teigtaschen aus Eiernudelteig, die wie Hütchen geformt oder zu Halbkreisen zusammengeklappt sind.

Kommen ursprünglich aus Ferrara und sind traditionell mit einer Truthahnfarce gefüllt; werden inzwischen aber auch mit anderen Füllungen angeboten.

Verwendung: mit Butter, Sahne- oder Tomatensauce

★★★★

MAULTASCHEN

Rechteckige, größere Teigtaschen aus Eiernudelteig, die mit Gemüse oder Fleisch gefüllt sind.

Spezialität aus Schwaben

Verwendung: mit zerlassener Butter, in Brühe, mit Schnittlauchsauce oder gebraten

★★★★

GLASNUDELN

GB: Glass noodles, Cellophane noodles
F: Nouilles cellophane, Nouilles de haricot mungo
E: Fideos celofán, Fideos de cristal
I: Spaghetti cinesi

Asiatische, sehr dünne, in gekochtem Zustand fast durchsichtige, geschmacksneutrale Nudeln aus Mungobohnenstärke und Wasser

Werden nur getrocknet angeboten und müssen vor der Weiterverarbeitung in die gewünschte Länge geschnitten und kurz in heißem Wasser eingeweicht werden.

Wichtige Zutat in der asiatischen Küche

Verwendung: für Suppen und Wok-Gerichte

★★★

MIE-NUDELN

GB: Mie noodles
F: Nouilles Mie
E: Fideos Mie
I: Spaghetti Mie

Asiatische Teigwaren aus Weizenmehl, meist mit Eiern zubereitet

Die langen Nudeln werden in verschiedenen Schnittbreiten frisch oder getrocknet angeboten.

Kommen in Europa meist als Instant-Nudeln in den Handel, die leicht gewellt und zu rechteckigen Platten zusammengepresst sind.

Verwendung: für asiatische Wok-Gerichte

★★★

REISNUDELN

GB: Rice noodles
F: Pâtes de riz
E: Fideos de arroz
I: Pasta di riso

Sehr lange, dünne Teigwaren aus Reismehl, die in verschiedenen Breiten angeboten werden.

Werden vor dem Kochen in mundgerechte Stücke geschnitten.

Verwendung: für Suppen und asiatische Gerichte

★★★

SOBA

Japanische braungraue, dünne, lange Teigwaren aus Buchweizenmehl

Werden in Japan je nach Jahreszeit kalt oder warm gegessen und in Sauce getunkt.

Verwendung: für japanische Gerichte

★★★

UDON

Japanische, lange, flache Bandnudeln aus Weizenmehl und Wasser, die in verschiedenen Breiten angeboten werden.

Verwendung: warm als Suppenbeilage, kalt mit Sojasauce und Zitronensaft

★★★

SOMEN

Sehr feine, lange, leicht süßlich schmeckende japanische Fadennudeln aus Buchweizen- oder Weizenmehl

Verwendung: zu Gemüse und Tofu, in Suppen und Salaten sowie als Nachspeise mit Kokosmilch und Obst

★★★

MILCH UND MILCHPRODUKTE

MILCH

GB: Milk
F: Lait
E: Leche
I: Latte

In Europa wird unter Milch in der Regel Kuhmilch verstanden. Milch von Schafen, Ziegen oder Stuten muss gekennzeichnet sein.

Wird als Rohmilch (unbehandelt), frische Milch (pasteurisiert) und H-Milch (ultrahocherhitzt) angeboten.

Milchsorten:
- Vollmilch (3,5–4 % Fett)
- fettarme Milch (1,5–1,8 % Fett)
- entrahmte Magermilch (maximal 0,3 % Fett)

★★★★★

SCHAFMILCH

GB: Sheep's milk, Ewe's milk
F: Lait de brebis
E: Leche de oveja
I: Latte di pecora

Milch von Schafen, die vor allem in den Mittelmeerländern und im Balkan für die Käsezubereitung beliebt ist.

Hat einen deutlich höheren Nährstoffgehalt als Kuhmilch, allerdings auch einen höheren Fettgehalt (bis zu 7 %).

Ist leichter verdaulich als Kuhmilch.

★★★★★

ZIEGENMILCH

GB: Goat milk
F: Lait de chèvre
E: Leche de cabra
I: Latte di capra

Milch von Ziegen, die vor allem in den Mittelmeerländern und im Balkan für die Käsezubereitung sehr beliebt ist.

Hat einen höheren Nährstoffgehalt als Kuhmilch, allerdings teilweise auch einen höheren Fettgehalt, der je nach Jahreszeit und Weideart zwischen 2 und 4,5 % schwankt.

Ist leichter verdaulich als Kuhmilch.

★★★★★

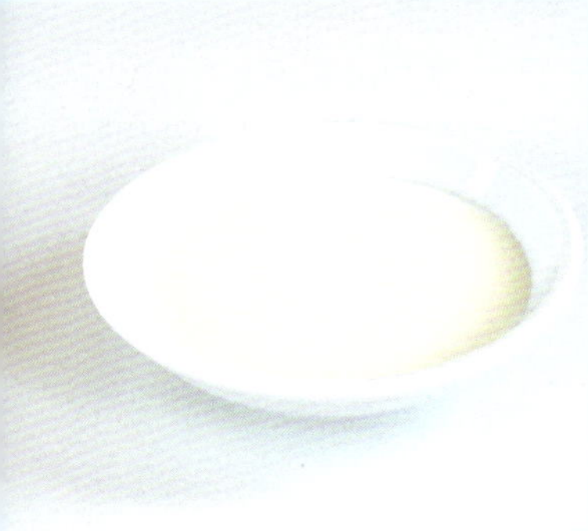

KONDENSMILCH, DOSENMILCH

GB: Evaporated milk
F: Lait concentré
E: Leche condensada
I: Latte condensato

Flüssiges Milcherzeugnis, das durch Wasserentzug und Sterilisation von Kuhmilch erzeugt wird. Dabei wird der Milch bis zu 70 % Wasser entzogen.

Wird in verschiedenen Fettstufen (4–10 % Fett) mit und ohne Zugabe von Zucker angeboten.

Gezuckerte Kondensmilch ist z.B. in Südamerika beliebt für die Zubereitung von Süßspeisen.

Zum Verfeinern von Kaffee, Saucen und Suppen, für Desserts

★★

SCHLAGSAHNE, SCHLAGOBERS (A), SCHLAGRAHM (CH)

GB: Whipped cream
F: Crème fouettée
E: Nata montada, Crema batida
I: Panna montata

Milcherzeugnis mit einem Fettgehalt von mindestens 30 %, das beim Zentrifugieren von Vollmilch entsteht.

Wird flüssig oder steif geschlagen verwendet. Beim Schlagen vergrößert sich das Volumen um bis zu 100 %.

Flüssig zum Verfeinern von Saucen, Suppen, Gemüse und Süßspeisen, steif geschlagen für Kuchen und Desserts

★★★★★

CRÈME DOUBLE

GB: Double cream
F: Crème double, Double crème

Löffelfestes Sahneerzeugnis aus Kuhmilch mit mindestens 42 % Fettgehalt, ohne Konservierungsstoffe und Zucker hergestellt, französische Sahnespezialität

Mild-cremiger, vollmundiger, sahnig-neutraler Geschmack, der den Eigengeschmack der Speisen hervorhebt.

Zum Verfeinern von Saucen, Suppen, Desserts und zum Backen

★★★★★

BUTTERMILCH

GB: Buttermilk
F: Babeurre
E: Suero de mantequilla, Mazada
I: Latticello

Leicht säuerliches, fast fettfreies, mineralstoffreiches Getränk

Entsteht bei der Herstellung von Butter.

Fehlt der Zusatz „Reine Buttermilch“ auf dem Produkt, können bis zu 10 % Wasser oder 15 % Magermilch oder Milchpulver zugesetzt sein.

★★★

MOLKE

GB: Whey
F: Petit-lait, Lactosérum
E: Suero de leche
I: Siero di latte

Leicht säuerliches, grünlich gelbes, fast fettfreies, mineralstoff- und eiweißreiches Getränk

Entsteht bei der Herstellung von Käse

Wird naturbelassen oder, mit Fruchtsäften gemischt, als Fruchtmolke-Drink angeboten.

★★★

KEFIR

Erfrischendes, eher dickflüssiges Sauermilchprodukt

Pasteurisierter Milch wird für kurze Zeit der Kefirpilz, auch Kefirknolle genannt, zugesetzt, der einen Gärungsprozess auslöst. Dadurch entsteht ein säuerliches Getränk mit Kohlensäure und maximal 2 % Alkohol.

Kefir stammt ursprünglich aus Tibet und dem Kaukasus.

★★★

SCHWEDENMILCH (FILMJÖLK)

GB: Filmjölk
F: Filmjölk (lait fermenté suédois)
E: Filmjölk (leche sueca)
I: Filmjölk (latte fermentato svedese)

Erfrischendes, sämiges Sauermilchprodukt, bei dem Dick- bzw. Sauermilch zunächst durch Milchsäurebakterien dickgelegt und anschließend wieder flüssig gerührt wird.

Natürlicher Fettgehalt (mindestens 3,8 %)

Mild-säuerlicher Geschmack

★★★

AYRAN

Türkisches Erfrischungsgetränk aus Joghurt, Wasser und Salz

Wird auch mit Kräutern wie Minze und Zitronenmelisse oder mit frischen Früchten aromatisiert.

★★★

JOGHURT

GB: Yoghurt
F: Yaourt, Yogourt
E: Yogur
I: Yogurt

Cremig-flüssiges bis löffelfestes Sauermilchprodukt, das durch den Zusatz von Milchsäurebakterien zur Milch oder Sahne entsteht.

Feiner, zart-säuerlicher, frischer Geschmack

Sowohl als Naturjoghurt als auch als Fruchtjoghurt mit Früchten oder Fruchtzubereitungen erhältlich

Wird in 4 Fettstufen angeboten: Magermilchjoghurt (maximal 0,3 % Fett), Joghurt aus fettarmer Milch (1,5–1,8 % Fett), Vollmilchjoghurt (3,5–4 % Fett) und Sahnejoghurt (mindestens 10 % Fett).

★★★★★

SCHAFJOGHURT

GB: Sheep's yoghurt
F: Yaourt de brebis, Yogourt de brebis
E: Yogur de oveja
I: Yogurt di pecora

Cremig-sahniges bis stichfestes Sauermilchprodukt aus Schafmilch, das durch den Zusatz von Milchsäurebakterien zur Milch entsteht.

Milder, zart-säuerlicher, frischer Geschmack

Natürlicher, von der Jahreszeit abhängiger Fettgehalt, durchschnittlich 5 % (im Herbst höher)

Wird auch aromatisiert mit Vanille oder Fruchtzubereitungen angeboten.

★★★

ZIEGENJOGHURT

GB: Goat yoghurt
F: Yaourt de chèvre, Yogourt de chèvre
E: Yogur de cabra
I: Yogurt di capra

Cremig-sahniges bis stichfestes Sauermilchprodukt aus Ziegenmilch, das durch den Zusatz von Milchsäurebakterien zur Milch entsteht.

Zart-säuerlicher, frischer Geschmack

Natürlicher, von der Jahreszeit abhängiger Fettgehalt (durchschnittlich 4 %)

★★★

SAURE SAHNE

GB: Sour cream
F: Crème aigre
E: Crema agria
I: Panna acida

Cremiges, löffelfestes Sauerrahmerzeugnis mit 10–15 % Fettgehalt

Fein-säuerlicher, mild-sahniger Geschmack

Flockt beim Erhitzen leicht aus.

Für kalte Saucen, Dressings und Dipps

★★★★★

SCHMAND

GB: Heavy sour cream
F: Smetana
E: Smetana
I: Smetana

Cremiges, löffelfestes Sauerrahmerzeugnis mit 24–28 % Fettgehalt

Fein-säuerlicher, sahniger Geschmack

Flockt beim Erhitzen leicht aus.

Zum Verfeinern von Saucen, Suppen, Gemüse und Desserts

★★★★

CRÈME FRAÎCHE

Cremiges, löffelfestes Sauerrahmerzeugnis mit mindestens 30 % Fettgehalt, ursprünglich aus Frankreich, hergestellt aus Kuhmilch ohne Konservierungsstoffe

Feiner, leicht säuerlicher, sahnig-frischer Geschmack

Wird auch aromatisiert mit Knoblauch, Kräutern oder Gewürzen angeboten.

Flockt beim Erhitzen nicht aus.

Zum Verfeinern von Saucen, Suppen, Gemüse und Desserts

★★★★★

QUARK, TOPFEN (A), ZIGERT (CH)

GB: Quark, Curd cheese
F: Fromage blanc
E: Quark
I: Quark

Herkunftsland: Deutschland
Milchart: Kuhmilch

Traditioneller Frischkäse, der handwerklich und industriell aus pasteurisierter Kuhmilch hergestellt wird.

Erhältlich in 3 verschiedenen Fettstufen: Magerstufe (unter 10 % Fett i.Tr.), Halbfettstufe (20 % Fett i.Tr.) und Fettstufe (40 % Fett i.Tr.)

Geschmack: frisch-aromatisch, leicht säuerlich

Wird auch aromatisiert mit Knoblauch, Kräutern oder Gewürzen angeboten.

★★★

HÜTTENKÄSE, COTTAGE CHEESE

GB: Cottage cheese
F: Fromage cottage, Cottage
E: Cottage
I: Cottage cheese, Formaggio fresco

Herkunftsland: Deutschland
Milchart: Kuhmilch

Neuere, körnige Frischkäsesorte aus pasteurisierter Kuhmilch, industriell hergestellt

Fettgehalt: je nach Hersteller 5–20 % Fett i.Tr.

Geschmack: frisch, eher neutral

Reifezeit: 1–2 Tage

★★★

CABOC

Herkunftsland: Großbritannien
Milchart: Kuhmilch

Traditioneller schottischer Doppelrahm-Frischkäse aus pasteurisierter Kuhmilch und vegetarischem Lab

Hellgelber, cremiger Teig, ummantelt von Haferschrot

Fettgehalt: mindestens 60 % Fett i.Tr.

Geschmack: sahnig, mild, frisch

Reifezeit: 5 Tage

★★★★

BRILLAT-SAVARIN

Herkunftsland: Frankreich
Milchart: Kuhmilch

Neuere, handgeschöpfte Frischkäsesorte aus dem Burgund, die dem berühmten französischen Feinschmecker Brillat-Savarin gewidmet wurde.

Handwerklich hergestellt aus pasteurisierter Kuhmilch

Weißer, cremiger Teig mit weißer Edelschimmelrinde

Fettgehalt: 72 % Fett i.Tr.

Geschmack: sahnig, mild, leicht säuerlich

★★★★

MASCARPONE

Herkunftsland: Italien
Milchart: Kuhmilch

Handwerklich und industriell in ganz Italien hergestellter Frischkäse aus roher oder pasteurisierter Kuhmilch

Entsteht aus Rahm, dem man Milchsäurebakterien zugibt.

In der Küche vielseitig verwendbar: für Desserts (z.B. Tiramisu), Saucen, Füllungen etc.

Weißgelblicher Teig mit cremiger, quarkähnlicher Konsistenz

Fettgehalt: 80 % Fett i.Tr.

Geschmack: sahnig-mild, cremig mit leicht säuerlicher Note

★★★★

MOZZARELLA DI BUFALA CAMPANA

Herkunftsland: Italien
Milchart: Kuhmilch

Traditioneller Knetkäse mit EU-weit geschützter Ursprungsbezeichnung (g.U.) und DOP-Siegel aus pasteurisierter Büffelmilch und tierischem Lab

Bekanntester Pasta-Filata-Käse, der in Kampanien handwerklich und industriell hergestellt und in Molke schwimmend angeboten wird.

Weißer, weicher Teig mit sehr dünner, elastischer weißer Haut

Fettgehalt: mindestens 50 % Fett i.Tr.

Geschmack: typisch, frisch, leicht säuerlich mit süßer Note

★★★★★

BURRATA

Herkunftsland: Italien
Milchart: Kuhmilch

Pasta-Filata-Käse mit weicher Konsistenz aus Apulien, der mit dem Mozzarella verwandt ist.

Wird in Form eines Säckchens (250 g) angeboten, dessen äußere Hülle aus dem Teig besteht, im Inneren befindet sich eine Füllung aus unbehandelten Strängen des Käses, vermischt mit Sahne.

Traditionell in Affodillblättern verpackt

Fettgehalt: 44 % i.Tr.

Geschmack: cremig-buttrig, mild

★★★★

SCAMORZA

Herkunftsland: Italien
Milchart: Kuhmilch

Traditioneller Knetkäse aus Mittel- und Süditalien, der handwerklich und industriell aus pasteurisierter Kuhmilch in Birnenform hergestellt wird.

Pasta-Filata-Käse, der auch geräuchert angeboten wird.

Gelblicher, elastischer Teig mit dünner, weißer oder brauner Naturrinde

Fettgehalt: mindestens 50 % Fett i.Tr.

Geschmack: mild

★★★★

Für die Mozzarella-Herstellung wird der Bruch zunächst in grobe Stücke geschnitten.

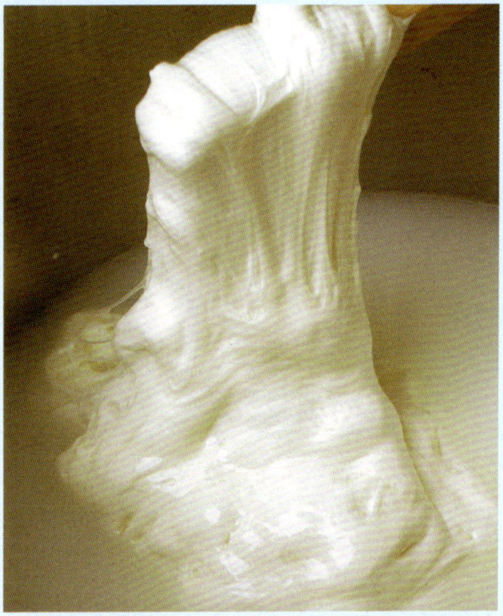

Die Stücke werden in einem Kessel mit heißem Wasser überbrüht, sodass eine elastische Masse entsteht.

Anschließend kann die Käsemasse gezogen und geformt werden.

Nachdem die Mozzarella-Kugeln in Wasser abgekühlt sind, werden sie – in Molke oder Salzlake schwimmend – verpackt.

FETA

Herkunftsland: Griechenland
Milchart: Gemischte Milch

Traditionelle Frischkäsesorte mit EU-weit geschützter Ursprungsbezeichnung (g.U.) aus pasteurisierter Ziegen- und Schafmilch

Rein weißer, leicht krümeliger Teig ohne Rinde, der in Salzlake reift

Fettgehalt: 43–50 % Fett i.Tr.

Geschmack: fein-aromatisch, ausgeprägt, typisch

★★★★★

MANOURI

Herkunftsland: Griechenland
Milchart: Gemischte Milch

Traditioneller Frischkäse, hergestellt aus der Molke von Schafs- oder Ziegenrohmilch, die bei der Erzeugung von Feta oder Kefalotiri anfällt.

Glatter, rein weißer, weicher, schnittfester Teig ohne Rinde

Fettgehalt: 60–80 % Fett i.Tr.

Geschmack: milchähnlich, mild, leicht zitrusartig

★★★

TULUM PEYNIRI

Herkunftsland: Türkei
Milchart: Ziegenmilch

Frischkäse aus pasteurisierter Ziegenmilch, der traditionell in Ziegenhäuten zum Abtropfen aufgehängt wurde, heute industriell hergestellt wird und in Salzlake reift.

Rein weißer, krümeliger Teig ohne Rinde

Fettgehalt: 50 % Fett i.Tr.

Geschmack: ausgeprägt, salzig

★★★★

CHÈVREFEUILLE

Herkunftsland: Frankreich
Milchart: Ziegenmilch

Neuerer Frischkäse aus der Region Périgord, handwerklich hergestellt aus Ziegenrohmilch

Kleine handgeformte, kegelförmige Käselaibe. Elfenbeinfarbener, weicher Teig, der von außen nach innen reift und dabei sehr cremig wird. Naturrinde mit Weißschimmel, bestäubt mit Asche

Fettgehalt: 45 % Fett i.Tr.

Geschmack: aromatisch, erdig, leicht säuerlich

★★★★

CŒUR GOURMAND

Herkunftsland: Frankreich
Milchart: Ziegenmilch

Frischkäse aus dem Périgord, hergestellt aus pasteurisierter Ziegenmilch, verfeinert mit einer Füllung aus Feigen- oder Maronenkonfitüre

Erhältlich in 50 und 80 g schweren Laiben

Weißer Teig mit weicher, cremiger Konsistenz

Fettgehalt: 45 % Fett i.Tr.

Geschmack: cremig-mild, säuerlich mit deutlicher Ziegenkäsenote; Füllung fruchtig-süß mit Feigen- bzw. Maronengeschmack

Reifezeit: 3 Wochen

★★★★

BURGOS, QUESO DE BURGOS

Herkunftsland: Spanien
Milchart: Schafmilch

Traditioneller Frischkäse aus der Provinz Burgos (Kastilien-León), der handwerklich und industriell aus Schafmilch hergestellt wird.

Weißer, weicher und wässriger Teig ohne Rinde, dessen Vertiefungen von den Formen stammen, in die der Käsebruch gepresst wird.

Fettgehalt: mindestens 20 % Fett i.Tr.

Geschmack: mild, leicht säuerlich

★★★★

BRIE DE MEAUX

Herkunftsland: Frankreich
Milchart: Kuhmilch

Traditioneller Weichkäse aus der Region Île-de-France mit EU-weit geschützter Ursprungsbezeichnung (g.U.), handwerklich hergestellt aus Kuhrohmilch

Erhielt beim Wiener Kongress 1814 den Titel „König der Käse".

Elfenbeinfarbener, geschmeidiger Teig mit weißer Edelschimmelrinde, die sich mit zunehmender Reife rötlich färbt.

Fettgehalt: mindestens 45 % Fett i.Tr.

Geschmack: haselnussartig, charaktervoll, leicht säuerlich, herb-aromatisch

Reifezeit: mindestens 4 Wochen

★★★★★

BRIE DE NANGIS

Herkunftsland: Frankreich
Milchart: Kuhmilch

Traditioneller Weichkäse aus der Region Île-de-France, handwerklich hergestellt aus Kuhrohmilch

Elfenbeinfarbener, geschmeidiger Teig mit weißer Edelschimmelrinde

Fettgehalt: 45 % Fett i.Tr.

Geschmack: aromatisch, leicht herb

Reifezeit: 5–6 Wochen

★★★★

CAMEMBERT AU CALVADOS

Herkunftsland: Frankreich
Milchart: Kuhmilch

Variante des Camembert de Normandie. Während des Reifungsprozesses werden die Käselaibe entrindet und in Calvados (Apfelschnaps) eingelegt, wobei sie dessen Aromen annehmen. Anschließend werden die Laibe in Brotkrumen gewendet.

Geschmack: wie Camembert de Normandie, jedoch mit Apfel- und Alkoholnoten

★★★★★

CAMEMBERT DE NORMANDIE

Herkunftsland: Frankreich
Milchart: Kuhmilch

Traditioneller Weichkäse aus der Normandie mit EU-weit geschützter Ursprungsbezeichnung (g.U.), handwerklich hergestellt aus silofreier Kuhrohmilch

Die Milch darf ausschließlich von Gehöften stammen, auf denen wenigstens jede zweite Kuh normannischer Rasse ist und wo die Kühe mindestens 6 Monate auf der Weide verbringen.

Gelber, sahniger Teig mit geschlossener, weißer Edelschimmelrinde

Fettgehalt: 45 % Fett i.Tr.

Geschmack: frisch: leicht säuerlich, gereift: fruchtig, ausgeprägt

Reifezeit: mindestens 21 Tage

★★★★★

CHABLIS

Herkunftsland: Frankreich
Milchart: Kuhmilch

Traditioneller Weichkäse, der mit weißem Burgunder-Wein (Chablis) verfeinert wird. Handwerklich hergestellt aus Kuhmilch

Elfenbeinfarbener, cremiger Teig mit Naturrinde und weißem Edelschimmel

Fettgehalt: 50 % Fett i.Tr.

Geschmack: fein und mild, mit zunehmender Reife sahniger und kräftiger

★★★★

CHAOURCE

Herkunftsland: Frankreich
Milchart: Kuhmilch

Traditioneller Weichkäse aus der Region Champagne-Ardenne mit EU-weit geschützter Ursprungsbezeichnung (g.U.)

Wird handwerklich hergestellt aus Kuhrohmilch.

Fettgehalt: 45 % Fett i.Tr.

Weißer, fester bis geschmeidiger Teig mit dünner Naturrinde und weißem Edelschimmel

Geschmack: leicht säuerlich, nussartig, mit zunehmender Reife fruchtiger

Reifezeit: 2–5 Wochen in feuchten Kellern

★★★★★

ÉDEL DE CLÉRON

Herkunftsland: Frankreich
Milchart: Kuhmilch

Neuere Weichkäsesorte aus der Region Franche-Comté, handwerklich hergestellt aus pasteurisierter Bio-Kuhmilch

Elfenbeinfarbener, weicher Teig mit kleiner unregelmäßiger Lochung und natürlicher Weißschimmelrinde. Reift von außen nach innen und wird dabei zunehmend flüssiger. Daher werden die Käselaibe mit einem Ring aus Obstbaumholz zusammengehalten. In fortgeschrittenem Reifestadium kann der Käse nach dem Entfernen der Rinde mit einem Löffel gegessen werden.

Vor allem in den USA eine beliebte Alternative zum Vacherin Mont d'Or, der dort nicht importiert werden darf; daher auch die Bezeichnung Faux-Vacherin, falscher Vacherin.

Fettgehalt: 45 % Fett i.Tr.

Geschmack: mild, cremig, mit leicht herber Note

★★★★

ÉPOISSES DE BOURGOGNE

Herkunftsland: Frankreich
Milchart: Kuhmilch

Traditioneller Weichkäse mit Rotkultur aus dem Burgund mit EU-weit geschützter Ursprungsbezeichnung (g.U.), handwerklich hergestellt aus Kuhrohmilch

Wird während der Reifung regelmäßig mit Marc de Bourgogne gewaschen.

Elfenbeinfarbener, cremiger Teig mit weicher Naturrinde

Der reife Käse wird direkt aus der Spanschachtel gelöffelt.

Fettgehalt: 50 % Fett i.Tr.

Geschmack: würzig-aromatisch, intensiver Geruch

Reifezeit: 4–8 Wochen

★★★★★

LANGRES

Herkunftsland: Frankreich
Milchart: Kuhmilch

Traditioneller Weichkäse mit gewaschener Rinde aus der Region Champagne-Ardenne mit EU-weit geschützter Ursprungsbezeichnung (g.U.)

Wird handwerklich hergestellt aus Kuhrohmilch und während der Reife nicht gewendet. In die dadurch entstehende Vertiefung auf der Oberfläche wird während der Reifung Champagner oder Marc de Bourgogne gefüllt.

Elfenbeinfarbener, fester, aber dennoch geschmeidiger Teig mit hellgelber bis rotbrauner Naturrinde

Fettgehalt: 50 % Fett i.Tr.

Geschmack: vollmundig, charakteristisch

Reifezeit: 15–21 Tage

★★★★★

LIVAROT

Herkunftsland: Frankreich
Milchart: Kuhmilch

Traditioneller Weichkäse aus der Normandie mit EU-weit geschützter Ursprungsbezeichnung (g.U.), handwerklich hergestellt aus Kuhrohmilch

Wird während der Reifung regelmäßig mit Salzwasser gewaschen. Riedgrashalme sorgen dafür, dass er dabei seine zylindrische Form behält.

Goldgelber, weicher Teig mit orange-brauner Naturrinde

Fettgehalt: 45 % Fett i.Tr.

Geschmack: aromatisch-würzig, typisch

Reifezeit: mindestens 3 Wochen

★★★★★

MAROILLES, MAROLLES

Herkunftsland: Frankreich
Milchart: Kuhmilch

Traditioneller Rotschmier-Weichkäse aus der Region Nord-Pas-de-Calais mit EU-weit geschützter Ursprungsbezeichnung (g.U.)

Wird seit über 1000 Jahren in quadratischen Laiben handwerklich hergestellt aus pasteurisierter oder roher Kuhmilch.

Blassgelber bis goldgelber, weicher Teig mit dünner Naturrinde und Rotschmiere-Kulturen

Fettgehalt: 40 % Fett i.Tr.

Geschmack: mild bis kräftig-würzig, je nach Reifegrad

Reifezeit: 3–5 Wochen

★★★★★

MUNSTER, MUNSTER-GÉROMÉ

Herkunftsland: Frankreich
Milchart: Kuhmilch

Traditioneller Rotschmier-Weichkäse aus der Region Elsass mit EU-weit geschützter Ursprungsbezeichnung (g.U.)

Wird handwerklich und industriell aus pasteurisierter oder roher Kuhmilch hergestellt.

Gelber, weicher, geschmeidiger Teig mit gewaschener, orangeroter Naturrinde

Fettgehalt: mindestens 45 % Fett i.Tr.

Geschmack: pikant, würzig-aromatisch, leicht säuerlich, mit intensivem Geruch

Reifezeit: 3–4 Wochen

★★★★★

NEUFCHÂTEL, CŒUR DE NEUFCHÂTEL

Herkunftsland: Frankreich
Milchart: Kuhmilch

Traditioneller Weichkäse aus der Normandie mit EU-weit geschützter Ursprungsbezeichnung (g.U.), der als der älteste Käse dieser Region gilt.

Wird handwerklich und industriell in 6 verschiedenen Größen und Formen hergestellt. Charakteristisch ist die Herzform.

Elfenbeinfarbener, weicher Teig mit dünner, trockener, sanft gewellter Naturrinde und weißem Edelschimmel

Fettgehalt: 45 % Fett i.Tr.

Geschmack: leicht pikant und säuerlich mit Pilzaromen

★★★★★

PONT-L'ÉVÊQUE

Herkunftsland: Frankreich
Milchart: Kuhmilch

Traditioneller Weichkäse aus der Normandie mit EU-weit geschützter Ursprungsbezeichnung (g.U.)

Wird handwerklich und industriell aus Kuhrohmilch hergestellt.

Elfenbeinfarbener, weicher Teig mit typisch quadratischer Form und gewaschener Naturrinde

Gilt als eine der ältesten Käsesorten der Normandie.

Fettgehalt: 45 % Fett i.Tr.

Geschmack: würzig-aromatisch, vollmundig

Reifezeit: mindestens 2 Wochen in feuchten Kellern

★★★★★

VACHERIN MONT D'OR, VACHERIN DU HAUT-DOUBS

Herkunftsland: Frankreich, Schweiz
Milchart: Kuhmilch

Traditioneller Weichkäse aus der Region Franche-Comté mit EU-weit geschützter Ursprungsbezeichnung (g.U.), handwerklich hergestellt aus Kuhrohmilch

Benannt nach dem Mont d'Or (Goldberg) an der französisch-schweizerischen Grenze. Der Käse wird in beiden Ländern produziert und nur im Herbst und Winter in der typischen Spanschachtel verkauft.

Elfenbeinfarbener, cremiger Teig mit beige-bräunlicher Naturrinde sowie Rotschmiere und weißem Edelschimmel

Der reife Käse wird oft im Ofen erhitzt und direkt aus der Spanschachtel gelöffelt.

Fettgehalt: mindestens 45 % Fett i.Tr.

Geschmack: mild, vollmundig, mit süßer Note, kräftiger Geruch

Reifezeit: 3 Wochen auf Fichtenholz, umspannt von einem Band aus Fichtenrinde

★★★★★

TALEGGIO

Herkunftsland: Italien
Milchart: Kuhmilch

Traditioneller Rotschmier-Weichkäse mit EU-weit geschützter Ursprungsbezeichnung (g.U.) aus pasteurisierter oder roher Kuhmilch und tierischem Lab

Wird handwerklich und industriell im gleichnamigen Tal nördlich von Bergamo (Lombardei) hergestellt.

Strohgelber, cremiger Teig, orangerote Naturrinde mit Rotschmiere-Kulturen und grünlichem Schimmel

Fettgehalt: 45 % Fett i.Tr.

Geschmack: würzig, leicht säuerlich, kräftiger Geruch

Reifezeit: 6–10 Wochen

★★★★★

SHARPHAM

Herkunftsland: Großbritannien
Milchart: Kuhmilch

Tradtioneller Weichkäse aus Totnes in der Grafschaft Devon, der aus Kuhrohmilch und vegetarischem Lab handwerklich hergestellt wird.

Gelber, cremiger Teig, dessen Oberfläche mit weißem Camembertschimmel überzogen ist

Geschmack: mild-aromatisch

★★★★

LIMBURGER

Herkunftsland: Deutschland
Milchart: Kuhmilch

Traditioneller Rotschmier-Weichkäse aus pasteurisierter Kuhmilch, handwerklich oder industriell hergestellt

Hell- bis dunkelgelber, schnittfähiger Teig mit gewaschener Rinde

Fettgehalt: 20–60 % Fett i.Tr.

Geschmack: würzig-herzhaft

Reifezeit: 6–12 Wochen

★★★★

ODENWÄLDER FRÜHSTÜCKSKÄSE

Herkunftsland: Deutschland
Milchart: Kuhmilch

Rotschmierekäse aus dem Odenwald (Südhessen) mit EU-weit geschützter Ursprungsbezeichnung (g.U.)

Heute ausschließlich von einer Molkerei in Mossautal hergestellte, regionale Spezialität

Früher traditionell morgens zur Vesper verzehrt

Weicher, elastischer Teig, intensiver Geruch

Fettgehalt: 10 % Fett i.Tr.

Herzhafter, kräftiger Geschmack

Reifezeit: 14 Tage

★★★★★

ROMADUR

Herkunftsland: Deutschland
Milchart: Kuhmilch

Traditioneller Rotschmier-Weichkäse aus pasteurisierter Kuhmilch, handwerklich oder industriell hergestellt

Hellgelber, cremiger Teig mit gewaschener Rinde

Fettgehalt: je nach Hersteller 20–60 % Fett i.Tr.

Geschmack: je nach Reifegrad mild-aromatisch bis würzig-pikant, kräftiger Geruch

Reifezeit: 8–14 Tage

★★★★

ROTKÄPPCHEN

Herkunftsland: Deutschland
Milchart: Kuhmilch

Traditionelle Weichkäsesorte mit Weißschimmel, aus pasteurisierter Kuhmilch, handwerklich hergestellt

Hellgelber weicher bis cremiger Teig, dessen Oberfläche mit weißem Camembertschimmel überzogen ist.

Fettgehalt: 55 % Fett i.Tr.

Geschmack: mild-aromatisch, mit zunehmender Reife pikanter

★★★★

ALTENBURGER ZIEGENKÄSE

Herkunftsland: Deutschland
Milchart: Gemischte Milch

Traditioneller Weichkäse aus pasteurisierter Kuh- und Ziegenmilch (mindestens 15 %) und tierischem Lab mit EU-weit geschützter Ursprungsbezeichnung (g.U.)

Elfenbeinfarbener, weicher Teig, dessen Oberfläche mit weißem Camembertschimmel überzogen ist. Reift relativ schnell von außen nach innen.

Fettgehalt: 45 % Fett i.Tr.

Geschmack: mild-würzig

★★★★★

BANON

Herkunftsland: Frankreich
Milchart: Ziegenmilch

Traditioneller Weichkäse aus der Region Provence-Alpes-Côte d'Azur mit EU-weit geschützter Ursprungsbezeichnung (g.U.)

Wird handwerklich hergestellt aus Ziegenrohmilch bestimmter Rassen, die mindestens 210 Tage im Jahr im Freien verbringen.

Fettgehalt: 45 % Fett i.Tr.

Elfenbeinfarbener, sehr weicher Teig mit dünner Naturrinde und Schimmelflecken

Geschmack: würzig-aromatisch, leicht säuerlich

Wird zur Reifung in Kastanienblätter eingeschlagen.

★★★★★

CROTTIN DE CHAVIGNOL

Herkunftsland: Frankreich
Milchart: Ziegenmilch

Traditioneller Weichkäse aus dem Sancerrois (Region Centre) mit EU-weit geschützter Ursprungsbezeichnung (g.U.), handwerklich hergestellt aus Ziegenrohmilch

Elfenbeinfarbener, kompakter bis bröckeliger Teig mit weißer Naturrinde, die sich mit zunehmender Reife bläulich verfärbt.

Fettgehalt: 45 % Fett i.Tr.

Geschmack: nussig, leicht säuerlich, dezentes Ziegenaroma

★★★★★

ÉTOILE DE GATIN

Herkunftsland: Frankreich
Milchart: Ziegenmilch

Traditioneller Weichkäse aus Deux-Sèvres (Region Poitou-Charentes), hergestellt aus Ziegenmilch

Elfenbeinfarbener, weicher, geschmeidiger Teig, dessen Oberfläche mit weißem Edelschimmel überzogen ist.

Fettgehalt: 45 % Fett i.Tr.

Geschmack: mild-würzig, cremig

★★★★

PÉLARDON

Herkunftsland: Frankreich
Milchart: Ziegenmilch

Traditioneller Weichkäse aus dem Languedoc mit EU-weit geschützter Ursprungsbezeichnung (g.U.)

Wird handwerklich hergestellt aus Ziegenrohmilch.

Elfenbeinfarbener oder weißer, weicher Teig mit dünner hellgelber, weißer oder bläulicher Naturrinde

Fettgehalt: 45 % Fett i.Tr.

Geschmack: würzig-aromatisch, leicht säuerlich

Reifezeit: mindestens 11 Tage

★★★★★

PICODON

Herkunftsland: Frankreich
Milchart: Ziegenmilch

Traditioneller Weichkäse aus dem Gebiet der südlichen Rhône (Region Rhône-Alpes) mit EU-weit geschützter Ursprungsbezeichnung (g.U.)

Wird handwerklich aus pasteurisierter Ziegenmilch hergestellt.

Weißer, weicher Teig, der während der Reifung immer fester wird. Dünne Naturrinde mit Edelschimmel

Fettgehalt: 45 % Fett i.Tr.

Geschmack: frisch, leicht säuerlich, mild-aromatisch, mit zunehmender Reife nussig

Reifezeit: mindestens 12 Tage

★★★★★

POULIGNY SAINT-PIERRE

Herkunftsland: Frankreich
Milchart: Ziegenmilch

Traditioneller Weichkäse aus der Vallée de la Brenne (Region Centre) mit EU-weit geschützter Ursprungsbezeichnung (g.U.)

Wird handwerklich und industriell aus Ziegenrohmilch in Pyramidenform hergestellt.

Elfenbeinfarbener, fester und dennoch geschmeidiger Teig mit dünner Naturrinde und Schimmelflecken

Fettgehalt: 45 % Fett i.Tr.

Geschmack: nussig, würzig-aromatisch, fein-säuerlich

★★★★★

RIGOTTE DE CONDRIEU

Herkunftsland: Frankreich
Milchart: Ziegenmilch

Traditioneller Weichkäse aus dem Pilat-Massiv im Südwesten von Lyon mit EU-weit geschützter Ursprungsbezeichnung (g.U.)

Wird handwerklich in 48 ausgewählten Kommunen aus Ziegenrohmilch hergestellt.

Weißer, körniger Teig mit Naturrinde, die mit dem Pflanzenfarbstoff Annatto gefärbt ist, und Edelschimmel

Fettgehalt: mindestens 45 % Fett i.Tr.

Geschmack: fein, aromenreich

Reifezeit: 3 Wochen

★★★★★

ROCAMADOUR

Herkunftsland: Frankreich
Milchart: Ziegenmilch

Traditioneller Weichkäse aus der Region Midi-Pyrénées mit EU-weit geschützter Ursprungsbezeichnung (g.U.)

Wurde bereits im 15. Jahrhundert als Zahlungsmittel für Pacht und Steuer erwähnt.

Wird handwerklich hergestellt aus Rohmilch der Ziegenrassen Alpine und Saanen.

Sahniger, weicher Teig mit dünner Naturrinde und gelblichem Edelschimmel

Fettgehalt: 45 % Fett i.Tr.

Geschmack: haselnussartig, fein, mit zunehmender Reife ausgeprägter

★★★★★

ROUELLE CENDRÉE

Herkunftsland: Frankreich
Milchart: Ziegenmilch

Handwerklich hergestellter Weichkäse aus Ziegenrohmilch, der in Holzkohlenasche gewendet wird

Wird in typischer Ringform angeboten.

Elfenbeinfarbener, fester Teig mit grau-schwarzer Naturrinde und weißem Edelschimmel

Fettgehalt: mindestens 45 % Fett i.Tr.

Geschmack: mild, fein säuerlich, salzig mit Haselnussaromen

Reifezeit: mindestens 5 Wochen

★★★★

SAINTE MAURE DE TOURAINE

Herkunftsland: Frankreich
Milchart: Ziegenmilch

Traditioneller handgeschöpfter Weichkäse aus dem Département Indre-et-Loire (Region Centre) mit EU-weit geschützter Ursprungsbezeichnung (g.U.)

Darf nur auf Bauernhöfen handwerklich hergestellt werden aus der Rohmilch von Ziegen, die auf diesen Höfen gehalten werden.

Elfenbeinfarbener, cremig-weicher Teig. Käse wird vor dem Reifen in Asche gewendet; während der Reifung bildet sich auf der Rinde Schimmel.

Wird zur Durchlüftung mit einem Strohhalm durchstochen.

Fettgehalt: 45 % Fett i.Tr.

Geschmack: mild, mit Pilzaroma

Reifezeit: 15 Tage

★★★★★

SELLES-SUR-CHER

Herkunftsland: Frankreich
Milchart: Ziegenmilch

Traditioneller, handgeschöpfter Weichkäse aus der Region Centre mit EU-weit geschützter Ursprungsbezeichnung (g.U.)

Wird handwerklich aus Ziegenrohmilch hergestellt und in Holzkohlenasche gewendet.

Elfenbeinfarbener, fester Teig mit grau-schwarzer Naturrinde und weißem Edelschimmel

Fettgehalt: mindestens 45 % Fett i.Tr.

Geschmack: mild, fein säuerlich, salzig mit Haselnussaromen

Reifezeit: mindestens 5 Wochen

★★★★★

VALENÇAY

Herkunftsland: Frankreich
Milchart: Ziegenmilch

Traditioneller Weichkäse von der Loire (Region Centre) mit EU-weit geschützter Ursprungsbezeichnung (g.U.)

Wird handwerklich und industriell aus Ziegenrohmilch in Form eines Pyramidensockels hergestellt.

Elfenbeinfarbener, fester und dennoch geschmeidiger Teig mit dünner Naturrinde und Schimmelflecken. Wird häufig auch in Holzkohlenasche gewendet.

Fettgehalt: 45 % Fett i.Tr.

Geschmack: nussig, mild-aromatisch, fein-säuerlich

★★★★★

TORTA DEL CASAR

Herkunftsland: Spanien
Milchart: Schafmilch

Traditioneller Weichkäse aus der Extremadura mit EU-weit geschützter Ursprungsbezeichnung (g.U.)

Handwerklich hergestellt aus der Rohmilch von Merino- und Entrefino-Schafen und pflanzlichem Lab

Hellgelber, cremiger, fast flüssiger Teig mit harter, brauner, gewaschener Naturrinde

Zum Verzehr wird die Rinde wie ein Deckel abgeschnitten und der Käse herausgelöffelt.

Fettgehalt: ab 50 % Fett i.Tr.

Geschmack: aromatisch, typisch, leicht säuerlich

Reifezeit: mindestens 60 Tage

★★★★★

QUEIJO DE OVELHA

Herkunftsland: Portugal
Milchart: Schafmilch

Traditioneller Weichkäse aus Schafrohmilch mit EU-weit geschützter Ursprungsbezeichnung (g.U.)

Elfenbeinfarbener, in der Mitte cremiger Teig mit Naturrinde

Fettgehalt: 60 % Fett i.Tr.

★★★★★

CANTAL, FOURME DE CANTAL

Herkunftsland: Frankreich
Milchart: Kuhmilch

Traditioneller Schnittkäse aus dem Département Cantal (Auvergne), der aus Kuhrohmilch der Salers-Rasse handwerklich hergestellt wird.

Gilt als einer der ältesten Käse Frankreichs.

Hellgelber, kompakter Teig mit harter, grauer bis goldbrauner Naturrinde

Fettgehalt: 45 % Fett i.Tr.

Geschmack: herb, zart-säuerlich, haselnussartig, bei zunehmender Reife pikant und ausgeprägt

Reifezeit: mindestens 3 Monate

★★★★★

LAGUIOLE

Herkunftsland: Frankreich
Milchart: Kuhmilch

Traditioneller Schnittkäse aus Kuhrohmilch mit EU-weit geschützter Ursprungsbezeichnung (g.U.)

Handwerklich hergestellt im Aubrac, einem Hochplateau der Auvergne

Gelber, geschmeidiger Teig mit Naturrinde

Fettgehalt: 45 % Fett i.Tr.

Geschmack: aromatisch, leicht säuerlich, pikant

★★★★★

MORBIER

Herkunftsland: Frankreich
Milchart: Kuhmilch

Traditioneller halbfester Schnittkäse aus der Region Franche-Comté mit EU-weit geschützter Ursprungsbezeichnung (g.U.)

Typisch für den handwerklich und industriell aus Kuhrohmilch erzeugten Käse ist der Streifen aus Pflanzenkohle, der sich waagrecht durch den Käse zieht.

Elfenbeinfarbener, geschmeidiger Teig mit beigefarbener Naturrinde

Fettgehalt: 45 % Fett i.Tr.

Geschmack: aromatisch, leicht fruchtig

Reifezeit: mindestens 45 Tage

★★★★★

REBLOCHON, REBLOCHON DE SAVOIE

Herkunftsland: Frankreich
Milchart: Kuhmilch

Traditioneller halbfester Schnittkäse aus Savoyen mit EU-weit geschützter Ursprungsbezeichnung (g.U.)

Handwerklich und industriell hergestellt aus Kuhrohmilch von drei regionalen Rinderrassen. Ursprünglich entstanden aus dem Nachgemelk, der fetthaltigen Milch vom zweiten Melken

Elfenbeinfarbener, cremiger Teig mit orangegelber Naturrinde mit Rotschmierekulturen

Fettgehalt: 45 % Fett i.Tr.

Geschmack: mild, nussig, vollmundig, kräftiger Geruch

Reifezeit: 3–4 Wochen

★★★★★

SAINT-NECTAIRE

Herkunftsland: Frankreich
Milchart: Kuhmilch

Traditioneller Schnittkäse aus der Auvergne mit EU-weit geschützter Ursprungsbezeichnung (g.U.)

Wird nur in 72 Dörfern des Départements Puy-de-Dôme aus Kuhrohmilch handwerklich hergestellt.

Elfenbeinfarbener, geschmeidiger Teig mit gewaschener Naturrinde, auf der sich grauschwarzer Edelschimmel bildet.

Fettgehalt: 45 % Fett i.Tr.

Geschmack: fein-aromatisch, nussig

Reifezeit: mindestens 5 Wochen

★★★★★

TOMME DE MONTAGNE

Herkunftsland: Frankreich
Milchart: Kuhmilch

Traditioneller Schnittkäse mit AOC-Siegel aus der Haute Savoie, der aus Kuhrohmilch handwerklich hergestellt wird.

Der Begriff „Tomme" ist auch eine Sortenbezeichnung und in der Regel mit dem Namen des Dorfs verknüpft, in dem der Käse produziert wird.

Elfenbeinfarbener, geschmeidiger Teig mit regelmäßiger Bruchlochung und harter Naturrinde mit Edelschimmelflecken

Fettgehalt: 45 % Fett i.Tr.
Geschmack: mild-würzig, kräftiger Geruch

Reifezeit: mindestens 10 Wochen

★★★★

TOMME DE SAVOIE

Herkunftsland: Frankreich
Milchart: Kuhmilch

Traditioneller Schnittkäse aus Savoyen, der aus Kuhrohmilch handwerklich und industriell hergestellt wird.

Blassgelber, feuchter Teig mit regelmäßiger Bruchlochung und harter, grauer Naturrinde mit Edelschimmelflecken

Fettgehalt: 40 % Fett i.Tr.

Geschmack: cremig-würzig, kräftiger Geruch

Reifezeit: 6–7 Wochen

★★★★

ASIAGO FRESCO PRESSATO

Herkunftsland: Italien
Milchart: Kuhmilch

Traditioneller, gepresster, halbfester Schnittkäse mit EU-weit geschützter Ursprungsbezeichnung (g.U.), der bekannteste Käse Venetiens

Handwerklich und industriell hergestellt aus roher oder pasteurisierter Kuhmilch und tierischem Lab

Heller, strohgelber Teig mit kleinen bis mittelgroßen Löchern und dünner, glatter Naturrinde

Fettgehalt: 45 % Fett i.Tr.

Geschmack: buttrig, mild-aromatisch

Reifezeit: 20–40 Tage

★★★★★

FIENOSO

Herkunftsland: Italien
Milchart: Kuhmilch

Halbfester Kuhmilch-Schnittkäse aus Südtirol, der in alten Barriquefässern in Bergheu und -blüten reift. Nach der Herstellung wird der Käse nochmals mit Heu garniert.

Rötlich braune, gewaschene Rinde, milchig-weißer Teig mit schlitzförmiger kleiner Lochung. Intensiver Geruch nach Heu und Nüssen

Fettgehalt: 45 % Fett i.Tr.

Geschmack: milchig-buttrig, nussig mit leicht bitterer Note

Reifezeit: 6–8 Wochen

★★★★

FONTINA

Herkunftsland: Italien
Milchart: Kuhmilch

Traditioneller Schnittkäse aus dem Aosta-Tal mit EU-weit geschützter Ursprungsbezeichnung (g.U.)

Handwerklich und industriell hergestellt aus Kuhrohmilch

Strohgelber, weicher, glatter Teig mit fester, dünner, bräunlicher Rinde

Fettgehalt: 45–55 % Fett i.Tr.

Geschmack: leicht pikant

Reifezeit: mindestens 7 Monate

★★★★★

RASCHERA

Herkunftsland: Italien
Milchart: Kuhmilch

Traditioneller, gepresster, halbfester Tafelkäse mit EU-weit geschützter Ursprungsbezeichnung (g.U.), handwerklich hergestellt aus Kuhrohmilch in der Provinz Cuneo (Piemont)

Elfenbeinfarbener, elastischer, weicher Teig mit grau-rötlicher Naturrinde

Fettgehalt: mindestens 32 % Fett i.Tr.

Geschmack: fein, mild, mit typischem Duft, bei längerer Reifedauer würzig, pikant

Reifezeit: 3–12 Wochen

★★★★★

STILFSER

Herkunftsland: Italien
Milchart: Kuhmilch

Traditioneller halbfester Schnittkäse aus Südtirol mit EU-weit geschützter Ursprungsbezeichnung (g.U.)

Handwerklich und industriell hergestellt aus naturbelassener Kuhmilch von Südtiroler Bergbauernhöfen

Gelblich weißer, elastischer Teig mit unregelmäßiger, erbsengroßer Lochung und gelborangefarbener Naturrinde

Fettgehalt: mindestens 50 % Fett i.Tr.

Geschmack: aromatisch, würzig, kräftig

Reifezeit: mindestens 62 Tage

★★★★★

TOMA BIELLESE, TOMA PIEMONTESE

Herkunftsland: Italien
Milchart: Kuhmilch

Traditioneller halbfester Schnittkäse aus roher oder pasteurisierter Kuhmilch mit EU-weit geschützter Ursprungsbezeichnung (g.U.)

Wird ausschließlich im Piemont handwerklich hergestellt und sowohl als vollfetter wie auch als halbfetter Käse angeboten.

Hellgelber, cremiger Teig mit orangebrauner Naturrinde mit Außenschimmel

Fettgehalt: 20–45 % Fett i.Tr.

Geschmack: mild-aromatisch, feinherb

★★★★★

ARZÚA-ULLOA

Herkunftsland: Spanien
Milchart: Kuhmilch

Halbfester Schnittkäse mit EU-weit geschützter Ursprungsbezeichnung (g.U.)

Aus roher oder pasteurisierter Kuhmilch und tierischem Lab

Einer der bekanntesten Käse aus Galizien. Darf nur aus der Milch bestimmter Kuhrassen dieser Region hergestellt werden.

Weicher, elfenbeinfarbener, zarter Teig mit dünner, elastischer, glatter, gelber Rinde

Fettgehalt: mindestens 45 % Fett i.Tr.

Geschmack: zart, buttrig, leicht säuerlich

Reifezeit: mindestens 6 Tage

★★★★★

MAHÓN-MENORCA

Herkunftsland: Spanien
Milchart: Kuhmilch

Traditioneller Schnittkäse mit EU-weit geschützter Ursprungsbezeichnung (g.U.), der ausschließlich auf Menorca aus roher oder pasteurisierter Kuhmilch handwerklich und industriell hergestellt wird.

Typisch für den Mahón ist seine quadratische Form mit den abgerundeten Ecken.

Fettgehalt: 45 % Fett i.Tr.

Gelber, fester Teig mit unregelmäßigen Löchern und kompakter Naturrinde

Geschmack: ausgeprägt, nussig, leicht salzig, mit zunehmender Reife intensiv, pikant

Reifezeit: 2 Monate (Mahón semicurado), 6 Monate (Mahón curado) oder mindestens 10 Monate (Mahón añejo)

★★★★★

QUESO DE CANTABRIA

Herkunftsland: Spanien
Milchart: Kuhmilch

Traditioneller Schnittkäse mit EU-weit geschützter Ursprungsbezeichnung (g.U.) aus der Region Kantabrien

Wird nur aus der Vollmilch der Frisona-Kühe mit tierischem Lab handwerklich hergestellt.

Reifezeit: mindestens 15 Tage

Die gepressten Käselaibe haben die Form eines schiefen Quaders oder eines Zylinders

Fettgehalt: mindestens 45 % Fett i.Tr.

Elfenbeinfarbener, geschmeidiger Teig mit gelber, glatter Naturrinde

Geschmack: aromatisch, frisch, mildes Butteraroma

★★★★★

QUESO TETILLA

Herkunftsland: Spanien
Milchart: Kuhmilch

Traditioneller halbfester Schnittkäse aus Galizien mit EU-weit geschützter Ursprungsbezeichnung (g.U.)

Handwerklich und industriell hergestellt aus Kuhmilch der Rassen Rubia-Gallega, Frisona und Pardo Alpina

Wörtlich übersetzt bedeutet der Käsename „Brüstchen", wohl wegen des birnenförmigen Aussehens der Käselaibe.

Hellgelber, geschmeidiger Teig mit gelber Naturrinde

Fettgehalt: 25 % Fett i.Tr.

Geschmack: mild, frisch, leicht

Reifezeit: 2–3 Monate

★★★★★

QUEIJO FLAMENGO

Herkunftsland: Portugal
Milchart: Kuhmilch

Traditioneller Schnittkäse von den Azoren, handwerklich und industriell hergestellt aus pasteurisierter Kuhmilch

Gelber, geschmeidiger Teig mit kleiner Lochung und orange-brauner Naturrinde, die oft mit Wachs überzogen ist.

Fettgehalt: mindestens 45 % Fett i.Tr.

Geschmack: mild-aromatisch, mit zunehmender Reife kräftiger

★★★★

CAERPHILLY

Herkunftsland: Großbritannien
Milchart: Kuhmilch

Traditioneller walisischer Schnittkäse aus Kuhrohmilch und vegetarischem Lab

Gelber, feuchter, krümeliger Teig mit dunkler Naturrinde, oft mit weißem Schimmel

Fettgehalt: 48 % Fett i.Tr.

Geschmack: nussig, aromatisch

Reifezeit: mindestens 2 Monate

★★★★

CORNISH YARG

Herkunftsland: Großbritannien
Milchart: Kuhmilch

Traditioneller Schnittkäse aus dem englischen Cornwall, in Handarbeit hergestellt aus pasteurisierter Kuhmilch und vegetarischem Lab

Heller, feuchter, geschmeidiger Teig mit kleinen Löchern, mit Brennesselblättern ummantelt

Fettgehalt: 45 % Fett i.Tr.

Geschmack: erfrischend, zartwürzig, leichtes Zitrusaroma

★★★★

COTHERSTONE

Herkunftsland: Großbritannien
Milchart: Kuhmilch

Traditioneller Schnittkäse aus Kuhrohmilch. Regionale Spezialität aus der Grafschaft Durham

Gelber, saftiger Teig mit cremefarbener Naturrinde

Fettgehalt: 45 % Fett i.Tr.

Geschmack: mild-aromatisch

Reifezeit: 2–10 Wochen

★★★★

DERBY

Herkunftsland: Großbritannien
Milchart: Kuhmilch

Traditioneller Schnittkäse aus pasteurisierter Kuhmilch und vegetarischem Lab, ursprünglich eine Spezialität der Grafschaft Derbyshire

Gelber, geschmeidiger Teig mit goldgelber Naturrinde

Fettgehalt: 45 % Fett i.Tr.

Geschmack: buttrig, sanft-aromatisch

Reifezeit: 2–7 Monate

War die erste industriell produzierte Käsesorte in Großbritannien.

★★★★

LANCASHIRE

Herkunftsland: Großbritannien
Milchart: Kuhmilch

Traditioneller Schnittkäse aus Kuhrohmilch

Wird in der Grafschaft Lancashire aus der Milch von drei aufeinanderfolgenden Tagen handwerklich hergestellt.

Fester, feucht-krümeliger Teig mit goldgelber Naturrinde

Fettgehalt: 45 % Fett i.Tr.

Geschmack: aromatisch-scharf, wird mit zunehmender Reife intensiver

Wird auch industriell hergestellt.

★★★★

SAGE DERBY

Herkunftsland: Großbritannien
Milchart: Kuhmilch

Traditioneller halbfester, cheddarähnlicher Schnittkäse aus pasteurisierter Kuhmilch, handwerklich erzeugt

Eine der ältesten Käsesorten Großbritanniens

Wurde früher nach der Erntezeit und an Weihnachten aufgetischt.

Fester, grün-weiß-marmorierter Teig, der seine Farbe durch Salbeiblätter bekommt, die dem Käse bei der Herstellung zur Geschmacksgebung beigefügt werden.

Fettgehalt: 50 % Fett i.Tr.

Geschmack: typisch, aromatisch-würzig

Reifezeit: 1–3 Monate

★★★★

ALPIKONER

Herkunftsland: Schweiz
Milchart: Kuhmilch

Traditioneller Schnittkäse mit geschützter Ursprungsbezeichnung (AOC) aus Kuhrohmilch, tierischem Lab und alpspezifischen Sirtekulturen

Darf nur im Sommer während ca. 100 Tagen aus der frisch gemolkenen Rohmilch von Kühen hergestellt werden, die auf den Berner Alpen weiden.

Gelber Teig mit wenigen Löchern und trockener Naturrinde, die mit Eichenrinde behandelt wird.

Fettgehalt: 48 % Fett i.Tr.

Geschmack: pikant, würzig

Reifezeit: mindestens 4 Monate

★★★★

APPENZELLER

Herkunftsland: Schweiz
Milchart: Kuhmilch

Traditioneller Schnittkäse mit geschützter Ursprungsbezeichnung (AOC), der erstmals 1282 urkundlich erwähnt wurde.

Hergestellt aus silofreier Rohmilch von Kühen aus dem Appenzellerland

Hellgelber Teig mit wenigen, kleinen Löchern, dessen Rinde während der Reifung mit einer Kräutersulz eingerieben wird.

Fettgehalt: 48 % Fett i.Tr.

Geschmack: sehr würzig, voll, typisch, wird mit zunehmender Reife intensiver

Reifezeit: mindestens 3 Monate

★★★★★

BERNER ALPKÄSE

Herkunftsland: Schweiz
Milchart: Kuhmilch

Traditioneller Schnittkäse mit geschützter Ursprungsbezeichnung (AOC) aus silofreier Kuhrohmilch, tierischem Lab und alpspezifischen Sirtekulturen

Darf nur im Sommer während ca. 100 Tagen aus der frisch gemolkenen Milch von Kühen hergestellt werden, die auf den Berner Alpen weiden.

Gelber Teig mit wenigen Löchern und trockener Rinde mit wenig Schmiere

Fettgehalt: 50 % Fett i.Tr.

Geschmack: würzig, aromatisch

Reifezeit: 6–12 Monate

★★★★★

RACLETTE-KÄSE

Herkunftsland: Schweiz
Milchart: Kuhmilch

Traditioneller, feinschmelzender Schnittkäse aus pasteurisierter oder roher Kuhmilch

Wird in mehreren Kantonen nördlich des Alpenkamms handwerklich hergestellt.

Hellgelber bis elfenbeinfarbener, geschmeidiger Käse mit wenigen Löchern und braunroter, geschmierter oder gewaschener Naturrinde

Fettgehalt: mindestens 45 % Fett i.Tr.

Geschmack: mild-würzig, leicht säuerlich, mit fortschreitender Reife aromatischer

Reifezeit: 3 Monate

★★★★

TÊTE DE MOINE

Herkunftsland: Schweiz
Milchart: Kuhmilch

Traditioneller Schnittkäse mit geschützter Ursprungsbezeichnung (AOC) aus silofreier Kuhrohmilch

Wird in Dorfkäsereien im Schweizer Jura handwerklich hergestellt.

Hellgelber bis elfenbeinfarbener, geschmeidiger Teig mit rotbrauner Naturrinde

Fettgehalt: mindestens 51 % Fett i.Tr.

Geschmack: aromatisch, blumig, mit fortschreitender Reifung würziger

Reifezeit: 3–4 Monate auf Tannenholzbrettern

★★★★★

VACHERIN FRIBOURGEOIS

Herkunftsland: Schweiz
Milchart: Kuhmilch

Traditioneller Schnittkäse mit geschützter Ursprungsbezeichnung (AOC) aus silofreier pasteurisierter oder roher Kuhmilch

Wird im Freiburger Land handwerklich hergestellt.

Blassgelber bis elfenbeinfarbener, schnittfester Teig mit gelblich brauner Naturrinde

Fettgehalt: mindestens 45 % Fett i.Tr.

Geschmack: cremig-würzig bis kräftig-vollmundig

Reifezeit: mindestens 9 Wochen

★★★★★

TILSITER

Herkunftsland: Deutschland
Milchart: Kuhmilch

Traditioneller Schnittkäse aus pasteurisierter Kuhmilch oder Kuhrohmilch

Goldgelber, geschmeidiger Teig mit kleinen, unregelmäßigen Löchern und dünner, bräunlicher Rotschmiere-Rinde

Fettgehalt: mindestens 45 % Fett i.Tr.

Geschmack: buttrig, von mild und leicht würzig bis kräftig pikant

Wurde wahrscheinlich von holländischen Flüchtlingen in der ostpreußischen Stadt Tilsit erstmals hergestellt.

★★★★

BOEREN-LEIDSE MET SLEUTELS

Herkunftsland: Niederlande
Milchart: Kuhmilch

Traditioneller halbfester Schnittkäse mit EU-weit geschützter Ursprungsbezeichnung (g.U.) aus pasteurisierter Kuhmilch und tierischem Lab, handwerklich und industriell hergestellt

Gelber, elastischer Teig mit goldgelber, gewachster Naturrinde, Rinde nicht zum Verzehr geeignet

Fettgehalt: 45 % Fett i.Tr.

Geschmack: sanft-aromatisch, mit zunehmender Reife intensiver und fruchtiger

★★★★★

EDAMER

Herkunftsland: Niederlande
Milchart: Kuhmilch

Traditioneller halbfester Schnittkäse aus pasteurisierter Kuhmilch und tierischem Lab, industriell hergestellt

Der Name stammt vom Ursprungsort Edam, Provinz Nordholland.

Gelber, elastischer Teig mit einer roten oder gelben Paraffinhülle, die Rinde ist nicht zum Verzehr geeignet.

Fettgehalt: 48 % Fett i.Tr.

Geschmack: mild, süß, nussig

★★★★

GOUDA

Herkunftsland: Niederlande
Milchart: Kuhmilch

Traditioneller halbfester Schnittkäse aus pasteurisierter Kuhmilch und tierischem Lab, industriell hergestellt

Gelber, elastischer Teig mit kleinen Löchern, Rinde mit Kunststoffüberzug, nicht zum Verzehr geeignet

Fettgehalt: 40–45 % Fett i.Tr.

Geschmack: fruchtig mit süßer Note, mild, mit zunehmender Reife ausgeprägter und würziger

Reifezeit: 4–6 Wochen (junger Gouda, Foto), mindestens 3 Monate (mittelalter Gouda) oder 1–5 Jahre (alter Gouda)

★★★★

LEERDAMMER

Herkunftsland: Niederlande
Milchart: Kuhmilch

Markenname einer neueren Schnittkäsesorte, industriell hergestellt aus pasteurisierter Kuhmilch

Gelber Teig mit großer Lochung, die sich in der Mitte der Käselaibe verdichtet. Gewachste Rinde mit Kunststoffüberzug, die nicht zum Verzehr geeignet ist.

Fettgehalt: 45 % Fett i.Tr.

Geschmack: mild, mit Nussaromen

Reifezeit: 5 Wochen

★★★★

ESROM

Herkunftsland: Dänemark
Milchart: Kuhmilch

Traditioneller halbfester Schnittkäse aus pasteurisierter dänischer Kuhmilch mit EU-weit geschützter geografischer Angabe (g.g.A.)

Industriell hergestellt nach einer Rezeptur des Klosters Esrom aus dem 12. Jahrhundert

Gelblicher bis weißer, weicher Teig mit vielen, unregelmäßigen Löchern und elastischer, dünner Naturrinde mit Schmierschicht

Fettgehalt: 45 % Fett i.Tr.

Geschmack: mild, säuerlich, aromatisch

Reifezeit: mindestens 2 Wochen

★★★★★

HAVARTI

Herkunftsland: Dänemark
Milchart: Kuhmilch

Traditioneller halbfester Schnittkäse aus pasteurisierter Kuhmilch, der industriell hergestellt wird.

Hellgelber, elastischer Teig mit kleiner, unregelmäßiger Lochung und dünner Naturrinde, die manchmal mit rotem Wachs überzogen ist.

Fettgehalt: 45 % Fett i.Tr.

Geschmack: je nach Reifegrad würzig-aromatisch bis pikant

Reifedauer: mindestens 3 Monate

★★★★

KASHKAVAL

Herkunftsland: Türkei
Milchart: Kuhmilch

Traditioneller Schnittkäse aus pasteurisierter Kuhmilch, der zur Gruppe der Pasta-Filata-Käse gehört, die bei der Herstellung gebrüht werden.

Fester, strohfarbener bis weißlicher Teig mit glatter, trockener Rinde

Fettgehalt: mindestens 45 % Fett i.Tr.

Geschmack: würzig-kräftig bis leicht salzig

★★★★

HALLOUMI

Herkunftsland: Zypern
Milchart: Kuh-, Schaf-, Ziegen- oder gemischte Milch

Halbfester, würziger, quadratischer Käse, traditionell aus Kuh-, Schaf- oder Ziegenmilch hergestellt. Wird inzwischen auch aus gemischter Milch angeboten.

Weißer, elastischer Teig ohne Rinde

Der Käsebruch wird ca. 1 Stunde in Molke gekocht und erhält dadurch eine gummiartige Konsistenz.

Fettgehalt: 43–45 % Fett i.Tr.

Spezialität der Mittelmeerinsel Zypern, wo er seit mehr als 2000 Jahren bekannt ist.

★★★★

QUESO IBÉRICO

Herkunftsland: Spanien
Milchart: Gemischte Milch

Neuere Schnittkäsesorte, die in ganz Spanien aus roher oder pasteurisierter Kuh-, Schaf- und Ziegenmilch handwerklich und industriell hergestellt wird.

Die meistverkaufte Käsesorte Spaniens

Weißgelber, geschmeidiger Teig mit unregelmäßigen Löchern und kompakter Naturrinde

Fettgehalt: 55 % Fett i.Tr.

Geschmack: mild-aromatisch, würzig, mit zunehmender Reife pikant

Reifezeit: mindestens 2 Monate

★★★★

QUESO DE MURCIA AL VINO

Herkunftsland: Spanien
Milchart: Ziegenmilch

Traditioneller halbfester Schnittkäse aus Murcia mit EU-weit geschützter Ursprungsbezeichnung (g.U.)

Handwerklich hergestellt aus pasteurisierter Ziegenmilch

Während der Reifung wird der Käse zeitweise in Rotwein aus der Region eingelegt, wodurch die Rinde ihre rote Farbe erhält.

Weißer, elastischer Teig mit dünner rot gefärbter Naturrinde

Fettgehalt: 45 % Fett i.Tr.

Geschmack: herb, leicht säuerlich, salzig-aromatisch

Reifezeit: 30–45 Tage

★★★★★

QUESO MAJORERO

Herkunftsland: Spanien
Milchart: Ziegenmilch

Traditioneller halbfester Schnittkäse mit EU-weit geschützter Ursprungsbezeichnung (g.U.), handwerklich hergestellt

Elfenbeinfarbener Teig mit harter Naturrinde, die z.T. mit Öl oder Paprikapulver bestrichen wird.

Fettgehalt: 55 % Fett i.Tr.

Geschmack: je nach Reifezeit cremig und leicht säuerlich bis intensiv und pikant

Reifezeit: 7–10 Tage (Majorero tierno), 3 Monate (Majorero semicurado) oder 4 Monate (Majorero curado)

★★★★★

CORSU VECCHIU

Herkunftsland: Frankreich
Milchart: Schafmilch

Korsischer Schnittkäse aus pasteurisierter Schafmilch

Beigefarbener Teig fast ohne Lochung mit dünner bräunlicher Naturrinde, die mit Weißschimmel überzogen ist.

Fettgehalt: 48 % Fett i.Tr.

Geschmack: mild-aromatisch

Reifezeit: 5 Monate

★★★★

OSSAU-IRATY

Herkunftsland: Frankreich
Milchart: Schafmilch

Traditioneller Schnittkäse mit EU-weit geschützter Ursprungsbezeichnung (g.U.) aus der Region Aquitanien, handwerklich und industriell aus Schafrohmilch hergestellt

Der berühmte Pyrenäenkäse darf nur aus der Milch der Manech- und Basco-Béarnaise-Schafe produziert werden.

Gelber, elastischer Teig mit orangefarbener oder grauer Naturrinde, die mit Blüten des Piment d'Espelette überzogen ist.

Fettgehalt: 45 % Fett i.Tr.

Geschmack: sanft-aromatisch, nussartig

Reifezeit: mindestens 90 Tage

★★★★★

PETIT BASQUE

Herkunftsland: Frankreich
Milchart: Schafmilch

Traditioneller Schnittkäse aus der Region Aquitanien, handwerklich und industriell aus pasteurisierter Schafmilch hergestellt

Gelber, elastischer Teig mit orangefarbener oder rötlicher Naturrinde

Fettgehalt: 50–60 % Fett i.Tr.

Geschmack: pikant, aromatisch

Reifezeit: mindestens 5 Monate in den Pyrenäen

★★★★

QUESO GRAZALEMA

Herkunftsland: Spanien
Milchart: Schafmilch

Traditioneller Schnittkäse aus der Provinz Cádiz, handwerklich hergestellt aus Schafmilch

Hellgelber Teig mit feiner Lochung und trockener Naturrinde

Fettgehalt: mindestens 50 % Fett i.Tr.

Geschmack: kräftig, pikant, typisch

Reifezeit: mindestens 3 Monate

★★★★

QUESO DE LA SERENA

Herkunftsland: Spanien
Milchart: Schafmilch

Traditioneller Schnittkäse aus der Region La Serena (Extremadura) mit EU-weit geschützter Ursprungsbezeichnung (g.U.)

Handwerklich hergestellt aus der Rohmilch von Merino-Schafen und pflanzlichem Lab

Cremiger Teig mit wachsgelber, leicht geölter Rinde mit Abdrücken der geflochtenen Formen, in denen er reift.

Fettgehalt: mindestens 55 % Fett i.Tr.

Geschmack: intensiv, vollmundig, zart-säuerlich, leicht bitter

Reifezeit: bis zu 2 Jahren

★★★★★

SWALEDALE

Herkunftsland: Großbritannien
Milchart: Schafmilch

Traditioneller Schnittkäse aus North Yorkshire mit EU-weit geschützter Ursprungsbezeichnung (g.U.). Handwerklich hergestellt aus Schafrohmilch und vegetarischem Lab

Elfenbeinfarbener, fester Teig mit geringer Lochung und trockener rötlich brauner Naturrinde, die mit natürlichem Schimmel überzogen ist.

Fettgehalt: 45 % Fett i.Tr.

Geschmack: mild und cremig, mit zunehmender Reife kräftiger

Reifezeit: 3–4 Wochen

★★★★★

BEAUFORT

Herkunftsland: Frankreich
Milchart: Kuhmilch

Traditioneller Hartkäse mit EU-weit geschützter Ursprungsbezeichnung (g.U.) aus der Provinz Savoyen in den französischen Alpen

Handwerklich hergestellt aus der rohen Sommermilch von Tarine-Kühen

Hellgelber, fester, glatter Teig mit gewaschener Naturrinde

Fettgehalt: mindestens 48 % Fett i.Tr.

Geschmack: aromatisch, vollmundig, fruchtig

Reifezeit: 17–24 Monate

★★★★★

COMTÉ

Herkunftsland: Frankreich
Milchart: Kuhmilch

Traditioneller Hartkäse mit EU-weit geschützter Ursprungsbezeichnung (g.U.) aus der Region der Franche-Comté. Erhielt als erster französischer Käse 1952 das AOC-Qualitätssiegel.

Handwerklich und industriell hergestellt aus silofreier Rohmilch von Montbéliard-Kühen

Hellgelber, fester, glatter Teig mit dunkler Naturrinde

Fettgehalt: 45 % Fett i.Tr.

Geschmack: aromenreich, vollmundig, fruchtig

Reifezeit: 4–12 Monate

★★★★

MIMOLETTE, BOULE DE LILLE

Herkunftsland: Frankreich
Milchart: Kuhmilch

Traditioneller runder Hartkäse aus der Region Nord-Pas-de-Calais, handwerklich und industriell hergestellt aus pasteurisierter Kuhmilch

Orangefarbener, kompakter Teig, der mit dem natürlichen Pflanzenfarbstoff Annatto gefärbt ist, mit braunoranger Naturrinde

Fettgehalt: 40 % Fett i.Tr.

Geschmack: fein, nussig

Wird in verschiedenen Reifestufen angeboten.

★★★★

GRANA PADANO

Herkunftsland: Italien
Milchart: Kuhmilch

Traditioneller Extrahartkäse mit EU-weit geschützter Ursprungsbezeichnung (g.U.), der vor ungefähr 1000 Jahren in der südlichen Lombardei erstmals erzeugt wurde.

Handwerklich und industriell hergestellt aus pasteurisierter Kuhmilch und tierischem Lab

Feinkörniger, harter Teig mit dicker, trockener Naturrinde

Fettgehalt: 32–35 % Fett i.Tr.

Geschmack: voll, rund, nicht scharf

Reifezeit: 8–24 Monate

★★★★★

PARMESANKÄSE, PARMIGIANO-REGGIANO

GB: Parmesan cheese, Parmigiano-Reggiano
F: Parmesan, Parmigiano-Reggiano
E: Parmesano, Parmigiano-Reggiano
I: Parmigiano-Reggiano

Herkunftsland: Italien
Milchart: Kuhmilch

Traditioneller Extrahartkäse mit EU-weit geschützter Ursprungsbezeichnung (g.U.), der vor rund 900 Jahren in der Po-Ebene erstmals erzeugt wurde.

Handwerklich hergestellt aus Kuhrohmilch von zwei aufeinanderfolgenden Melkvorgängen und tierischem Lab

Feinkörniger, heller bis strohgelber, bröckeliger Teig mit harter, trockener Naturrinde

Fettgehalt: 32 % Fett i.Tr.

Geschmack: intensiv, delikat, nicht scharf

Reifezeit: 12–36 Monate

★★★★★

PROVOLONE PICCANTE

Herkunftsland: Italien
Milchart: Kuhmilch

Traditioneller Knetkäse aus pasteurisierter Kuhmilch und Ziegenlab

Hartkäse nach Pasta-Filata-Art, der handwerklich und industriell hergestellt wird; eine der ältesten italienischen Käsesorten

Gelber, weicher, elastischer Teig mit dünner, goldgelber, gewachster Rinde

Fettgehalt: mindestens 40 % Fett i.Tr.

Geschmack: würzig, pikant

Reifezeit: 3–12 Monate (an Schnüren aufgehängt)

★★★★

UBRIACO

Herkunftsland: Italien
Milchart: Kuhmilch

Traditioneller Hartkäse aus teilentrahmter Kuhrohmilch, der in Venetien handwerklich hergestellt wird.

Wird in Weinmost aromatisiert (ital. ubriaco = betrunken)

Goldgelber, kompakter Teig mit rötlich-brauner Naturrinde

Fettgehalt: 40 % Fett i.Tr.

Geschmack: intensiv fruchtig, vollmundig, pikant, typisch

Reifezeit: 6–10 Monate

★★★★

CHEDDAR

Herkunftsland: Großbritannien
Milchart: Kuhmilch

Traditioneller Schnittkäse aus pasteurisierter oder roher Kuhmilch, handwerklich und industriell hergestellt

Weltweit der am meisten verbreitete und kopierte Käse. Nur der „West Country Farmhouse Cheddar cheese" aus Kuhrohmilch genießt eine EU-weit geschützte Ursprungsbezeichnung (g.U.).

Fester, goldgelber bis orangefarbener Teig, der ursprünglich mit Safran, inzwischen aber mit dem natürlichen Farbstoff Annatto gefärbt wird; dunkle Naturrinde

Fettgehalt: mindestens 48 % Fett i.Tr.

Geschmack: frisch, nussig, leicht scharf und süß

Reifezeit bei handwerklich erzeugten Käsen, die in Tüchern reifen: 9–24 Monate

★★★★

Die Körner des Cheddar-Bruchs werden abgeschöpft.

Der Bruch wird gesalzen, umgeschichtet und in mit Tüchern ausgelegte Formen gegeben.

Industriell hergestellter Cheddar reift 2–3 Monate, tradionell hergestellter bis zu 2 Jahre.

Der Käseaffineur prüft während der Reifung mittels eines Käsebohrers Qualität und Reifegrad.

RED LEICESTER

Herkunftsland: Großbritannien
Milchart: Kuhmilch

Traditioneller Hartkäse aus pasteurisierter Kuhmilch, der sowohl handwerklich als auch industriell hergestellt wird.

Gelboranger, fester Teig, der mit Annatto gefärbt wird, und Naturrinde

Fettgehalt: 48 % Fett i.Tr.

Geschmack: aromatisch mit süßer Note

Reifezeit: 6–9 Monate

★★★★

SINGLE GLOUCESTER

Herkunftsland: Großbritannien
Milchart: Kuhmilch

Traditionelle Hartkäsesorte aus Kuhrohmilch mit EU-weit geschützter Ursprungsbezeichnung (g.U.)

Darf nur in der Grafschaft Gloucestershire aus entrahmter Abendmilch hergestellt werden, die mit der vollfetten Milch vom Morgen gemischt wird. Reift in Tüchern.

Gelber, fester, leicht bröckeliger Teig mit harter, dunkler Naturrinde

Fettgehalt: 37 % Fett i.Tr.

Geschmack: buttrig, mild mit süßer Note

★★★★★

DESMOND

Herkunftsland: Irland
Milchart: Kuhmilch

Traditioneller Hartkäse aus Kuhrohmilch und vegetarischem Lab

Wird nur aus Sommermilch handwerklich hergestellt.

Dunkelgelber, fester Teig mit wenigen Löchern und Naturrinde

Fettgehalt: 45 % Fett i.Tr.

Geschmack: pikant, würzig

Reifezeit: mindestens 12 Monate

★★★★

EMMENTALER

Herkunftsland: Schweiz
Milchart: Kuhmilch

Traditioneller Hartkäse mit geschützter Ursprungsbezeichnung (AOC), der seinen Namen vom Tal der Emme im Kanton Bern erhalten hat.

Wird heute in rund 200 Dorfkäsereien der Region aus silofreier Kuhrohmilch handwerklich hergestellt.

Goldgelber, geschmeidiger Teig mit kirsch- bis nussgroßen Löchern und dünner, harter Naturrinde

Fettgehalt: 45 % Fett i.Tr.

Geschmack: nussig, aromatisch, fruchtig

Reifezeit: 4 Monate (Classic), 8 Monate (Réserve) und 12 Monate (Höhlengereift)

★★★★★

LE GRUYÈRE

Herkunftsland: Schweiz
Milchart: Kuhmilch

Traditioneller Hartkäse mit geschützter Ursprungsbezeichnung (AOC) aus der Westschweiz

Wird im Kanton Freiburg rund um Gruyères in Dorfkäsereien aus silofreier Kuhrohmilch handwerklich hergestellt.

Goldgelber, geschmeidiger Teig mit kirsch- bis nussgroßen Löchern und dünner, harter Naturrinde mit Schmiere

Fettgehalt: 45 % Fett i.Tr.

Geschmack: fein-aromatisch, typisch, fruchtig

Reifezeit: mindestens 5 Monate

★★★★★

SBRINZ

Herkunftsland: Schweiz
Milchart: Kuhmilch

Traditioneller Hartkäse mit geschützter Ursprungsbezeichnung (AOC), der älteste Extrahartkäse der Schweiz

Darf nur in den Zentralschweizer Kantonen aus Kuhrohmilch handwerklich hergestellt werden.

Hellgelber, mürb-bröckelnder Teig mit trockener, fester Naturrinde

Fettgehalt: mindestens 45 % Fett i.Tr.

Geschmack: würzig, vollmundig, mürbe

Reifezeit: 16–36 Monate

★★★★★

VORARLBERGER BERGKÄSE

Herkunftsland: Österreich
Milchart: Kuhmilch

Traditioneller Hartkäse mit EU-weit geschützter Ursprungsbezeichnung (g.U.), handwerklich hergestellt aus silofreier Kuhrohmilch aus dem Bregenzerwald und tierischem Lab

Gelber, schnittfester Teig mit wenigen, erbsengroßen Löchern und Naturrinde mit getrockneter Rotschmiere

Fettgehalt: mindestens 45 % Fett i.Tr.

Geschmack: würzig-kräftig

Reifezeit: 3, 6 und 12 Monate

★★★★★

ZILLERTALER BERGKÄSE

Herkunftsland: Österreich
Milchart: Kuhmilch

Traditioneller Hartkäse aus silofreier Kuhrohmilch und tierischem Lab

Wird nur aus frischer Heumilch von den Zillertaler Almen und Bergbauernhöfen handwerklich hergestellt.

Dunkelgelber, fester Teig mit Naturrinde

Fettgehalt: 45 % Fett i.Tr.

Geschmack: würzig-kräftig

Reifezeit: mindestens 3 Monate

★★★★

ALLGÄUER BERGKÄSE

Herkunftsland: Deutschland
Milchart: Kuhmilch

Traditioneller Hartkäse aus Kuhrohmilch und tierischem Lab mit EU-weit geschützter Ursprungsbezeichnung (g.U.), wird auch der „kleine Bruder" des Allgäuer Emmentalers genannt.

Darf nur in den Allgäuer Alpen aus Morgen- und Abendmilch, die aus diesem Gebiet stammt, hergestellt werden.

Mattgelber Teig mit vereinzelten, erbsengroßen Löchern, dunkelgelbe bis bräunliche Rinde

Fettgehalt: mindestens 62 % Fett i.Tr.

Geschmack: charakteristisches, kräftiges Aroma, das mit längerer Reifezeit intensiver wird

Reifezeit: mindestens 4 Monate

★★★★★

ALLGÄUER EMMENTALER

GB: Allgaeu Emmental cheese, Allgäuer Emmentaler
F: Emmental de l'Allgäu, Allgäuer Emmentaler
E: Queso Emmental de Algovia, Allgäuer Emmentaler
I: Formaggio Emmental di Algovia, Allgäuer Emmentaler

Herkunftsland: Deutschland
Milchart: Kuhmilch

Traditioneller Hartkäse aus Kuhrohmilch und tierischem Lab mit EU-weit geschützter Ursprungsbezeichnung (g.U.)

Darf nur in den Allgäuer Alpen aus Milch, die aus diesem Gebiet stammt, hergestellt werden.

Mattgelber Teig mit etwa kirschgroßen Löchern, goldgelbe, glatte Rinde

Fettgehalt: mindestens 62 % Fett i.Tr.

Geschmack: mild-aromatisch, nussig

Reifezeit: mindestens 3 Monate

★★★★★

JARLSBERG

Herkunftsland: Norwegen
Milchart: Kuhmilch

Hartkäse aus Kuhmilch, der 1956 erstmals in Südnorwegen hergestellt wurde.

Gelber, fester Teig mit großen Löchern und fester Naturrinde, die mit Wachs überzogen ist.

Fettgehalt: 45 % Fett i.Tr.

Geschmack: mild, leicht nussig

Reifezeit: 3–10 Monate

★★★★

BRA DURO

Herkunftsland: Italien
Milchart: Gemischte Milch

Traditioneller Hartkäse mit EU-weit geschützter Ursprungsbezeichnung (g.U.) aus der Provinz Cuneo im Piemont

Handwerklich hergestellt aus teilentrahmter roher oder pasteurisierter Kuhmilch, oft mit einem kleinen Anteil von Schaf- oder Ziegenmilch (unter 10 %) und tierischem Lab

Strohgelber Teig mit wenigen kleinen Löchern und fester, dunkelbeiger Naturrinde

Fettgehalt: 32 % Fett i.Tr.

Geschmack: aromatisch, bei zunehmender Reife herzhaft-würzig

Reifezeit: 6–12 Monate

★★★★★

CASTELMAGNO

Herkunftsland: Italien
Milchart: Gemischte Milch

Traditioneller Hartkäse mit EU-weit geschützter Ursprungsbezeichnung (g.U.) aus der Provinz Cuneo im Piemont

Wird nur in 3 Bergdörfern handwerklich hergestellt aus teilentrahmter Kuh-, Schaf- und Ziegenrohmilch.

Weiß-gelber, geschmeidiger Teig mit fester, dunkelbeiger Naturrinde

Fettgehalt: 34 % Fett i.Tr.

Geschmack: aromatisch, typisch

Kann jung oder nach mehreren Monaten Reifung gegessen werden.

★★★★★

FORMAGGIO DI FOSSA DI SOGLIANO

Herkunftsland: Italien
Milchart: Gemischte Milch

Traditioneller Hartkäse aus den Marken mit EU-weit geschützter Ursprungsbezeichnung (g.U.)

Wird handwerklich aus Schafmilch (pecorino), Kuhmilch (vaccino) oder gemischter Milch (höchstens 80 % Kuhmilch und mindestens 20 % Schafmilch) hergestellt.

Halbfester, mürber, strohgelber oder bernsteinfarbener Teig mit nur geringfügig ausgebildeter Rinde, feinen Rissen und Flecken

Fettgehalt: mindestens 33 % Fett i.Tr.

Geschmack: Schafmilchkäse hat ein intensives, leicht pikantes Aroma, Kuhmilchkäse ist fein und delikat mit leichter Bitternote, Mischkäse hat einen ausgewogen herzhaft-lieblichen Geschmack mit Bittermandelnote.

Reifezeit: 80–100 Tage in Tuffsteingruben am Ortsrand von Sogliano al Rubicone (Romagna)

★★★★★

TESTÙN AL BAROLO

Herkunftsland: Italien
Milchart: Gemischte Milch

Traditioneller Hartkäse aus dem Piemont, der aus pasteurisierter Kuh-, Schaf- und Ziegenmilch handwerklich hergestellt wird.

Reift in einem Mantel aus gepressten Nebbiolo-Trauben, aus denen auch der berühmte Barolo-Wein gekeltert wird.

Gelber, leicht bröckeliger Teig mit schwarz-bläulicher Naturrinde

Fettgehalt: 45 % Fett i.Tr.

Geschmack: typisch, unverwechselbar, aromatisch

Reifezeit: mindestens 5 Monate in den jahrhundertealten Käsekellern von Valcasotto

★★★★

GRAN CAPITÁN

Herkunftsland: Spanien
Milchart: Gemischte Milch

Traditioneller Hartkäse aus der Provinz Albacete (Kastilien-La Mancha)

Handwerklich und industriell hergestellt aus Kuh-, Schaf- und Ziegenmilch

Hellgelber, fester Teig mit dunkler Naturrinde

Fettgehalt: 45 % Fett i.Tr.

Geschmack: würzig, intensiv

Reifezeit: mindestens 6 Monate

★★★★

CANESTRATO PUGLIESE

Herkunftsland: Italien
Milchart: Schafmilch

Traditioneller Hartkäse aus Apulien mit EU-weit geschützter Ursprungsbezeichnung (g.U.)

Handwerklich hergestellt aus roher oder pasteurisierter Schafmilch

Hellgelber, fester Teig mit Naturrinde, reift in Körben, die dem Käselaib die Form geben.

Fettgehalt: 38 % Fett i.Tr.

Geschmack: pikant, typisch

Reifezeit: bis zu 12 Monate

★★★★★

PECORINO FIORE SARDO

Herkunftsland: Italien
Milchart: Schafmilch

Traditioneller Hartkäse aus Schafrohmilch und tierischem Lab mit EU-weit geschützter Ursprungsbezeichnung (g.U.)

Wird auf Sardinien handwerklich hergestellt.

Feinkörniger, hellgelber, leicht bröckeliger Teig mit trockener Naturrinde, die während der Reifezeit regelmäßig mit Schaffett und Olivenöl eingerieben wird.

Fettgehalt: 50 % Fett i.Tr.

Geschmack: je nach Reifegrad mild und süß, mit zunehmender Reife kräftig, leicht pikant, salzig

Reifezeit: mindestens 3 Monate

★★★★★

PECORINO ROMANO

Herkunftsland: Italien
Milchart: Schafmilch

Traditioneller Hartkäse mit EU-weit geschützter Ursprungsbezeichnung (g.U.) aus Schafmilch und tierischem Lab

Wurde jahrhundertelang rund um Rom handwerklich hergestellt, wird inzwischen auch auf Sardinien und in der südlichen Toskana erzeugt.

Feinkörniger, hellgelber, leicht bröckeliger Teig mit trockener Naturrinde

Fettgehalt: 50 % Fett i.Tr.

Geschmack: kräftig, leicht pikant

Reifezeit: mindestens 8 Monate

★★★★★

PECORINO SICILIANO

Herkunftsland: Italien
Milchart: Schafmilch

Traditioneller Hartkäse aus Sizilien mit EU-weit geschützter Ursprungsbezeichnung (g.U.), der sowohl jung als auch gereift angeboten wird.

Handwerklich hergestellt aus Schafrohmilch und tierischem Lab

Kompakter, strohgelber Teig mit gelblich weißer, trockener Naturrinde

Fettgehalt: 40 % Fett i.Tr.

Geschmack: würzig, pikant

Reifezeit: 4–8 Monate

★★★★★

PECORINO TOSCANO

Herkunftsland: Italien
Milchart: Schafmilch

Traditioneller Schnitt- oder Hartkäse aus der Toskana mit EU-weit geschützter Ursprungsbezeichnung (g.U.)

Handwerklich hergestellt aus Schafmilch und tierischem Lab

Weicher bis halbfester, hellgelber Teig mit goldgelber bis goldbrauner Naturrinde

Fettgehalt: 50 % Fett i.Tr.

Geschmack: typisch, aromatisch mit süßer Note

Reifezeit: 20 Tage (Pecorino tenero), 4 Monate (Pecorino a pasta dura)

★★★★★

QUESO IDIAZÁBAL

Herkunftsland: Spanien
Milchart: Schafmilch

Traditioneller Hartkäse aus dem Baskenland und Navarra mit EU-weit geschützter Ursprungsbezeichnung (g.U.)

Handwerklich hergestellt aus der rohen Milch der Pyrenäenschafe

Hellgelber, geschmeidiger Teig mit harter, glatter Naturrinde; geräuchert und ungeräuchert

Fettgehalt: 45 % Fett i.Tr.

Geschmack: intensiv, leicht scharf

Reifezeit: 60 Tage, danach wird der Käse geräuchert

★★★★★

QUESO MANCHEGO

Herkunftsland: Spanien
Milchart: Schafmilch

Traditioneller Hartkäse aus der Region La Mancha mit EU-weit geschützter Ursprungsbezeichnung (g.U.)

Handwerklich und industriell hergestellt aus der rohen oder pasteurisierten Milch der Manchego-Schafe

Elfenbeinfarbener bis hellgelber, kompakter, glatter Teig mit harter, dunkler Naturrinde

Fettgehalt: 50 % Fett i.Tr.

Geschmack: intensiv, leicht salzig, typisch

Reifezeit: 3–4 Monate (Manchego curado) oder bis zu 12 Monaten (Manchego viejo); wird auch ungereift (fresco) angeboten

★★★★★

QUESO RONCAL

Herkunftsland: Spanien
Milchart: Schafmilch

Traditioneller Hartkäse aus dem Roncal-Tal (Navarra) mit EU-weit geschützter Ursprungsbezeichnung (g.U.)

Handwerklich hergestellt aus der Rohmilch von Rasa- und Lacha-Schafen

Elfenbeinfarbener, kompakter Teig mit harter Naturrinde, die teilweise mit Edelschimmel überzogen ist.

Fettgehalt: 55 % Fett i.Tr.

Geschmack: vollmundig, rahmig, leicht scharf

Reifezeit: mindestens 4 Monate

★★★★★

ZAMORANO

Herkunftsland: Spanien
Milchart: Schafmilch

Traditioneller Hartkäse aus Kastilien-León, handwerklich hergestellt aus roher oder pasteurisierter Schafmilch

Hellgelber, fester Teig mit harter, dunkler Naturrinde

Fettgehalt: 45 % Fett i.Tr.

Geschmack: würzig-pikant, typisch

Reifezeit: mindestens 100 Tage

★★★★

KASHKAVAL HART

Herkunftsland: Bulgarien
Milchart: Schafmilch

Traditioneller Hartkäse aus Schafmilch

Strohgelber, fester Teig

Fettgehalt: mindestens 45 % Fett i.Tr.

Geschmack: mild-aromatisch

Reifezeit: mindestens 2 Monate

★★★★

KEFALOTIRI

Herkunftsland: Griechenland
Milchart: Schafmilch

Traditioneller Hartkäse aus Schafrohmilch, handwerklich und industriell hergestellt

Hellgelber, fester, trockener Teig mit kleinen Löchern und zäher Naturrinde

Fettgehalt: 45 % Fett i.Tr.

Geschmack: leicht salzig mit süßer Note

★★★★

BLEU D'AUVERGNE

Herkunftsland: Frankreich
Milchart: Kuhmilch

Traditioneller Blauschimmelkäse mit EU-weit geschützter Ursprungsbezeichnung (g.U.) aus der Auvergne

Handwerklich und industriell hergestellt aus roher und/oder pasteurisierter Kuhmilch und tierischem Lab

Weicher, geschmeidiger, gut marmorierter Teig mit Bruchlochung

Fettgehalt: 50 % Fett i.Tr.

Geschmack: pikant, nussig, kräftig

Reifezeit: mindestens 30 Tage, teilweise noch in den Höhlen des Massif Central

★★★★★

BLEU DES CAUSSES

Herkunftsland: Frankreich
Milchart: Kuhmilch

Traditioneller Blauschimmelkäse mit EU-weit geschützter Ursprungsbezeichnung (g.U.), handwerklich hergestellt aus Kuhrohmilch

Leicht bröckeliger, hellgelber bis weißer Teig, von blauen Adern durchzogen

Fettgehalt: 45 % Fett i.Tr.

Geschmack: herzhaft-pikant, nussig

Reift 3–6 Monate in den Karsthöhlen der Causses, den Hochebenen des südlichen Massif Central.

★★★★★

BLEU DE GEX

Herkunftsland: Frankreich
Milchart: Kuhmilch

Traditioneller Blauschimmelkäse mit EU-weit geschützter Ursprungsbezeichnung (g.U.), handwerklich hergestellt aus Rohmilch von Kühen, die auf den Weiden des Jura grasen, und tierischem Lab

Weicher, geschmeidiger, gut marmorierter Teig

Fettgehalt: 50 % Fett i.Tr.

Geschmack: mild, leicht haselnussartig mit süßer Note

Reifezeit: 2–4 Monate

★★★★★

FOURME D'AMBERT

Herkunftsland: Frankreich
Milchart: Kuhmilch

Traditioneller Blauschimmelkäse mit EU-weit geschützter Ursprungsbezeichnung (g.U.) aus der Auvergne

Handwerklich hergestellt aus pasteurisierter Kuhmilch von den Hochweiden des Bergmassivs Monts du Forez

Geschmeidiger, blassgelber, stark mit blauen Adern durchzogener Teig mit gelblich grauer Naturrinde

Fettgehalt: 50 % Fett i.Tr.

Geschmack: mild-würzig mit Nuss- und Pilzaromen

Reifezeit: mindestens 30 Tage

★★★★★

ROCHE BARON

Herkunftsland: Frankreich
Milchart: Kuhmilch

Traditioneller Blauschimmel-Weichkäse aus der Auvergne, dessen Rezeptur seit dem Mittelalter bekannt ist.

Handwerklich und industriell hergestellt aus pasteurisierter Kuhmilch

Cremiger, hellgelber Teig mit blauem Edelschimmel und dünner Naturrinde. Der Käse wird in Pflanzenasche gewendet.

Fettgehalt: 55–60 % Fett i.Tr.

Geschmack: sahnig mit mildem Edelpilzgeschmack

Reifezeit: mindestens 30 Tage, teilweise noch in den Höhlen des Massif Central

★★★

GORGONZOLA

Herkunftsland: Italien
Milchart: Kuhmilch

Traditioneller Blauschimmelkäse aus der Lombardei mit EU-weit geschützter Ursprungsbezeichnung (g.U.)

Handwerklich und industriell hergestellt aus pasteurisierter Kuhmilch

Elfenbeinfarbener, cremiger Teig mit natürlicher, dicker, rötlicher Rinde, der bis zum Rand hin mit Blauschimmeladern durchzogen ist.

Fettgehalt: 48 % Fett i.Tr.

Geschmack: würzig-pikant mit dezenter süßer Note, mit zunehmender Reifedauer pikanter

Reifezeit: 2 Monate (Gorgonzola dolce), 3–12 Monate (Gorgonzola piccante)

★★★★★

BLACKSTICKS BLUE

Herkunftsland: Großbritannien
Milchart: Kuhmilch

Traditioneller Blauschimmelkäse aus pasteurisierter Kuhmilch

Sattgelber, marmorierter Teig mit Naturrinde

Fettgehalt: 50 % Fett i.Tr.

Geschmack: cremig, mild-würzig

Reifezeit: 8 Wochen

★★★★

CORNISH BLUE

Herkunftsland: Großbritannien
Milchart: Kuhmilch

Traditioneller Blauschimmelkäse aus pasteurisierter Kuhmilch

Wird nur aus der Milch einer bestimmten Kuhrasse (Holstein) hergestellt.

Cremiger, gelber Teig mit Naturrinde, der von Blauschimmeladern durchzogen ist.

Fettgehalt: 45 % Fett i.Tr.

Geschmack: mild-würzig mit süßer Note

Reifezeit: 12 Wochen

★★★★

DEVON BLUE

Herkunftsland: Großbritannien
Milchart: Kuhmilch

Neuerer Blauschimmelkäse aus Devon, handwerklich hergestellt aus Kuhrohmilch der Rasse Ayrshire und vegetarischem Lab

Gelblicher Teig mit glatter, fester Konsistenz

Fettgehalt: 45 % Fett i.Tr.

Geschmack: zart-würzig

Reifezeit: 6–8 Monate

★★★★

SHROPSHIRE BLUE

Herkunftsland: Großbritannien
Milchart: Kuhmilch

Neuerer Blauschimmelkäse, handwerklich hergestellt aus pasteurisierter Kuhmilch mit vegetarischem Lab

Wurde in den 1970er-Jahren erstmals in Schottland produziert, kommt jedoch heute aus den Midlands.

Cremiger Teig, der mit Annattosamen orange eingefärbt wird, durchzogen von Blauschimmeladern, die in der Mitte dichter sind.

Fettgehalt: 34 % Fett i.Tr.

Geschmack: kräftig-aromatisch, nicht zu ausgeprägte Blauschimmelnote, sehr cremig, leicht säuerlich

Reifezeit: 10–12 Wochen

★★★★

STILTON, BLUE STILTON

Herkunftsland: Großbritannien
Milchart: Kuhmilch

Traditioneller Blauschimmelkäse mit EU-weit geschützter Ursprungsbezeichnung (g.U.) aus pasteurisierter Kuhmilch und vegetarischem Lab

Darf nur in 6 Molkereien der Grafschaften Derbyshire, Leicestershire und Nottinghamshire hergestellt werden.

Elfenbeinfarbener, cremiger Teig mit natürlicher graubrauner Rinde, der bis zum Rand hin mit Blauschimmeladern durchzogen ist.

Fettgehalt: 48–55 % Fett i.Tr.

Geschmack: würzig, kräftig, typisch

Reifezeit: 3–4 Monate

★★★★★

STRATHDON BLUE

Herkunftsland: Großbritannien
Milchart: Kuhmilch

Traditioneller schottischer Blauschimmelkäse aus pasteurisierter Kuhmilch

Elfenbeinfarbener, cremiger Teig mit natürlicher graubrauner Rinde, der von Blauschimmeladern durchzogen ist.

Fettgehalt: mindestens 45 % Fett i.Tr.

Geschmack: würzig, kräftig, intensiv

★★★★

CABRALES

Herkunftsland: Spanien
Milchart: Gemischte Milch

Traditioneller Blauschimmelkäse aus der Region Cabrales (Asturien) mit EU-weit geschützter Ursprungsbezeichnung (g.U.)

Handwerklich hergestellt aus Kuh-, Schaf- und Ziegenrohmilch. Der Käse wurde früher zum Verkauf in feuchte Ahornblätter eingewickelt.

Elfenbeinfarbener, cremiger Teig mit gelber Naturrinde, der bis zum Rand hin mit Blauschimmeladern durchzogen ist.

Fettgehalt: 45 % Fett i.Tr.

Geschmack: intensiv, kräftig, typisch, leicht salzig

Reifezeit: 3–6 Monate in natürlichen Kalksteinhöhlen im Hochgebirge

★★★★★

PICÓN BEJES-TRESVISO

Herkunftsland: Spanien
Milchart: Gemischte Milch

Traditioneller Blauschimmelkäse aus der Region Liébana (Kantabrien) mit EU-weit geschützter Ursprungsbezeichnung (g.U.)

Handwerklich hergestellt aus Kuh-, Schaf- und Ziegenmilch

Gelblich weißer, cremiger Teig, der von zahlreichen Blauschimmeladern durchzogen ist.

Fettgehalt: mindestens 45 % Fett i.Tr.

Geschmack: herzhaft, rahmig

Reifezeit: 3–4 Monate in natürlichen Kalksteinhöhlen

★★★★★

QUESO DE VALDEÓN

Herkunftsland: Spanien
Milchart: Gemischte Milch

Traditioneller Blauschimmelkäse aus dem Gebiet von Posada de Valdeón (León)

Wird handwerklich hergestellt aus Kuhmilch und Schaf- und/oder Ziegenmilch und zum Verkauf in feuchte Ahornblätter gewickelt.

Cremig-weißer Teig mit gelblicher Naturrinde, der mit Blauschimmeladern durchzogen ist.

Fettgehalt: mindestens 45 % Fett i.Tr.

Geschmack: salzig-pikant, leicht scharf

Reifezeit: 6 Monate in natürlichen Kalksteinhöhlen

★★★★

ROQUEFORT

Herkunftsland: Frankreich
Milchart: Schafmilch

Traditioneller Blauschimmelkäse mit EU-weit geschützter Ursprungsbezeichnung (g.U.) aus der Region Midi-Pyrénées

Handwerklich und industriell hergestellt aus Schafrohmilch

Darf nur in den natürlichen Felsenkellern des Mont Combalou in der Gemeinde Roquefort-sur-Soulzon gereift werden.

Cremiger, gelber Teig mit blaugrünen Schimmeladern durchsetzt, ohne Rinde

Fettgehalt: ab 50 % Fett i.Tr.

Geschmack: pikant, ausgeprägt, intensiv, leicht salzig

Reifezeit: 5 Monate

★★★★★

BEENLEIGH BLUE

Herkunftsland: Großbritannien
Milchart: Schafmilch

Traditioneller Blauschimmelkäse aus pasteurisierter Schafmilch und vegetarischem Lab

Heller, feuchter, dennoch bröckliger Teig mit natürlicher Rinde, der von Blauschimmeladern durchzogen ist.

Fettgehalt: 45 % Fett i.Tr.

Geschmack: würzig, weniger salzig als andere Blauschimmelkäse; gereift: samtig weich, harmonisch

★★★★

CROZIER BLUE

Herkunftsland: Irland
Milchart: Schafmilch

Traditioneller Blauschimmelkäse aus pasteurisierter Schafmilch

Cremiger, heller, fein marmorierter Teig mit Bruchlochung

Fettgehalt: 50–60 % Fett i.Tr.

Geschmack: mild mit süßer Note

★★★★

SAUERMILCHKÄSE

GB: Milk curd cheese
F: Fromage de lait caillé, Fromage à pâte fraîche
E: Queso de leche agria
I: Formaggio a coagulazione acida

Herkunftsland: Deutschland
Milchart: Kuhmilch

Traditioneller Käse aus fettarmem Sauermilchquark (Kuhmilch), handwerklich oder industriell hergestellt

Hellgelber, geschmeidiger, fester Teig, mit Weißschimmel oder Rotschmiere-Kulturen verfeinert und mit Kümmel gewürzt

Reift von außen nach innen

Fettgehalt: weniger als 10 % Fett i.Tr.

Geschmack: von mild bis deftig-würzig, kräftiger Geruch

★★★★

TIROLER GRAUKÄSE

Herkunftsland: Österreich
Milchart: Kuhmilch

Traditioneller Sauermilchkäse mit EU-weit geschützter Ursprungsbezeichnung (g.U.), handwerklich hergestellt aus fettarmem Sauermilchquark (Kuhmilch)

Hellgelber, fester Teig, der mit zunehmender Reife saftiger und geschmeidiger wird, mit dünner Naturrinde und grünlich grauem Edelschimmel

Fettgehalt: unter 2 % Fett i.Tr.

Geschmack: mild säuerlich, kräftiger Geruch

Reifezeit: 2 Wochen

★★★★★

RICOTTA

Herkunftsland: Italien
Milchart: Gemischte Milch

Traditioneller Molkekäse, handwerklich und industriell hergestellt aus Schafmilch-, Büffelmilch- oder Kuhmilchmolke

Italienische Spezialität mit vielen unterschiedlichen regionalen Rezepturen

Reinweißer, weicher, leicht krümeliger Teig ohne Rinde

Fettgehalt: je nach Hersteller und Molkeart 36–78 % Fett i.Tr.

Geschmack: sortentypisch von milchig mit süßer Note bis würzig und leicht salzig

★★★★

GUDBRANDSTALSOST

Herkunftsland: Norwegen
Milchart: Gemischte Milch

Traditioneller Molkenkäse aus Kuh-und Ziegenmilch (10 %), handwerklich oder industriell hergestellt

Die Milch wird eingekocht, dabei karamellisiert der Milchzucker und gibt dem Käse die honigbraune Farbe und den süßlichen Karamellgeschmack.

Fettgehalt: 50 % Fett i.Tr.

Vor allem zum Frühstück sehr beliebter Käse in Norwegen

★★★

ESSIGE, SPEISEÖLE UND SPEISEFETTE

ACETO BALSAMICO TRADIZIONALE

Dunkler, dickflüssiger Essig mit EU-weit geschützter Ursprungsbezeichnung (g.U.)

Darf nur in den italienischen Provinzen Modena und Reggio Emilia aus dem eingekochten Most der weißen Trebbiano- und Sauvignontrauben hergestellt werden, in der Reggio Emilia auch aus Lambrusco-Most.

Einzigartiger, samt-würziger Geschmack

Reift in verschiedenen Holzfässern (Maulbeerbaum, Kastanie, Kirsche, Esche, Wacholder und Eiche).

Wird in 3 Qualitäten angeboten: über 12 Jahre alt, über 18 Jahre alt und über 25 Jahre alt.

Wird nur zum Aromatisieren verwendet; in Italien als Aperitif.

Verwendung: verfeinert kalte und warme Speisen

★★★★★

BALSAMESSIG, ACETO BALSAMICO

GB: Balsamic vinegar
F: Vinaigre balsamique
E: Vinagre balsámico, Aceto balsámico
I: Aceto balsamico

Dunkelbrauner Essig, der aus Weinessig und eingedicktem Traubenmost hergestellt und mit Zuckercouleur (Lebensmittelfarbstoff) gefärbt wird.

Der Begriff „Balsamico" kann weltweit von jedem Essig-Hersteller genutzt werden.

Kräftig-intensiver Geschmack, je nach Hersteller auch säurebetont

Verwendung: für Vorspeisen und Salate, zum Verfeinern von Saucen

★★★★

WEISSER BALSAMICO-ESSIG

GB: White balsamic vinegar
F: Vinaigre balsamique blanc
E: Vinagre balsámico blanco
I: Aceto balsamico bianco

Weißgelber Essig aus Weißweinessig und vergorenem Traubenmost weißer Trauben

Ausgewogenes Verhältnis von Süße und Säure

Verwendung: für Salate, zum Verfeinern von hellen Saucen

★★★★

Balsamessig, der aus Weinessig und eingedicktem Traubenmost hergestellt wird, muss viele Monate lang in Holzfässern reifen.

Während der Reifung muss das enthaltene Wasser verdunsten. Deshalb haben die Fässer Öffnungen, die zum Schutz vor Verschmutzung mit Stoff abgedeckt sind.

Je länger die Reifezeit, desto dickflüssiger und geschmacksintensiver wird der Balsamessig.

WEISSWEINESSIG

GB: White wine vinegar
F: Vinaigre de vin blanc
E: Vinagre de vino blanco
I: Aceto di vino bianco

Heller Weinessig aus vergorenem Weißwein

Weinige, mild-aromatische Würze

Wird auch mit Kräutern oder Früchten aromatisiert angeboten.

6–7 % Säure

Verwendung: für Salate, zum Verfeinern von hellen Saucen, Fonds, weißem Fleisch und Fisch

★★★★

ROTWEINESSIG

GB: Red wine vinegar
F: Vinaigre de vin rouge
E: Vinagre de vino rojo
I: Aceto di vino rosso

Rötlicher Weinessig aus vergorenem Rotwein

Weinige, kräftige Würze

Etwa 6 % Säure

Je besser der Ausgangswein, desto besser das Aroma des Weinessigs. Hochwertige Weinessige tragen oft den Namen der Trauben, aus denen sie gewonnen worden sind.

Verwendung: für Salate, Saucen, zum Marinieren von Fleisch

★★★★★

BRANNTWEINESSIG

GB: Spirit vinegar
F: Vinaigre blanc
E: Vinagre de aguardiente
I: Aceto di acquavite

Geschmacksneutraler Essig, der aus reinem Ethylalkohol landwirtschaftlichen Ursprungs gewonnen wird. Ausgangsprodukt sind Melasse, Kartoffeln oder Getreide.

Enthält fast 13 % Säure

Wird vorwiegend industriell für Sauerkonserven oder als Würzmittel für Fertigprodukte verwendet.

Verwendung: zum Einlegen von Gemüse

★★

SHERRY-ESSIG

GB: Sherry vinegar
F: Vinaigre de Xérès
E: Vinagre de Jerez
I: Aceto di sherry

Spanischer, mahagonifarbener Weinessig aus vergorenem Sherry, der je nach Hersteller längere Zeit, oft mehrere Jahre, in alten Eichenfässern reift.

Aromatische, fruchtige Würze mit leichter Karamellnote

6–9,5 % Säure

Die besten Sherry-Essige mit geschützter Ursprungsbezeichnung (g.U.) kommen aus Andalusien.

Verwendung: für Dressings, zum Würzen und Marinieren von Fleisch und Fisch

★★★★

CIDRE-ESSIG

GB: Cider vinegar
F: Vinaigre de cidre
E: Vinagre de sidra
I: Aceto di sidro

Obstessig aus Cidre, einem moussierenden Apfelwein

Reift in Eichenfässern

Fruchtig-herber Geschmack, milde Säure

Harmoniert mit Nussöl oder Kürbiskernöl.

Verwendung: für Salate, Fisch, Geflügel und Obstsalat

★★★★

APFELESSIG

GB: Apple vinegar
F: Vinaigre de pomme
E: Vinagre de manzana, Vinagre de sidra
I: Aceto di mele

Obstessig aus reifen Äpfeln, die zuerst zu Most und dann zu Essig vergoren werden.

Hoher Säuregehalt

Fruchtige, milde Würze

Verwendung: würzt Blatt- und Rohkostsalate

Enthält viel Kalium und Pektin

★★★

ARGANÖL

GB: Argan oil
F: Huile d'argan
E: Aceite de argan
I: Olio d'argan

Speiseöl, das aus den Mandeln des marokkanischen Arganbaums gewonnen wird.

Herb-nussiger, leicht rauchiger Geschmack

Wird auch das „flüssige Gold Marokkos" genannt.

Sollte nicht zu stark erhitzt werden.

Verwendung: verfeinert Salate, Gemüse, Fleisch und Fisch

Besteht zu über 80 % aus ungesättigten Fettsäuren, enthält viel Vitamin E.

★★★★★

ERDNUSSÖL

GB: Peanut oil
F: Huile d'arachide
E: Aceite de cacahuete, Aceite de maní
I: Olio semi di arachide

Hellgelbes Speiseöl, das aus ungerösteten Erdnüssen gewonnen wird.

Fein-nussiger Geschmack

Kann stark erhitzt werden.

Verwendung: für Salate, Wok-Gerichte, zum Dünsten, Garen und Frittieren von Gemüse, Fisch und Fleisch

★★★

HASELNUSSÖL

GB: Hazelnut oil
F: Huile de noisette
E: Aceite de avellanas
I: Olio di nocciola

Goldgelbes, pflanzliches Speiseöl, das aus den Nüssen und Ölsaaten der Haselnuss gewonnen wird.

Vollmundig-nussiger, süßlich-intensiver Geschmack

Verwendung: für Rohkost, Salate, zum Dünsten von Gemüse und Fisch, zum Ausbacken von Pfannkuchen und Crêpes, für Gebäck

Enthält viel Vitamin E.

★★★★

WALNUSSÖL

GB: Walnut oil
F: Huile de noix
E: Aceite de nuez
I: Olio di noce

Hellgelbes, dünnflüssiges Speiseöl aus reifen Walnusskernen

Nussiger Geschmack

Beste Qualität sind die kalt gepressten Öle, die nicht erhitzt werden sollten.

Verwendung: verfeinert Rohkost, Müsli, Salate und Gemüse

Enthält viele ungesättigte Fettsäuren.

★★★★

PISTAZIENÖL

GB: Pistachio oil
F: Huile de pistache
E: Aceite de pistacho
I: Olio di pistacchio

Dunkelgrünes pflanzliches Speiseöl, das aus Pistazien gewonnen wird.

Sollte nicht zu stark erhitzt werden.

Intensiver Pistaziengeschmack

Verwendung: verfeinert Salate, Cremesuppen, Fisch, Meeresfrüchte, Wild und Desserts

★★★★

MACADAMIAÖL

GB: Macadamia oil
F: Huile de macadamia
E: Aceite de macadamia
I: Olio di macadamia

Hellgelbes Speiseöl, das aus Macadamianüssen gewonnen wird.

Mild-nussiger Geschmack

Verwendung: verfeinert Rohkost, Salate, Gemüse, Fisch und Fleisch

Wird auch in der Kosmetik als Hautpflege-, Bade- und Massageöl verwendet.

★★

HERSTELLUNG VON STEIRISCHEM KÜRBISKERNÖL

„Steirisches Kürbiskernöl" ist eine geschützte geografische Angabe – der Begriff darf nur unter bestimmten Voraussetzungen benutzt werden.

Wenn die Ölkürbisse im Herbst reif sind, können sie geerntet werden.

Grundlage des Kürbiskernöls sind die Kerne des Steirischen Ölkürbisses.

Die ausgelösten Kerne werden gewaschen und getrocknet, dann können sie gemahlen werden.

Die gemahlenen Kerne werden mit Salz und Wasser vermischt und unter Rühren geröstet.

Dann wird die Masse mit hohem Druck ausgepresst.

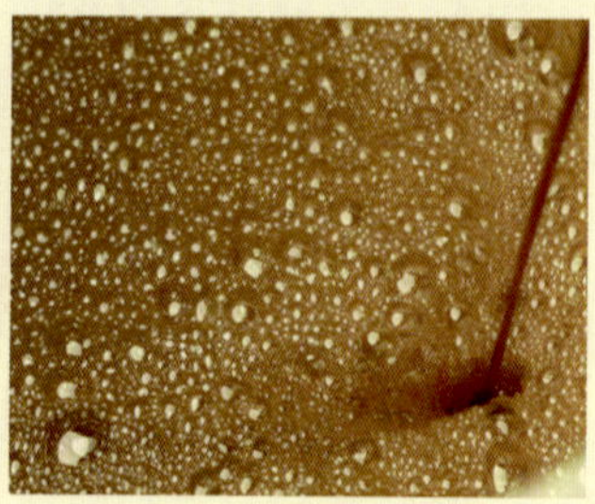

Das Öl fließt ab und kann anschließend in Flaschen abgefüllt werden.

KÜRBISKERNÖL

GB: Pumpkin seed oil
F: Huile de pépins de courge
E: Aceite de semillas de calabaza
I: Olio di semi di zucca

Dunkelgrünes, dickflüssiges Speiseöl, das aus gerösteten Kernen des Steirischen Ölkürbisses gewonnen wird.

Ausgeprägt nussiger, typischer Geschmack

Sollte nicht stark erhitzt werden.

Bekannte Spezialität aus der Steiermark

Verwendung: verfeinert Rohkost, Salate, marinierten Käse, Polenta und Suppen

Enthält 80 % ungesättigte Fettsäuren und viel Vitamin E.

★★★★★

TRAUBENKERNÖL

GB: Grape seed oil
F: Huile de pépins de raisin
E: Aceite de pepitas de uva
I: Olio di vinacciolo

Grüngoldenes Speiseöl, das aus den Kernen von Weintrauben gepresst wird.

Nussiger Geschmack mit Traubennote

Wird heiß und kalt gepresst angeboten, kalt gepresstes Öl sollte nicht erhitzt werden.

Verwendung: für Rohkost, Salate, Saucen und Feingebäck, zum Kochen, Braten und Marinieren von Fleisch

★★★★

SONNENBLUMENÖL

GB: Sunflower oil
F: Huile de tournesol
E: Aceite de girasol
I: Olio di semi di girasole

Goldgelbes Speiseöl, das aus den Samen der Sonnenblume gewonnen wird.

Mild-nussiger Geschmack

Wird heiß und kalt gepresst angeboten, kalt gepresstes Öl sollte nicht erhitzt werden.

Verwendung: für Rohkost und Salate, zum Kochen, Dünsten, Braten und Frittieren

Enthält etwa 63 % Linolsäure.

★★★★

MAISKEIMÖL

GB: Corn oil
F: Huile de maïs
E: Aceite de maíz
I: Olio di semi di mais

Gelbes, fast geschmacksneutrales Speiseöl, das aus den Keimlingen der Maiskörner gewonnen und mit Beta-Carotin gelblich gefärbt wird.

Sollte nicht stark erhitzt werden.

Wird industriell zur Margarineherstellung verwendet.

Verwendung: für Rohkost, Salate und Marinaden

Enthält etwa 51 % Linolsäure und viel Vitamin E.

★★★★

WEIZENKEIMÖL

GB: Wheat germ oil
F: Huile de germes de blé
E: Aceite de germen de trigo
I: Olio di germe di grano

Gelb bis orangefarbenes Speiseöl, das aus den Keimlingen der Weizenkörner gewonnen wird.

Wird meist kalt gepresst.

Sollte nicht stark erhitzt werden.

Verwendung: für Rohkost, Salate und Marinaden

Enthält viel Vitamin E und ungesättigte Fettsäuren.

★★★★

SESAMÖL

GB: Sesame oil
F: Huile de sésame
E: Aceite de sésamo
I: Olio di sesamo

Dunkles Speiseöl, das aus ungeschälter, gerösteter weißer und schwarzer Sesamsaat gewonnen wird.

Fein-nussiger Geschmack

Würzt in der asiatischen Küche fertige Speisen.

Verwendung: als Würzmittel für Salate und Grillfleisch, zum Verfeinern von asiatischen Gerichten

Enthält 45 % Linolsäure.

★★★★

RAPSÖL

GB: Colza oil
F: Huile de colza
E: Aceite de colza
I: Olio di colza

Hell- bis goldgelbes Speiseöl, das aus den Samen des Rapses gewonnen wird.

Gilt wegen seiner idealen Fettsäureverteilung als eines der gesündesten Speiseöle.

Milder, neutraler bis nussiger Geschmack, kann bisweilen auch leicht ranzig schmecken.

Wird kalt gepresst als „natives Rapsöl“ und raffiniert als „Rapsöl“ angeboten.

Verwendung: für Rohkost und Salate, zum Braten, Backen und Frittieren

★★★

LEINÖL

GB: Flax seed oil
F: Huile de lin
E: Aceite de linaza
I: Olio di lino

Gelblich grünes Speiseöl, das aus den Samen des Leins (Flachs) gepresst wird.

Würziger bis leicht bitterer, typischer Geschmack

Darf nicht erhitzt werden.

Verwendung: für Rohkost, Salate und zum Verfeinern von warmen Speisen

Enthält etwa 58 % Linolsäure und viel Vitamin E.

★★★

OLIVENÖL

GB: Olive oil
F: Huile d’olive
E: Aceite de oliva
I: Olio d’oliva

Speiseöl aus gepressten Oliven

Farbe, Geschmack und Geruch sind sortentypisch.

Wird kalt gepresst in 3 Güteklassen angeboten:
- Natives Olivenöl extra oder extra vergine (maximal 0,8 g Fettsäuren pro 100 g Öl)
- Natives Olivenöl (maximal 2,0 g Fettsäuren pro 100 g Öl)
- Olivenöl Standard (Mischung aus raffiniertem und nativem Olivenöl)

Verwendung: für kalte und warme Speisen, zum Kochen, Braten und Backen

Reich an Antioxidantien

★★★★★

BUTTER

GB: Butter
F: Beurre
E: Mantequilla
I: Burro

Speisefett, handwerklich und industriell hergestellt aus roher oder pasteurisierter süßer oder saurer Sahne (Rahm) oder Molkensahne (-rahm)

In Europa vorwiegend aus Kuhmilch. Butter aus der Milch von Schafen oder Ziegen muss gekennzeichnet sein.

Wird in verschiedenen Sorten und Geschmacksrichtungen angeboten:
– Süßrahmbutter aus frischem, ungesäuertem Rahm ohne Zusätze (zart-süßes Aroma)
– Sauerrahmbutter aus Rahm und Milchsäurebakterien (säuerliches Aroma)
– Mild gesäuerte Butter, die durch Zugabe von Säuerungsmitteln nachträglich gesäuert wird (geschmacklich zwischen den beiden anderen Sorten)
– Gesalzene Butter ist Süßrahmbutter mit 0,1–2 % Salz

Im Handel sind außerdem zahlreiche Buttermischungen wie Kräuter- oder Trüffelbutter und Joghurtbutter erhältlich.

Fettgehalt der Butter: mindestens 82 %, daneben gibt es fettreduzierte Sorten.

Verwendung: als Brotaufstrich, zum Kochen, Backen, Braten, zum Verfeinern von Saucen, Gemüse, Fisch und Fleisch

★★★★★

BEURRE D'ÉCHIRÉ

GB: Échiré Butter
F: Beurre d'Échiré
E: Mantequilla Échiré
I: Burro di Échiré

Gesalzene Butter aus Échiré im Département Deux-Sèvres mit AOC-Siegel

Handwerklich hergestellt

Die tagesfrische Milch wird einen Tag angesäuert und anschließend traditionell im Holzfass weiterverarbeitet.

Gilt unter Kennern als eine der besten Buttersorten der Welt.

Verwendung: als Brotaufstrich

★★★★★

Durch Schlagen des Rahms trennen sich Buttermilch und Butterkörner. Die Flüssigkeit wird abgegossen.

Die Butterkörner müssen anschließend gewaschen und gut durchgeknetet werden.

Die Butter wird in Formen gedrückt – in traditionellen Betrieben per Hand.

Mit einem Holzspatel wird die Masse glatt getrichen.

Nachdem die Butter vorsichtig aus der Form genommen wurde, ist sie fertig.

BUTTERSCHMALZ

GB: Clarified butter
F: Beurre clarifié
E: Mantequilla clarificada
I: Burro chiarificato

Neben Butter das älteste Speisefett, das in vielen Kulturen bekannt ist.

Reines Butterfett, das durch Erhitzen und Klären von Butter entsteht.

Kann im Gegensatz zur Butter ohne Qualitätsverlust stark erhitzt werden.

Verwendung: zum Kochen, Backen, Braten und Frittieren

★★★★

GHEE

Besondere Form von Butterschmalz, beliebt in der indischen und pakistanischen Küche

Reines Butterfett, das durch Erhitzen und Klären von Butter entsteht. Wird länger erhitzt als Butterschmalz und erhält dadurch einen leicht nussigen Geschmack.

Kann im Gegensatz zur Butter ohne Qualitätsverlust stark erhitzt werden.

Verwendung: zum Kochen, Backen, Braten und Frittieren

★★★★

SCHWEINESCHMALZ

GB: Lard
F: Saindoux
E: Manteca de cerdo
I: Strutto di maiale

Weiches, weißes Speisefett, das aus geschmolzenem Schweinefett (Schlachtfett) gewonnen wird.

Typischer Geschmack

Wird häufig auch mit Gänseschmalz gemischt.

Verwendung: als Brotaufstrich, für Eintöpfe, Bratkartoffeln, Kohl- und Schmorgerichte, zum Backen

★★★

GÄNSESCHMALZ

GB: Goose fat
F: Graisse d'oie
E: Manteca de ganso
I: Grasso d'oca

Weiches, blassgelbes Speisefett, das aus geschmolzenem Gänsefett (Flomen) gewonnen wird.

Typischer, ausgeprägter Geschmack

Wird häufig auch mit Schweineschmalz gemischt.

Verwendung: als Brotaufstrich, für Eintöpfe, Bratkartoffeln, Kohl- und Schmorgerichte

★★★

MARGARINE

GB: Margarine
F: Margarine
E: Margarina
I: Margarina

Streichfähiges, hellgelbes Speisefett, eine industriell hergestellte Fett-Wasser-Emulsion

Pflanzliche Margarine besteht aus verschiedenen Pflanzenölen, Wasser, Emulgatoren, fettlöslichen Vitaminen, Aromen und Beta-Carotin.

Kann je nach Sorte auch Molke, Buttermilch, Joghurt oder probiotische Kulturen sowie Salz enthalten.

Fettgehalt: mindestens 80 %, bei Halbfettmargarine 40 %

Verwendung: zum Kochen und Backen, als Brotaufstrich

★★★★

KOKOSFETT

GB: Coconut oil
F: Huile de coprah
E: Aceite de coco
I: Grasso di cocco

Weißes Pflanzenöl, das aus dem reifen Fruchtfleisch der Kokosnuss gepresst wird und erst bei 20 °C flüssig wird.

Kann hoch erhitzt werden.

Wird vor allem industriell für die Margarine- und Süßwarenherstellung sowie für kosmetische Produkte verwendet.

Verwendung: zum Kochen, Backen, Braten und Frittieren

Reich an Vitaminen und Mineralien

★★

FLEISCH, GEFLÜGEL UND EIER

SCHWEINEBRUSTSPITZ, DICKE RIPPE

GB: Pork ribs, Spare ribs
F: Côte de porc
E: Costillar de cerdo
I: Punta di petto

Durchwachsenes Brustfleisch vom Schwein, das relativ fett ist.

Wird mit Rippenknochen oder ausgelöst, im Ganzen oder zerteilt, roh, gepökelt und geräuchert angeboten.

Verwendung: gekocht, geschmort oder gebraten

★★★

SPARE RIBS, SCHÄLRIPPCHEN

Mit Rippenknochen durchzogenes Teilstück vom Schwein, seltener auch vom Rind

In den USA traditioneller Bestandteil des Barbecues

Wird vor dem Grillen meistens mariniert.

Verwendung: gebraten oder gegrillt

★★★★

SCHWEINEBAUCH, RIPPERL (A)

GB: Pork belly
F: Poitrine de porc
E: Panceta de cerdo
I: Pancetta di maiale

Relativ fettes Teilstück aus dem Vorderviertel des Schweins

Wird mit Knochen und Schwarte oder ausgelöst angeboten.

Vom Schweinebauch abgetrennte Rippen kommen als Schälrippen oder Spare Ribs in den Verkauf.

Gepökelt und geräuchert wird der Schweinebauch als durchwachsener Speck oder Frühstücksspeck angeboten.

Verwendung: gekocht, gebraten oder gegrillt

★★★

SCHWEINEROLLBRATEN

GB: Pork rolled roast
F: Rôti de porc roulé
E: Redondo de cerdo
I: Arrosto di maiale

Ausgelöstes, durchwachsenes, saftiges Fleischstück aus dem Schweinenacken, auch Kamm genannt, oder aus der Schweineschulter, die etwas magerer ist.

Wird gerollt und mit der Hand gewickelt oder durch ein Netz gezogen.

Verwendung: gebraten oder gegrillt

★★★★

SCHWEINENACKENSTEAK

GB: Pork neck
F: Steak de porc
E: Bistec de cuello de cerdo
I: Bistecca di collo di maiale

Ausgelöstes, in Scheiben geschnittenes Fleischstück aus dem durchwachsenen, saftigen Schweinenacken, auch Kamm genannt

Der Schweinekamm eignet sich auch gut als Rollbraten oder für die Zubereitung von Gulasch.

Verwendung: gebraten oder gegrillt

★★★

SCHWEINEKOTELETT

GB: Pork chop
F: Côtelette
E: Chuleta de cerdo
I: Cotoletta

In Scheiben geschnittener Kotelettstrang, der sich links und rechts zwischen Nacken und Hinterkeule befindet.

Koteletts aus dem vorderen Bereich des Schweins heißen Stielkoteletts und sind etwas fetter als die Lendenkoteletts aus dem hinteren Bereich.

Gepökelt und geräuchert werden sie als Kasseler Koteletts angeboten.

Verwendung: gebraten oder gegrillt

★★★

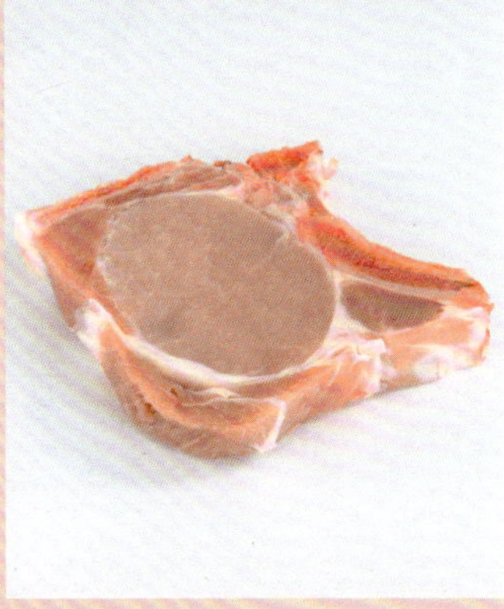

SCHWEINEFILET

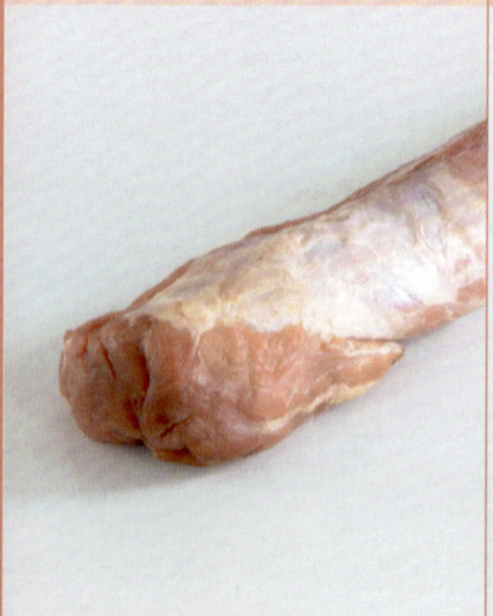

GB: Pork tenderloin
F: Filet mignon de porc
E: Solomillo de cerdo
I: Filetto di maiale

Mageres, zartes, längliches Teilstück aus dem Hinterviertel des Schweins, das edelste und teuerste Fleischstück

Liegt unter dem Rückgrat und wird ausgelöst im Ganzen oder in Medaillons geschnitten angeboten.

Verwendung: im Ganzen oder in Scheiben gebraten, geschnetzelt, für Fondue

★★★★

SCHWEINENUSS, MAUS (A)

GB: Pork haunch nut
F: Noix de jambon
E: Pierna de cerdo
I: Noce di maiale

Bestes Fleischteil aus der Hinterkeule des Schweins

Wird mit oder ohne Schwarte angeboten.

Feinfaseriges, mageres Fleisch, das sich gut für Braten, Gulasch oder Fondue eignet

Verwendung: gebraten oder geschmort

★★★★

OBERSCHALE, HUFT (CH), HÜFTLI (CH)

GB: Top side
F: Jambon
E: Nalga
I: Carne di prosciutto

Mageres Fleischteilstück von Kalb, Rind oder Schwein aus der Innenseite der Keule

Das Fleisch eignet sich gut zum Braten und Schmoren.

Aus der Kalbs- und Schweineoberschale schneidet man Schnitzel, die Oberschale vom Rind eignet sich für Rouladen.

Verwendung: gebraten oder geschmort

★★★★

SCHWEINESCHNITZEL

GB: Pork escalope
F: Escalope de porc
E: Filete de cerdo
I: Scaloppina di maiale

Dünne, quer zur Faser geschnittene Fleischscheibe aus Oberschale, Unterschale oder Nuss der hinteren Schweinekeule

Mageres, saftiges Fleisch

Verwendung: gebraten oder gegrillt

★★★★

EISBEIN, HAXE, STELZE (A), GNAGI (CH)

GB: Pork knuckle, ham hock
F: Jambonneau
E: Codillo
I: Zampettino

Vorder- oder Hinterbein vom Schwein, das mit Knochen und Schwarte roh oder gepökelt angeboten wird.

Wird in Berlin traditionell gepökelt und mit Sauerkraut und Erbspüree gegessen, in Bayern gebraten oder gegrillt.

Verwendung: gepökelt und gekocht, geschmort, gebraten oder gegrillt

★★★★

SPANFERKEL

GB: Suckling pig
F: Cochon de lait
E: Lechón, Cochinillo
I: Porchetta

Noch säugendes junges Schwein (Ferkel) mit sehr zartem Fleisch und feinem Geschmack

Teile wie Brust (Foto) oder Keule sind beliebte Fleischstücke.

Wird auch im Ganzen gegrillt oder gebraten.

Verwendung: gebraten oder gegrillt

★★★★

KALBSBRUST

GB: Veal brisket
F: Poitrine de veau
E: Falda de ternera
I: Petto di vitello

Marmoriertes Teilstück aus dem Vorderviertel des Kalbs mit einem relativ hohen Anteil an Fett und Bindegewebe

Wird am Knochen oder ausgelöst angeboten.

Verwendung: gefüllt oder gerollt und gebraten, geschmort, gekocht als Ragout

★★★

KALBSNACKEN, KALBSHALS

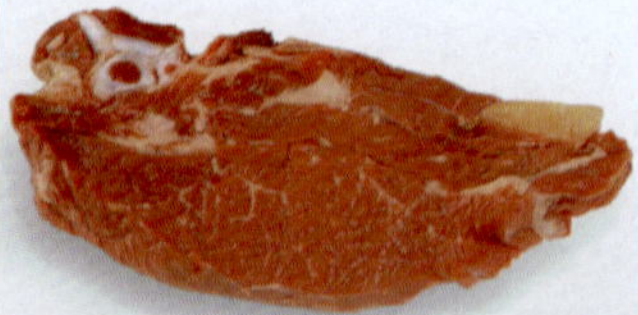

GB: Neck of veal, Veal chuck
F: Nuque de veau
E: Cogote de ternera
I: Nuca di vitello

Marmoriertes Teilstück aus dem Vorderviertel des Kalbs, das von Fett durchzogen ist und beim Braten saftig bleibt.

Eignet sich sehr gut für die Zubereitung von Ragouts oder Gulasch.

Verwendung: gedünstet, gekocht, geschmort oder gebraten

★★★

KALBSRÜCKEN

GB: Veal loin
F: Dos de veau
E: Lomo de ternera
I: Schiena di vitello

Zartes Teilstück des Hinterviertels vom Kalb, das aus dem Kotelett- oder Rippenstück (Karree), dem Nieren- oder Sattelstück und dem Filet besteht.

Wird ausgelöst als Braten, Lenden- oder Rückensteaks angeboten, mit Knochen und in Scheiben geschnitten als Kotelett oder ausgelöst als Rückensteaks.

Verwendung: gebraten, geschmort oder gegrillt

★★★★

KALBSFILET

GB: Veal tenderloin
F: Filet de veau
E: Solomillo de ternera
I: Filetto di vitello

Mageres, zartes, längliches Teilstück aus dem Hinterviertel des Kalbs, das edelste und teuerste Fleischstück

Liegt unter dem Rückgrat und wird ausgelöst im Ganzen oder in Medaillons geschnitten angeboten.

Verwendung: im Ganzen oder in Scheiben gebraten, geschnetzelt, für Fondue

★★★★★

KALBSHÜFTE, BLUME (A)

GB: Veal rump
F: Quasi de veau
E: Cadera de ternera
I: Scamone

Zartes Teilstück aus der Keule des Kalbs

Wird als Bratenstück oder in Scheiben geschnitten zum Kurzbraten oder für Geschnetzeltes angeboten.

Verwendung: gebraten

★★★★

KALBSSCHNITZEL

GB: Veal escalope
F: Escalope de veau
E: Escalope de ternera
I: Scaloppina di vitello

Fleischscheiben, die aus der Oberkeule, dem besten Stück der Keule, geschnitten werden.

Ist fast fettfrei und zartfaserig.

Wird als Wiener Schnitzel paniert und in Butterschmalz gebraten.

Verwendung: gebraten

★★★★★

ROASTBEEF

GB: Beef roast, Roast beef
F: Rosbif
E: Rosbif
I: Roast beef

Teilstück aus dem Rinderrücken, das aus dem vorderen hohen und dem hinteren flachen Roastbeef (auch Lende genannt) besteht.

Marmoriertes, zartes, aromatisches Fleisch, das im Ganzen oder als Steak angeboten wird.

Man unterscheidet zwischen Entrecôte (vorderer Teil des Roastbeefs) und Rumpsteak (Mitte des Roastbeefs).

In den USA werden die Steaks anders geschnitten und das Filet befindet sich am Lendenwirbel.

Verwendung: gebraten oder gegrillt

★★★★★

RINDERFILET, LUNGENBRATEN (A)

GB: Beef tenderloin
F: Filet de bœuf
E: Solomillo de vacuno
I: Filetto di manzo

Mageres, zartes, längliches Teilstück aus dem Hinterviertel des Rinds, das edelste und teuerste Fleischstück

Liegt unter dem Rückgrat und wird ausgelöst im Ganzen oder in Tournedos, Medaillons oder Steaks geschnitten angeboten.

Als Chateaubriand bezeichnet man ein größeres Fleischstück, das aus dem dicken Mittelstück des Rinderfilets geschnitten wird.

Verwendung: gebraten oder gegrillt

★★★★★

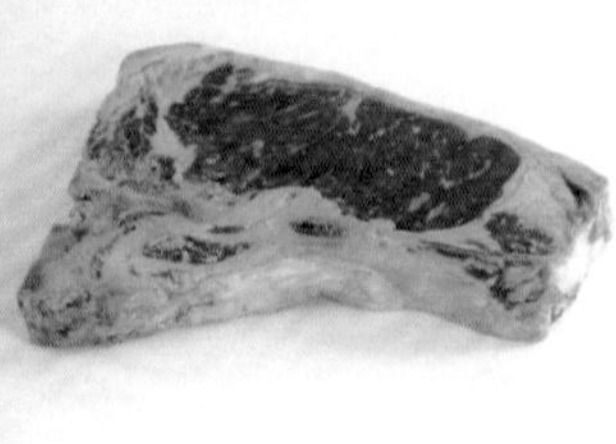

T-BONE-STEAK

Dicke, bis zu 700 g schwere Roastbeefscheibe mit T-förmigem Knochen und kleinem Filetanteil

Gut marmoriertes, aromatisches Fleisch

Bekannteste Steak-Art

Verwendung: gegrillt

★★★★★

RUMPSTEAK, LENDENSTEAK

GB: Beef sirloin, Beef rumpsteak
F: Romsteck, Romsteak
E: Entrecot
I: Bistecca

Teilstück aus der Mitte des Roastbeefs, auch Lende genannt

Gut marmoriertes, zartes, aromatisches Fleisch, das im Ganzen oder in Scheiben als Steaks angeboten wird.

Verwendung: gebraten oder gegrillt

★★★★★

ENTRECÔTE

GB: Sirloin
F: Entrecôte
E: Entrecot
I: Costata di manzo

Teilstück des Rinderrückens aus dem vorderen hohen Roastbeef, enthält etwas mehr Fett als das Rumpsteak, bleibt beim Braten dafür saftiger.

Gut marmoriertes, zartes, aromatisches Fleisch, das im Ganzen oder in Scheiben als Steaks angeboten wird.

Wird als Steak von 200–250 g oder als klassisches Entrecôte mit 400–500 g angeboten.

Verwendung: gebraten oder gegrillt

★★★★★

OCHSENKOTELETT

GB: Prime Rib
F: Côte de bœuf
E: Chuletón de buey
I: Bistecca siciliana

Saftiges Mittelstück der Hochrippe zwischen Schulter und Keule

Gut marmoriertes, zartfasriges, aromatisches Fleisch, das in dicken Scheiben als Kotelett angeboten wird.

Reift im Ganzen am Knochen.

Gilt unter Kennern als bestes Stück vom Rind.

Verwendung: am Knochen gebraten oder gegrillt

★★★★★

RINDERBRUST

GB: Beef brisket
F: Poitrine de bœuf
E: Pecho de ternera
I: Petto di marzo

Relativ fettreiches Stück aus dem Vorderviertel des Rinds

Wird mit Knochen oder ausgelöst in 3 Teilstücken angeboten:
– Brustspitz mit geringem Knochenanteil (vor allem zum Kochen geeigent)
– Brustkern mit Brustbeinknochen, stark von Fett durchzogen (für kräftige Fleischbrühen)
– Nachbrust (zum Kochen geeignet, in der Gastronomie als „gekochte Ochsenbrust" bezeichnet)

Verwendung: gekocht oder geschmort (Brustspitz und Nachbrust)

★★★

FALSCHES FILET, RUNDE SCHULTER (A), SCHULTERMEISL (A)

GB: Chuck tenderloin
F: Macreuse
E: Paleta de ternera
I: Girello di spalla

Teilstück der Rinderschulter, das relativ mager ist, allerdings von einer Sehne durchzogen wird.

Ähnelt im Aussehen dem echten Filet, eignet sich aber nicht zum Kurzbraten, sondern für Gulasch, Ragouts oder Sauerbraten.

Verwendung: gebraten oder geschmort

★★★★

HOHE RIPPE, HOCHRIPPE, ROSTBRATENRIED (A)

GB: Prime Rib
F: Côte de bœuf
E: Chuletón de ternera
I: Controfiletto

Gut marmoriertes, zartfaseriges und saftiges Teilstück zwischen Schulter und Keule des Rinds

Aus dem Mittelstück wird das klassische Côte de bœuf oder das Prime Rib geschnitten, für Kenner das Beste Stück vom Rind, das am Knochen gegart wird.

Das mittlere, ausgelöste Kernstück der hohen Rippe heißt im Englischen Rib Eye, ein beliebtes, saftiges Steak mit einem „Fettauge" in der Mitte.

In Deutschland wird die hohe Rippe meist im Ganzen gekocht.

Verwendung: gekocht, gebraten oder gegrillt

★★★★★

RINDERNUSS, KUGEL

GB: Beef haunch nut
F: Rôti de bœuf
E: Redondo de ternera
I: Arrosto di manzo

Zartes, fast fettfreies Fleischstück aus dem vorderen Teil der Rinderkeule

Besteht aus 3 Teilstücken, die entlang des Bindegewebes längs der Faser voneinander getrennt werden.

Besonders geeignet für Sauerbraten, Rostbraten, Fleischfondue oder Gulasch

Verwendung: gebraten oder geschmort

★★★

RINDERROULADE, TAFELSTÜCK (A)

GB: Beef roulade
F: Paupiette de bœuf
E: Filetes enrollados de vaca
I: Involtino di manzo

Dünne Fleischscheibe, die aus der Oberschale der Rinderkeule geschnitten wird.

Wird gefüllt, aufgerollt, mit Küchengarn umwickelt, angebraten und geschmort.

Traditionelles Gericht in Deutschland und Österreich

Verwendung: geschmort

★★★

TAFELSPITZ

GB: Silverslide
F: Gîte à la noix
E: Tafelspitz
I: Tafelspitz

Mageres Rindfleischstück vom Hüftdeckel, auch Rosenspitz genannt, mit flach zulaufender Spitze

Zartes Fleisch, das sich besonders gut zum Kochen eignet.

Österreichische Spezialität

Verwendung: gekocht, geschmort oder gebraten

★★★★★

BEINSCHEIBE

GB: Shank
F: Gite arrière
E: Jarrete
I: Ossobuco

Quergeteiltes Stück aus der Haxe von Rind oder Kalb mit markhaltigem Röhrenknochen

Entwickelt vor allem beim Schmoren ein kräftiges Aroma.

Verwendung: gekocht oder geschmort

★★★★

OCHSENSCHWANZ, OCHSENSCHLEPP (A)

GB: Oxtail
F: Queue de bœuf
E: Rabo de buey
I: Coda di bue

Der Schwanz von Rindern, dessen knorpelige Segmente mit wenig Muskelfleisch überzogen sind.

Wird meist in Stücke zerteilt angeboten.

Die Knorpel enthalten Kollagen, das Suppen und Saucen bindet.

Verwendung: gekocht für Suppen und Eintöpfe oder geschmort

★★★

LAMMRÜCKEN, LAMMKARREE (CH)

GB: Lamb loin
F: Selle d'agneau
E: Lomo de cordero
I: Carré d'agnello

Zartes Teilstück vom Lamm, das aus dem Kotelettstück (Karree), dem Nieren- oder Sattelstück sowie Lende und Filet besteht.

Wird ausgelöst als Braten oder mit Knochen und in Scheiben geschnitten als Kotelett angeboten.

Verwendung: gebraten, geschmort oder gegrillt (Koteletts)

★★★★

LAMMKOTELETT

GB: Lamb chop
F: Côtelette d'agneau
E: Chuleta de cordero
I: Cotoletta di agnello

In Scheiben geschnittener Lammrücken

Wird meist mit der Fettschicht, die den Rücken bedeckt, angeboten und gebraten, damit das Fleisch saftiger bleibt.

Verwendung: gebraten oder gegrillt

★★★★

LAMMFILET

GB: Lamb filet
F: Filet d'agneau
E: Solomillo de cordero
I: Filetto di agnello

Mageres, zartes, längliches Teilstück aus dem Rücken des Lamms

Liegt unter dem Rückgrat und wird ausgelöst im Ganzen oder in Medaillons geschnitten angeboten.

Verwendung: gebraten

★★★

FLEISCH, GEFLÜGEL UND EIER

LAMMSCHULTER

GB: Lamb shoulder
F: Épaule d'agneau
E: Paletilla de cordero
I: Spalla di agnello

Zartes, feinfasriges Teilstück aus dem Vorderviertel des Lamms mit relativ hohem Fettanteil

Wird mit Knochen oder ausgelöst angeboten; eignet sich gut für Ragouts, Stews und Gulasch.

Verwendung: gekocht, gebraten oder geschmort

★★★

LAMMKEULE

GB: Lamb haunch
F: Cuisse d'agneau, Gigot d'agneau
E: Pierna de cordero
I: Coscia di agnello

Größtes Teilstück des Lamms aus dem Hinterviertel

Wird im Ganzen mit Knochen oder ausgelöst angeboten, oft auch in Scheiben gesägt.

Muss abgehangen sein und wird im Ganzen zubereitet oder klein geschnitten für Steaks, Ragouts oder Stews verwendet.

Verwendung: gekocht, geschmort oder gebraten

★★★★

SALZWIESENLAMM

GB: Salt marsh lamb
F: Agneau pré-salé
E: Cordero de prados de la sal
I: Agnello pré-salé

Lammfleischspezialität von der deutschen Nordseeküste

Die Tiere grasen auf den Salzwiesen und an den Deichen der Nordsee. Die würzigen Salzgräser geben dem Fleisch ein typisches, von Feinschmeckern geschätztes Aroma.

Ideal zum Grillen sind die aus der Keule geschnittenen Steaks (Foto).

Verwendung: gebraten oder gegrillt

★★★★

KANINCHEN
GB: Rabbit
F: Lapin
E: Conejo
I: Coniglio

Nagetier mit weißem, zartem, magerem, leicht verdaulichem Fleisch

Wird im Ganzen oder zerlegt in Teilstücken angeboten (Rücken, Keulen, Lende und Brust, Vorderbeine).

Verwendung: geschmort oder gebraten

★★★★

REHRÜCKEN
GB: Saddle of venison
F: Selle de chevreuil
E: Lomo de corzo
I: Lombata di capriolo

Zartes Teilstück vom Reh, das aus den beiden Strängen der Rückenmuskulatur sowie Lende und Filet besteht.

Verwendung: Wird im Ganzen am Knochen gebraten, damit es saftig bleibt.

Bei Feinschmeckern das beliebteste Stück vom Reh

★★★★★

HIRSCHFILET
GB: Deer filet
F: Filet de cerf
E: Filete de ciervo
I: Filetto di cervo

Mageres, zartes, längliches Teilstück aus dem Hinterviertel des Hirschs

Liegt unter dem Rückgrat und wird ausgelöst entweder im Ganzen oder in Medaillons geschnitten angeboten.

Verwendung: gebraten

★★★★★

HACKFLEISCH, GEHACKTES, FASCHIERTES (A)

GB: Minced meat, ground chuck
F: Viande hachée, Hachis
E: Carne picada, Carne molida
I: Carne macinata, Carne tritata

Fein gehacktes oder durch den Fleischwolf gedrehtes Fleisch von Rind, Kalb und Schwein, seltener von Lamm, Wild oder Geflügel

Ist leicht verderblich und sollte noch am Tag der Herstellung verarbeitet werden.
Vielseitig verwendbar für Frikadellen, Burger, Klopse, Saucen, Reisgerichte, Pasteten, Füllungen, Hackbraten

Verwendung: gekocht, gebraten oder gegrillt

★★★

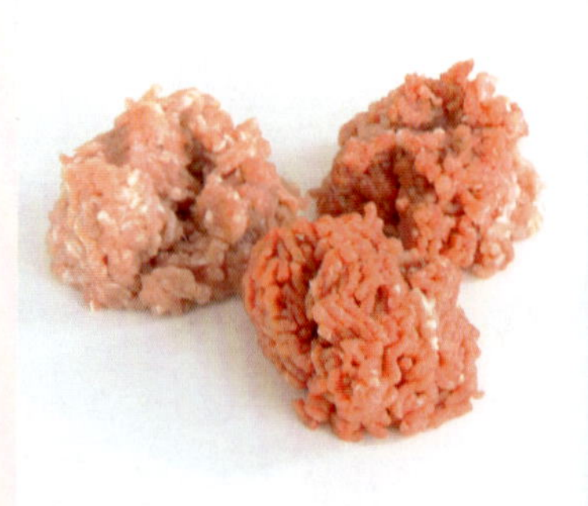

TATAR

GB: Steak tartar
F: Steak tartare (F), Filet américain (B)
E: Steak tartare
I: Bistecca alla tartara

Durch den Fleischwolf gedrehtes rohes, sehnen- und fettgewebsarmes Muskelfleisch vom Rind ohne weitere Zusätze

Hat von allen Hackfleischarten den geringsten Fettanteil (höchstens 6 %).

Tatar ist wegen der stark vergrößerten Oberfläche des zerkleinerten Fleischs leicht verderblich.

Verwendung: roh oder gebraten

★★★★★

SCHWEINEMETT, HACKEPETER

GB: Seasoned minced pork
F: Mett, Chair à saucisse
E: Mett, Carne picada y sazonada de cerdo
I: Bistecca alla tartara

Durch den Fleischwolf gedrehtes rohes Schweinefleisch von Brust und Schulter, gewürzt mit Zwiebeln, Salz und Pfeffer

Fettgehalt: bis zu 35 %

Das grob entsehnte Fleisch wurde früher mit dem Messer gehackt oder geschabt.

Nur begrenzt haltbar

Verwendung: als Brotbelag

★★★

INNEREIEN

GB: Offal
F: Abats
E: Casquería, Vísceras, Despojos
I: Frattaglie

Essbare innere Organe von Schlachttieren, Wild und Geflügel

Nährstoffreich, fettarm und leicht verdaulich

Zu den beliebtesten Innereien zählen Leber, Nieren und Zunge. Darüber hinaus werden auch Herz, Hirn, Bries und Lunge, seltener Milz, Euter und Kutteln verzehrt.

Leber und Niere können Schwermetalle enthalten, die Innereien von Wild sind verhältnismäßig hoch belastet. Deshalb sollten Innereien nicht häufiger als einmal pro Woche gegessen werden.

Verwendung: gekocht, sautiert, gebraten oder gegrillt

★★★★

TRUTHAHN, PUTER, TRUTER (CH)

GB: Turkey
F: Dinde
E: Pavo
I: Tacchino

Männliches Tier des domestizierten Truthahns. Weibliche Tiere heißen Pute oder Truthenne.

Besonders fettarmes Fleisch mit hohem Proteingehalt, das auch bei Sportlern sehr beliebt ist. Wird häufig in Teilstücken aus Brust und Keule vermarktet.

Schlachtgewicht bei Hähnen 14–22 kg, bei Hennen 9–15 kg

Ursprüngliche Heimat Südamerika; kam wahrscheinlich mit spanischen Seefahrern im 16. Jahrhundert nach Europa.

Verwendung: gebraten oder gegrillt

★★★★★

PUTENBRUSTFILET, TRUTHAHNBRUSTFILET

GB: Turkey breast filet
F: Filet de dinde
E: Filete de pechuga de pavo
I: Filetto di petto di tacchino

Ausgelöstes, helles, mageres Teilstück der Putenbrust, das in der Mitte eine dünne Sehne hat.

Zarter, milder Geschmack

Verwendung: gebraten oder gegrillt; zerkleinert für Farcen, Terrinen und Pasteten

★★★★

HÄHNCHEN, HENDL (A), POULET (CH)

GB: Chicken
F: Poulet
E: Pollo
I: Gallina

Junge weibliche oder männliche Hühner, die im Alter von 5–6 Wochen geschlachtet werden, bevor sie geschlechtsreif sind.

Geschmack und Fleischqualität hängen von Aufzucht und Futter ab

Werden im Ganzen oder in Teilstücken, frisch oder tiefgefroren angeboten.

Verwendung: gekocht, gebraten, geschmort oder gegrillt

★★★★

HÄHNCHENBRUSTFILET

GB: Chicken breast filet
F: Filet de poitrine de poulet
E: Filete de pechuga de pollo
I: Filetto di petto di pollo

Fleischiges, saftiges Teilstück ohne Knochen, das aus der Hähnchenbrust ausgelöst wird.

Wird mit und ohne Haut, als Brusthälften oder im Ganzen angeboten.

Verwendung: gedünstet, pochiert, gekocht, sautiert, gebraten oder gegrillt

★★★★

HÄHNCHENSCHENKEL

GB: Chicken leg
F: Cuisse de poulet
E: Muslo de pollo
I: Coscia di pollo

Teilstück vom Huhn, das mit Knochen und Haut angeboten wird.

Kommt als ganze Keule mit und ohne Rückenstück oder halbiert als Hähnchenober- und -unterschenkel in den Verkauf.

Verwendung: gekocht, gebraten oder gegrillt

★★★

HÄHNCHENFLÜGEL

GB: Chicken wing
F: Aile de poulet
E: Alita de pollo
I: Ali di pollo

Teilstück vom Huhn, das mit Knochen und Haut angeboten wird.

Wird meist mariniert und gebraten.

Verwendung: gebraten, gebacken oder gegrillt, für Saucen und Fonds

★★★

SUPPENHUHN

GB: Soup chicken
F: Poulet à bouillir
E: Gallina de caldo
I: Gallina da brodo

Ältere Legehenne, die nach der ersten Legeperiode mit 12–15 Monaten geschlachtet wird

Grobfaseriges, meist trockenes Fleisch mit intensivem Aroma, das sich am besten für Brühen und Suppen eignet.

Verwendung: gekocht

★★★

STUBENKÜKEN

GB: Spring chicken
F: Coquelet
E: Pollito
I: Galletto

Junge, im Alter von 3–5 Wochen geschlachtete männliche oder weibliche Hühner, die zwischen 300 und 400 g wiegen.

Gelten bei Feinschmeckern wegen ihres zarten, saftigen Fleischs als Delikatesse.

Wurden früher in der kalten Jahreszeit in der Stube mit wenig Bewegung und viel Futter aufgezogen und jung geschlachtet.

Nordddeutsche Geflügelspezialität

Verwendung: gebraten oder geschmort

★★★★★

KAPAUN

GB: Capon
F: Chapon
E: Capón
I: Cappone

Junger, kastrierter Masthahn mit sehr zartem, weißem Fleisch

Klassischer Weihnachtsbraten in Frankreich und Italien

Bei Feinschmeckern besonders beliebt sind die Chapons de Bresse, Kapaune aus der französischen Region Bresse, mit EU-weit geschützter Ursprungsbezeichnung (g.U.).

Verwendung: gegrillt oder gebraten

★★★★

BRESSE-POULARDE

GB: Bresse chicken
F: Poularde de Bresse
E: Pularda de Bresse
I: Pollastra di Bresse

Französisches Freiland-Masthähnchen aus der Region Bresse mit EU-weit geschützter Ursprungsbezeichnung (g.U.), das mit hochwertigem Getreide aufgezogen wird.

Erkennbar an seinen schlanken, blauen Beinen und einem Fußring mit dem Identifikationscode des Produzenten

Besonders saftiges, zartes und aromatisches Fleisch

Verwendung: geschmort, gebraten oder gegrillt

★★★★★

ENTE

GB: Duck
F: Canard
E: Pato
I: Anatra

Domestizierter Wasservogel, der wie Gans und Perlhuhn zu dem so genannten dunklen Mastgefügel gehört.

Dunkles, relativ fettes, aromatisches Fleisch, das auch in Teilstücken aus Brust und Keule angeboten wird.

Die kulinarisch bedeutendsten Enten sind die chinesische weiße Peking-Ente und die französische Barbarie-Ente (Foto), eine Flugente.

Verwendung: gebraten oder gegrillt

★★★★★

GANS

GB: Goose
F: Oie
E: Ganso
I: Oca

Domestizierter Wasservogel, der schon in der Antike im Mittelmeerraum und in Europa gezüchtet wurde. Wird heute in Wild- oder Graugänse und in Hausgänse unterteilt. Die meisten Hausgänse sind Mischrassen, meist mit weißem Gefieder.

Dunkles, relativ fettes, aromatisches Fleisch, das auch in Teilstücken aus Brust und Keule angeboten wird.

Verwendung: gebraten oder gegrillt

★★★★★

STRAUSSENFILET

GB: Ostrich filet
F: Filet d'autruche
E: Filete de avestruz
I: Filetto di struzzo

Brustfleisch der Straußenvögel, die heute u.a. in Deutschland, England, Frankreich, Spanien und den USA gezüchtet werden.

Cholesterin- und fettarmes, zartes Fleisch ohne starken Eigengeschmack

Verwendung: gebraten oder gegrillt

★★★★

TAUBE

GB: Dove
F: Pigeon
E: Paloma, Pichón
I: Piccione

Aus Mastzucht stammendes Geflügel, das in den meisten Fällen aus Frankreich und Italien kommt.

Zartes, saftiges Fleisch

Masttauben werden meist im Alter von 1 Monat geschlachtet und wiegen 300–600 g.

Verwendung: gebraten oder geschmort

★★★★★

WACHTEL

GB: Quail
F: Caille
E: Codorniz
I: Quaglia

Kleines Wildgeflügel, das meist aus Mastzucht angeboten und mit 6 Wochen geschlachtet wird.

Zartes, saftiges Fleisch mit wildähnlichem Geschmack

Wild lebende Wachteln stehen unter Naturschutz.

Verwendung: gebraten oder geschmort

★★★★★

PERLHUHN

GB: Guinea fowl
F: Pintade
E: Pintada
I: Faraona

Kleines Wildgeflügel, das heutzutage überwiegend aus Zuchtbetrieben stammt und im Alter von 8–14 Wochen mit einem Gewicht von ungefähr 1 kg geschlachtet wird.

Feines aromatisches Fleisch mit zartem Wildgeschmack

Verwendung: gebraten oder geschmort

★★★★

EI

GB: Egg
F: Œuf
E: Huevo
I: Uovo

In Europa Bezeichnung für ein Ei vom Huhn, Eier von anderem Geflügel müssen gekennzeichnet sein.

Innerhalb der EU unterliegen Eier einer Kennzeichnungsverordnung, die Vermarktungsnormen festsetzt.

Verkauft werden dürfen nur Eier der Güteklasse A, die auf der Schale mit einem standardisierten Erzeugercode gestempelt sind, aus dem sich Herkunft und Haltungsform ableiten lassen.

Verwendung: gekocht, pochiert oder gebraten, zum Backen, für Süßspeisen und Cremes oder zum Binden von Saucen

★★★★★

ENTENEI

GB: Duck egg
F: Œuf de canard
E: Huevo de pato
I: Uovo di anatra

Eier der Ente, die vor allem in der asiatischen Küche von Bedeutung sind.

Größer und schwerer als ein Hühnerei, kräftiger Geschmack Müssen mindestes 10 Minuten gekocht werden, da sie schädliche Bakterien enthalten können.

Verwendung: gekocht

★★

EIER AUS ARTGERECHTER HÜHNERHALTUNG

Beim Eierkauf sind Bio-Eier denen aus Legehaltung vorzuziehen. Voraussetzung für die Bio-Eier-Produktion ist eine artgerechte Hühnerhaltung mit Platz für freie Bewegung (Freiland- oder Bodenhaltung).

Zur Eiablage können die Hennen sich in eine Art Nest zurückziehen.

Diese modernen Nester sind mit leicht zu säuberndem Plastik ausgelegt.

Die gelegten Eier rollen vom Nest über ein Fließband in den Sammelkasten.

Anschließend werden die Eier in Kartons gesetzt, gestempelt und können verkauft werden.

STRAUSSENEI

GB: Ostrich egg
F: Œuf d'autruche
E: Huevo de avestruz
I: Uovo di struzzo

Elfenbeinfarbene, große, 1,5–2 kg schwere Eier der Straußenvögel, die etwa 1,2 l Eimasse enthalten.

Die leeren Eihüllen werden als Wohnraumdekoration verkauft.

Verwendung: gekocht oder gebraten

★★

WACHTELEI

GB: Quail egg
F: Œuf de caille
E: Huevo de condorniz
I: Uovo di quaglia

Kleines, gesprenkeltes Ei von Wachteln

Wird frisch oder hart gekocht und eingelegt in Gläsern angeboten.

Verwendung: gekocht oder gebraten

★★★

TAUSENDJÄHRIGES EI, CHINESISCHES EI

GB: Century egg
F: Œuf de cent ans
E: Huevo centenario
I: Uovo centenario

Durch Fermentierung konservierte Hühner- oder Enteneier

Die rohen Eier werden einige Monate in einem Gemisch aus Asche, Kalk, Reishülsen und Salzlake oder Zucker und Wasser eingelegt. Dadurch verdicken und verfärben sich das Eiweiß und das Eigelb.

Delikatesse der chinesischen Küche

★★★

WÜRSTE UND SCHINKEN

MORTADELLA DI BOLOGNA

Herkunftsland: Italien

Die bekannteste Kochwurst Italiens aus der Region Emilia-Romagna mit EU-weit geschützter geografischer Angabe (g.g.A.)

Hergestellt aus Schweinefleisch, groben Speckwürfeln, Pökelsalz, Zucker und Pfefferkörnern, je nach Sorte auch mit Pistazien

Das Brät wird manuell zu großen Würsten geformt und abgebunden.

★★★★★

MORCILLA

Herkunftsland: Spanien

Kochwurst, traditionell hergestellt aus Schweineblut, Fett, Reis und verschiedenen Gewürzen

Die Zutaten sind regional verschieden. So kann die Morcilla statt Reis auch Zwiebeln, Lauch oder – wie auf den Kanarischen Inseln – Rosinen, Mandeln und Zimt enthalten.

★★★★

PRESSSACK

Herkunftsland: Deutschland

Bayerische Wurstspezialität aus gekochtem Schweinekopffleisch, Schweinebacken, Schwarten und Innereien

Das klein geschnittene Fleisch und die restlichen, durch den Wolf gedrehten Zutaten werden mit Gewürzen in Schweinemägen gefüllt und abgekocht. Die abgekühlte Wurst wurde früher zwischen Holzplatten gepresst, um die Wursteinlagen gleichmäßig zu verteilen.

Erhältich in den 3 Sorten: weißer Presssack (mit Brühe), schwarzer Presssack (mit Schweineblut) und Leberpresssack (mit Schweineleber)

★★★★

Zutaten der Blutwurst sind neben frischem Blut Fleischteile, Speck, Schwarten zum Gelieren, Zwiebeln und Gewürze.

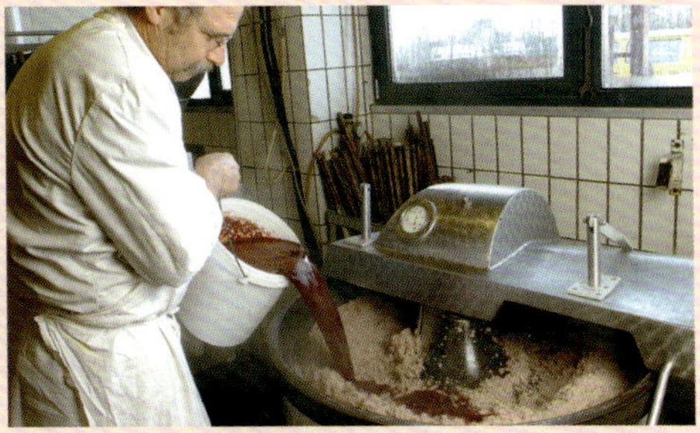

Fleischteile und Zwiebeln werden im Kutter zerkleinert und mit Blut und Gewürzen vermischt.

Dann wird der gewürfelte vorgegarte Speck zur Masse gegeben und untergemischt.

Die Wurstmasse wird in Gläser gefüllt und erhitzt, sodass das Bluteiweiß gerinnt. Beim Abkühlen wird die Gelatine fest und sorgt für Schnittfestigkeit.

Alternativ kann die Wurstmasse auch in Därme gefüllt, geräuchert und zusätzlich getrocknet werden.

THÜRINGER ROTWURST

Herkunftsland: Deutschland

Herzhaft gewürzte, magere Kochwurst aus Thüringen, EU-weit geschützte traditionelle Spezialität (g.t.S.)

Handwerklich hergestellt aus Schweinefleisch, Speck, Schwarten, Schweineblut und Gewürzen

Wird in eine Schweineblase gefüllt über Buchenholz geräuchert.

★★★★★

SCHINKENSÜLZE, SCHINKEN IN ASPIK

Herkunftsland: Deutschland

Aspikwurst, hergestellt aus gewürfeltem, gekochtem Schinken, Paprikaflocken, Pökelsalz und Aspik

Die Zutaten variieren je nach Hersteller

★★★

FEINE LEBERWURST

Herkunftsland: Deutschland

Leberhaltige Kochstreichwurst aus grob entfettetem und fettgewebereichem Schweinefleisch, grob entsehntem Kalb- oder Jungrindfleisch und Schweine-, teilweise auch Kalbs- sowie Geflügelleber

★★★★

PFÄLZER LEBERWURST

Herkunftsland: Deutschland

Grobe, deftig gewürzte Kochstreichwurst

Traditionell hergestellt aus Schweinefleisch, Schweineleber, Zwiebeln, Speisesalz und Gewürzen

Wird in Kunststoff- oder Naturdärme abgefüllt, gegart und je nach Sorte anschließend über Buchenholz kalt geräuchert.

★★★★

SCHWEINELEBER-PASTETE

Herkunftsland: Deutschland

Streich- und schnittfähige Kochwurst aus Schweineleber, Schweinefleisch, Speck, Pökelsalz und Gewürzen

Leberpasteten werden an der Oberfläche meist mit gewürztem Aspik glasiert und mit Kräutern und/oder Früchten dekoriert.

★★★★

SAUCISSE DE STRASBOURG

Herkunftsland: Frankreich

Knackige feine Brühwurst, gefärbt mit Canthaxanthin (E 161)

Das Brät wird in dünne Naturdärme abgefüllt, kurz geräuchert und anschließend gebrüht.

★★★★

BUTIFARRA NEGRA

Herkunftsland: Spanien

Gebrühte Blutwurst aus Katalonien

Traditionell hergestellt aus Schweinefleisch, Blut, Speck, Schwarte, Innereien und Gewürzen

★★★★

BUTIFARRA BLANCA

Herkunftsland: Spanien

Gebrühte oder luftgetrocknete Wurstspezialität aus Katalonien

Traditionell hergestellt aus Schweinefleisch, Speck, Schwarte, Innereien und Gewürzen

★★★★

WIENER WÜRSTCHEN, FRANKFURTER (A), WIENERLI (CH)

Herkunftsland: Deutschland

Dünne, knackige Brühwürste aus feinem Brät (gehacktes oder durchgedrehtes Schweine- und Rindfleisch), Speck, Pökelsalz und Gewürzen

Das Wurstbrät wird in dünne Naturdärme (Saitlinge) abgefüllt, die Würste leicht geräuchert und anschließend gebrüht.

Das Originalrezept stammt von dem Frankfurter Metzger Johann Georg Lahner, der die Würstchen 1805 in Wien erfunden hat. Die bereits im 13. Jahrhundert bekannte Frankfurter Wurst bestand aus reinem Schweinefleisch.

Verwendung: kalt oder erhitzt (nicht gekocht) mit Senf und Brot

★★★★

BOCKWURST, KNACKWURST (A), KNACKER (A), CERVELAT (CH)

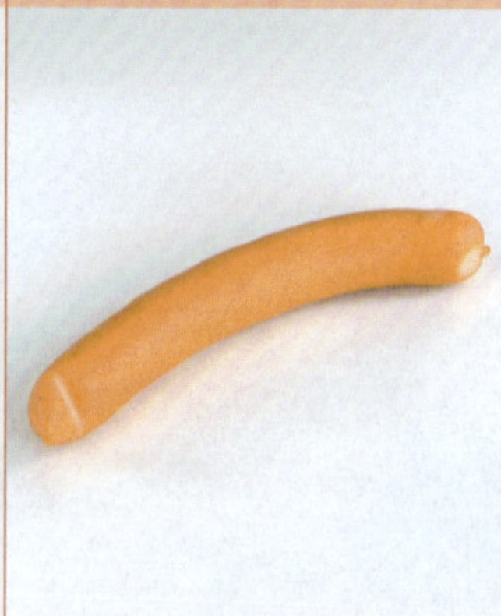

Herkunftsland: Deutschland

Knackige Brühwurst aus feinem Brät (durch den Wolf gedrehtes Schweine- und Rindfleisch), Speck, Pökelsalz, Paprikapulver und Pfeffer

Das Wurstbrät wird in dünne Naturdärme (Schweinssaitlinge) abgefüllt, kurz geräuchert und anschließend gebrüht.

Verwendung: kalt oder erhitzt (nicht gekocht) mit Senf und Brot

★★★★

FRANKFURTER RINDSWURST

Herkunftsland: Deutschland

Magere Brühwurst aus durchgedrehtem Rindfleisch, Rinderfett, Pökelsalz und Gewürzen

Das Wurstbrät wird in Rinderdärme gefüllt, die Würste leicht geräuchert und anschließend gebrüht.

Die Frankfurter Rindswurst wurde erstmals 1804 von einer Metzgerei in Frankfurt/Main hergestellt.

Verwendung: kalt oder heiß gegessen

★★★★

MÜNCHNER WEISSWURST

Herkunftsland: Deutschland

Weiße Brühwurst aus Kalbfleisch, Schweinespeck und Schwarten, mit Zwiebeln, Zitrone, Macis (Muskatblüte) und frischer Petersilie gewürzt

Das Wurstbrät wird in Natur- oder Kunstdärme abgefüllt und in heißem Wasser oder Dampf gebrüht. Dadurch wird die Wurst schnittfest und bekommt Biss.

Münchner Spezialität mit langer Tradition

Verwendung: erhitzt (nicht gekocht) mit süßem Senf und Brezeln

★★★★

BRATWURST

Herkunftsland: Deutschland

Rohe oder gebrühte Wurst aus feinem oder grobem Brät (gehacktes oder durchgedrehtes Schweine-, Rind- und Kalbfleisch), Speck, Pökelsalz und Gewürzen im Naturdarm

Größe, Dicke und die verwendeten Gewürze sind regional unterschiedlich.

Verwendung: in der Pfanne oder auf dem Grill gebraten

★★★★

MÜNCHNER LEBERKÄSE, FLEISCHKÄSE (CH)

Herkunftsland: Deutschland

Klassiker des bayerischen Metzgerhandwerks mit über 200-jähriger Tradition, hergestellt aus fein gekuttertem Rind- und Schweinefleisch, Speck, Eis und Gewürzen

Wird traditionell in einer großen Kastenform gebacken.

Verwendung: heiß oder kalt

★★★★

JAGDWURST

Herkunftsland: Deutschland

Brühwurst aus feinem und grobem, gewürztem Brät (gehacktes oder durchgedrehtes Fleisch)

Traditionell hergestellt aus schlachtfrischem, magerem Schweinefleisch und/oder Rindfleisch, Speck, Senfkörnern, Pökelsalz und Gewürzen

Das Wurstbrät wird in Natur- oder Kunstdärme abgefüllt und in heißem Wasser oder Dampf gebrüht. Dadurch wird die Wurst schnittfest und bekommt Biss.

★★★★

BIERSCHINKEN, SCHINKENWURST, KRAKAUER (A)

Herkunftsland: Deutschland

Brühwurst aus feinem Brät (gehacktes oder durchgedrehtes Schweine- und Rindfleisch), Schinkenwürfeln, Speck, Pökelsalz und Gewürzen

Das Wurstbrät wird in Natur- oder Kunstdärme abgefüllt und in heißem Wasser oder Dampf gebrüht. Dadurch wird die Wurst schnittfest und bekommt Biss.

★★★★

FEINE SCHINKENWURST

Herkunftsland: Deutschland

Brühwurst aus feinem Brät (gehacktes oder durchgedrehtes Schweine- und Rindfleisch), Speck, Pökelsalz und Gewürzen

Das Wurstbrät wird in Natur- oder Kunstdärme abgefüllt und in heißem Wasser oder Dampf gebrüht. Dadurch wird die Wurst schnittfest und bekommt Biss.

★★★★

LYONER

Herkunftsland: Deutschland

Brühwurst aus feinem Brät (durchgedrehtes Schweinefleisch), Speck, Pökelsalz und Gewürzen

Das Wurstbrät wird in dicke Natur- oder Kunstdärme abgefüllt, ringförmig zusammengebunden, über Buchenholz heiß geräuchert und anschließend gebrüht.

Stammt ursprünglich aus Lyon, wo man im 16. Jahrhundert erstmals Wurst „à la lyonnaise“ mit Safran einfärbte, damit sie eine schöne rosarote Farbe bekam.

Verwendung: kalt (als Wurstsalat) oder heiß

★★★★

KRAKAUER

Herkunftsland: Polen

Grobe, schnittfeste Brühwurst aus Schweine- und Rindfleisch, Speck, Pökelsalz und Gewürzen

Das Wurstbrät wird in Natur- oder Kunstdärme abgefüllt und in heißem Wasser oder Dampf gebrüht. Dadurch wird die Wurst schnittfest und bekommt Biss.

Wird auch geräuchert angeboten.

Spezialität aus Polen und Oberschlesien, sehr beliebt in Deutschland

★★★★

DEBREZINER

Herkunftsland: Ungarn

Kräftig gewürzte, grobkörnige, ca. 25 cm lange, dünne Brühwürste aus Schweinefleisch, Speck, Pökelsalz, Paprikapulver, Knoblauch und Cayennepfeffer

Das Brät wird in dünne Naturdärme abgefüllt, die Wurst leicht geräuchert und dann gebrüht.

Typischer, scharfer Geschmack

★★★★

SALAME MONTANARO

Herkunftsland: Italien

Luftgetrocknete, dünne, feinkörnige Salami aus der Toskana mit Edelschimmel

Hergestellt aus Schweinefleisch, Speck, Pfeffer und Chianti, dem toskanischen Rotwein

2 Monate im Naturdarm gereift

★★★★

SALAME DI CINTA SENESE

Herkunftsland: Italien

Luftgetrocknete, kleinere, feinkörnige Salami aus der Toskana mit Edelschimmel

Hergestellt aus dem dunklen Fleisch der Rasse Cinta senese, einem Freizuchtschwein, kleinen Fettwürfeln, Salz und Pfeffer

Reifezeit: 5 Wochen

★★★★★

SALAME CACCIATORE

Herkunftsland: Italien

Luftgetrocknete, mittelkörnige, kleinere Salami mit Edelschimmel aus der Lombardei, mit EU-weit geschützter Ursprungsbezeichnung (g.U.)

Hergestellt aus Schweinefleisch, Speck, Pökelsalz und Knoblauch

Wurde traditionell auf Bauernhöfen hergestellt und den Jägern als Imbiss mitgegeben (ital. cacciatore = Jäger).

★★★★★

SALAME CRUDO

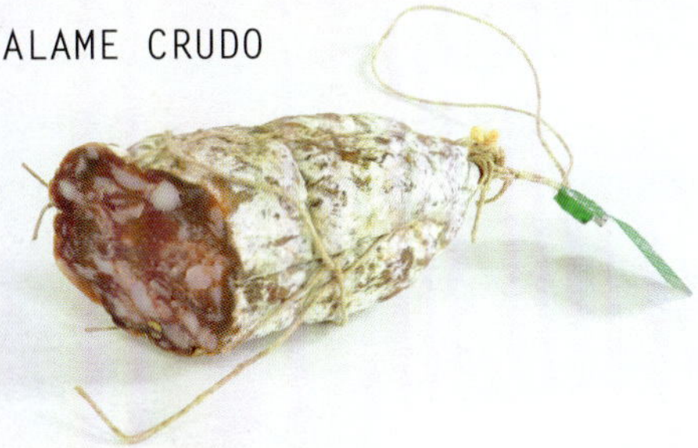

Herkunftsland: Italien

Luftgetrocknete, mittelkörnige Salami mit Edelschimmel aus dem Piemont

Hergestellt aus Schweinefleisch, Speck, Pökelsalz, Pfefferkörnern und Barbera, einem bekannten piemontesischen Rotwein

★★★★

SALAME AL TARTUFO

Herkunftsland: Italien

Luftgetrocknete, mittel- bis grobkörnige Salami aus der Toskana mit Edelschimmel

Hergestellt aus Schweinefleisch, Speck, weißem oder schwarzem Trüffel, Salz und Gewürzen

★★★★

SALAME FINOCCHIONA

Herkunftsland: Italien

Luftgetrocknete grobkörnige Salami aus der Toskana mit Edelschimmel

Hergestellt aus Schweinefleisch, Speck, Fenchelsamen und Pfeffer

★★★★

SALAMETTI BOCCONCINI

Herkunftsland: Italien

Kleine, feinkörnige, luftgetrocknete Salami mit Edelschimmel

Hergestellt aus magerem Schweinefleisch, Speck, Pökelsalz, weißem Pfeffer und Weißwein

★★★★

MAILÄNDER SALAMI

GB: Salami Milano
F: Salami de Milan
E: Salame de Milán
I: Salame di Milano

Herkunftsland: Italien

Luftgetrocknete, feinkörnige Salami mit Edelschimmel, ursprünglich aus der Gegend um Mailand. Die im Ausland wohl bekannteste italienische Salamisorte

Hergestellt aus Schweinefleisch, Rindfleisch, Speck, Pökelsalz, Pfeffer, Weißwein oder rotem Chianti

Wird traditionell in Schweinedärme gefüllt und mit Strohhalmen belegt, die mit Wurstgarn festgeschnürt werden. Dadurch ergibt sich die typische Optik der Mailänder Salami.

Wird heute hauptsächlich industriell hergestellt und in Kunstdärmen mit Netzimitation angeboten.

★★★★

SALAME 'NDUJA

Herkunftsland: Italien

Scharf gewürzte, streichfähige Salami aus Kalabrien

Hergestellt aus fein zerkleinerter Schweinebacke, Schwarte, Speck, Chilischoten, Salz und Kümmel. Das Wurstbrät ruht 10 Stunden, bevor es in Naturdärme abgefüllt wird, damit sich die Aromen der Zutaten besser verbinden.

Die Wurst wird anschließend 6 Wochen luftgetrocknet.

★★★★

KAMINWURZEN

Herkunftsland: Italien

Südtiroler Rohwurst aus Rind- und Schweinefleisch und Gewürzen

Traditionell über Buchenholz geräuchert und dann luftgetrocknet

Zählen wegen ihrer langen Haltbarkeit zu den Dauerwürsten.

★★★★

SALCHICHÓN EXTRA CULAR

Herkunftsland: Spanien

Luftgetrocknete Rohwurst mit Edelschimmel

Hergestellt aus Schweinefleisch, Speck, Pfeffer und Gewürzen

Wird in ganz Spanien in unterschiedlichen Varianten hergestellt und in der Regel 2 Monate luftgetrocknet.

★★★★

SALCHICHÓN DE VIC

Herkunftsland: Spanien

Luftgetrocknete Rohwurst mit Edelschimmel aus der nordspanischen Ebene von Vic mit EU-weit geschützter geografischer Angabe (g.g.A.)

Handwerklich hergestellt aus Schweinefleisch und Speck, gewürzt nur mit Salz, Pfeffer und Salpeter

Reift mindestens 4 Monate in Holztrockenräumen.

★★★★

SALCHICHÓN DEL PIRINEO

Herkunftsland: Spanien

Luftgetrocknete Rohwurst aus Katalonien mit Edelschimmel

Hergestellt aus Schweinefleisch, Speck, Pökelsalz, Pfeffer und verschiedenen anderen Gewürzen

Wird während der Reifezeit gepresst und erhält dadurch ihre flache Form.

★★★★

CHORIZO TRADICIONAL

Herkunftsland: Spanien

Luftgetrocknete Hartwurst aus Schweinefleisch und Speck, gewürzt mit Paprikapulver, Knoblauch und Salz

Wird in ganz Spanien in verschiedenen Formen und Dicken sowie in unterschiedlichen Geschmacksvarianten von leicht süß bis extrascharf hergestellt.

Beliebteste und bekannteste Wurstsorte Spaniens

★★★★

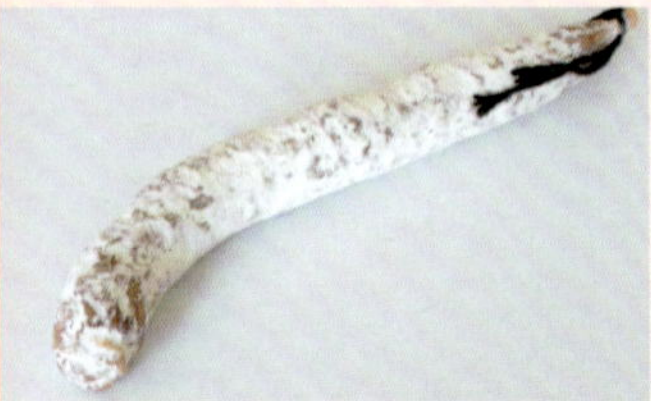

LONGANIZA EXTRA

Herkunftsland: Spanien

Katalanische, dünne, salamiähnliche, luftgetrocknete Wurstspezialitiät

Traditionell hergestellt aus Schweinefleisch, Zimt und anderen Gewürzen

Das Fleisch wird durch den Fleischwolf gedreht, gewürzt, in dünne Därme mit einer Länge von 50–60 cm abgefüllt und anschließend in natürlichen Trockenkammern 2–12 Monate luftgetrocknet.

★★★★

FUET EXTRA

Herkunftsland: Spanien

Fingerdünne luftgetrocknete Rohwurst aus Katalonien mit Edelschimmel

Traditionell hergestellt aus dem Fleisch von Schweinekeulen, Speck, Knoblauch, Pfeffer und anderen Gewürzen

★★★★

SOBRASADA DE MALLORCA DE PORC NEGRE

Herkunftsland: Spanien

Wurstspezialität aus Mallorca mit EU-weit geschützter geografischer Angabe (g.g.A.), handwerklich erzeugt aus rohem Schweinefleisch, Speck, Paprikapulver und anderen Gewürzen

Darf ausschließlich aus dem Fleisch des Schwarzen Schweins (Porc negre) hergestellt werden, einer mallorquinischen Rasse, die auf traditionelle Weise gezüchtet und gefüttert wird.

Das Fleisch wird durch den Fleischwolf gedreht, gewürzt, in Naturdärme abgefüllt und anschließend in Reifekammern bei Temperaturen von 14–16 °C und einer relativen Luftfeuchtigkeit von 70–85 % luftgetrocknet.

★★★★★

SAUCISSON BRIDÉ AU ST. JOSEPH

Herkunftsland: Frankreich

Luftgetrocknete, mittelkörnige Rohwurst mit Edelschimmel, eine Art Salami

Hergestellt aus Schweinefleisch, Speck, Pökelsalz und Gewürzen

★★★★

SAUCISSON D'ARDÈCHE

Herkunftsland: Frankreich

Geräucherte, grobkörnige Rohwurst aus dem Département Ardèche

Traditionell hergestellt aus Schweinefleisch, Speck, Pökelsalz und Gewürzen

★★★★

SAUCISSON SEC D'AUVERGNE

Herkunftsland: Frankreich

Luftgetrocknete, mittelkörnige Rohwurst aus der Auvergne mit Edelschimmel, eine Art Salami

Hergestellt aus Schweinefleisch, Speck, Pökelsalz und Gewürzen

★★★★

SAUCISSON LES SABOIAS FUMÉ

Herkunftsland: Frankreich

Geräucherte, luftgetrocknete, grobkörnige Rohwurst aus Savoyen mit Edelschimmel, eine Art Salami

Hergestellt aus Schweinefleisch, Speck, Pökelsalz und Gewürzen

★★★★

PFEFFER-SALAMI

Herkunftsland: Deutschland

Deutsche Rohwurstspezialität aus Schweinefleisch und Speck, die mit schwarzem Pfefferschrot ummantelt ist.

★★★★

KATENRAUCH-SALAMI

Herkunftsland: Deutschland

Geräucherte, salamiähnliche, feinkörnige Rohwurst im schwarzen Kunstdarm

Traditionell hergestellt aus Schweine- und Rindfleisch, Speck, Pökelsalz und Senfkörnern

★★★★

KABANOS, KABANOSSI, CABANOSSI

Kräftig gewürzte, grobe Rohwurst aus feingehacktem Schweinefleisch, Speck, Pökelsalz, Paprikapulver, Knoblauch und Pfeffer

Wird kalt geräuchert und zählt wegen ihrer langen Haltbarkeit zu den Dauerwürsten.

★★★★

ORIGINAL UNGARISCHE SALAMI

Herkunftsland: Ungarn

Feinkörnige Rohwurstspezialität mit Edelschimmel aus Ungarn

Traditionell hergestellt aus magerem Schweinefleisch, Speck, Salz, Zucker und Gewürzen, geräuchert über Buchenholz und an der Luft getrocknet

Reifezeit: 100 Tage

★★★★

PARMASCHINKEN, PROSCIUTTO DI PARMA

GB: Parma ham, Prosciutto di Parma
F: Jambon de Parme, Prosciutto di Parma
E: Jamón de Parma, Prosciutto di Parma
I: Prosciutto di Parma

Herkunftsland: Italien

Mild geräucherter roher Schinken aus der Region Parma mit EU-weit geschützter Ursprungsbezeichnung (g.U.)

Traditionell hergestellt aus den Hinterkeulen der Schweinerassen Large White, Landrace oder Duroc. Die Keulen werden mit Meersalz eingerieben und reifen 100 Tage in Kühlräumen im Salz. Anschließend werden sie in speziellen Reifehallen an der Luft getrocknet.

Reifezeit: mindestens 12 Monate

★★★★★

SAN-DANIELE-SCHINKEN

GB: San Daniele ham
F: Jambon de San Daniele
E: Jamón de San Daniele
I: Prosciutto di San Daniele

Herkunftsland: Italien

Mild geräucherter roher, luftgetrockneter Schinken aus der Region Friaul-Julisch Venetien mit EU-weit geschützter Ursprungsbezeichnung (g.U.)

Traditionell hergestellt aus den Hinterkeulen von schwergewichtigen Schweinen (Large White und Landrace), die in Italien geboren und gehalten werden.

Der Schinken reift am Knochen mit ganzem Spitzfuß.

Reifezeit: mindestens 12 Monate in speziellen Reifehallen

★★★★★

SÜDTIROLER SPECK

Herkunftsland: Italien

Kalt geräucherter, luftgetrockneter roher Schinkenspeck mit leichtem Edelschimmel aus Südtirol, mit EU-weit geschützter geografischer Angabe (g.g.A.)

Handwerklich hergestellt aus mageren Schweineschlegeln, die auf traditionelle Art entbeint, zugeschnitten, gewürzt, gepökelt und geräuchert werden.

Reifezeit: 22 Wochen

★★★★★

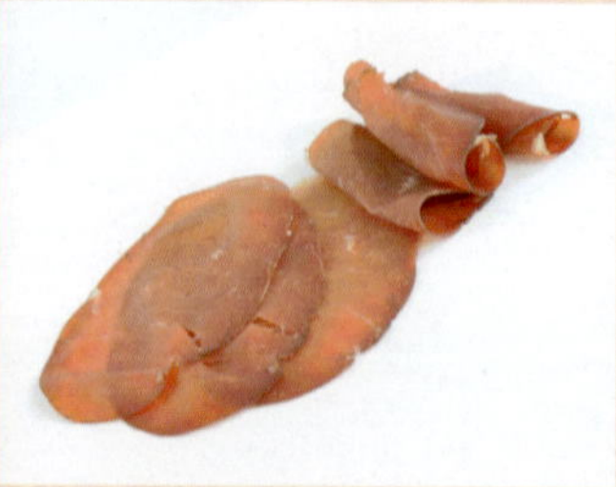

BRESAOLA DELLA VALTELLINA

Herkunftsland: Italien

Zarter, dunkelroter Rinderschinken aus dem Veltlin (Lombardei) mit EU-weit geschützter geografischer Angabe (g.g.A.)

Traditionell hergestellt aus mageren Muskelstücken, die mit Gewürzen und wenig Salz gepökelt und einige Monate luftgetrocknet werden.

Wird in hauchdünne Scheiben geschnitten und als Vorspeise serviert.

★★★★★

LARDO DI COLONNATA

Herkunftsland: Italien

Geräucherter weißer Speck, ursprünglich aus der Toskana, mit Schwarte und gewürzter Salzkruste, mit EU-weit geschützter geografischer Angabe (g.g.A.)

Handwerklich hergestellt aus dem Rückenspeck von Schweinen, die aus bestimmten Regionen stammen.

Der Speck wird mit Salz und verschiedenen Kräutern eingerieben und reift mindestens 6 Monate in Marmorgefäßen.

★★★★★

PANCETTA DI CALABRIA

Herkunftsland: Italien

Geräucherter und gepökelter roher Bauchspeck aus Kalabrien mit EU-weit geschützter Ursprungsbezeichnung (g.U.)

Traditionell hergestellt aus dem Bauchfleisch nicht sehr fetter Schweine, mit Gewürzen aromatisiert, gerollt, in Naturdärme gefüllt und mehrere Monate luftgetrocknet

★★★★★

PANCETTA TESA

Herkunftsland: Italien

Luftgetrockneter, gepökelter, flacher Bauchspeck mit Schwarte

Wird auch mit Pfeffer, Knoblauch-Pfeffer oder gehackten Chilischoten gewürzt.

Reifezeit: 20–30 Tage

★★★

PANCETTA STECCATA AGLI AROMI

Herkunftsland: Italien

Magerer toskanischer Schweinebauch mit frischem Rosmarin und Salbei

Wird mit Kräutern bedeckt und mit zwei Holzstäbchen in Form gebunden, an der Luft getrocknet und mit Edelschimmel affiniert

Reifezeit: mindestens 4 Wochen

★★★★

JAMÓN IBÉRICO

Herkunftsland: Spanien

Luftgetrockneter, gepökelter Rohschinken, je nach Region mit EU-weit geschützter Ursprungsbezeichnung (g.U.)

Schinken mit geschützter Ursprungsbezeichnung kommen aus den Regionen Kastillien und León, aus der Extremadura und aus Huelva (Andalusien).

Gilt als einer der besten luftgetrockneten Schinken weltweit.

Traditionell hergestellt aus den Hinterkeulen vom Iberischen Schwein (cerdo ibérico), dem letzten Weideschwein in Europa

Wird in Abhängigkeit von dem Futter, das die Tiere erhalten, unterteilt in:
- Jamón Ibérico de Bellota (Endmast mit Eicheln)
- Jamón Ibérico de Recebo (Endmast mit Mischfutter)
- Jamón Ibérico de Pienso (Endmast mit Getreide)

Getrocknet wird die ganze Keule mit Huf, die Reifezeit beträgt 12–38 Monate.

Wird im Ganzen mit Knochen, in Teilen vom Knochen gelöst sowie in Scheiben angeboten.

★★★★★

LOMO IBÉRICO

Herkunftsland: Spanien

Mit Gewürzen und Kräutern gebeiztes, luftgetrocknetes Schweinefilet von iberischen Schweinen, die mit Eicheln gefüttert werden.

Wird traditionell nach dem Beizen in Naturdärme gefüllt und reift 3–4 Monate in speziellen Trockenräumen.

★★★★

Der als Delikatesse geschätzte Ibérico-Schinken wird ausschließlich aus dem Fleisch des Iberischen Schweins hergestellt.

Die Schinkenkeulen werden zunächst sorgfältig eingesalzen und anschließend einige Wochen lang gekühlt.

Dann müssen sie insgesamt 12–38 Monate in Trockenhallen reifen.

Danach kann der Jamón Ibérico hauchdünn geschnitten genossen werden.

JAMÓN SERRANO

Herkunftsland: Spanien

Luftgetrockneter, gepökelter, magerer Rohschinken mit gelber, fester Speckschicht. EU-weit geschützte traditionelle Spezialität (g.t.S.), die Sorte Jamón de Teruel (Aragonien) hat eine geschützte Ursprungsbezeichnung (g.U.).

Allgemeine Bezeichnung für Bergschinken (span. serrano = gebirgig, jamón = Schinken), der in ganz Spanien erzeugt wird.

Traditionell hergestellt aus den Hinterkeulen vom weißen Schwein (cerdo blanco)

Getrocknet wird die ganze Keule mit Huf, die Reifezeit beträgt 7–18 Monate.

Kommt im Ganzen mit Knochen, in Teilen vom Knochen gelöst sowie in Scheiben aufgeschnitten in den Handel.

Sehr gute Qualität erkennt man am Gütesiegel des Consorcio del Jamón Serrano.

★★★★★

CECINA DE LEÓN

Herkunftsland: Spanien

Luftgetrockneter roher Rinderschinken aus der Provinz León mit EU-weit geschützter geografischer Angabe (g.g.A.)

Traditionell hergestellt aus den Hinterläufen von Rindern, die gepökelt, über Eichenholz geräuchert und anschließend luftgetrocknet werden.

★★★★★

HOLSTEINER KATENSCHINKEN

Herkunftsland: Deutschland

Würziger geräucherter Rohschinken, der mit Schwarte am Knochen reift.

Traditionell hergestellt aus der Hinterkeule vom Schwein, mild gepökelt und bis zu 3 Monate über Buchenspänen kalt geräuchert. Anschließend reift der Schinken bis zu 6 Monate im sogenannten Schinkenhimmel unter der Balkendecke von Fachwerkhäusern (Katen) hängend.

Wird im Ganzen mit Knochen oder vom Knochen gelöst in Einzelteilen angeboten.

★★★★

SCHWARZWÄLDER SCHINKEN

Herkunftsland: Deutschland

Geräucherter, trocken gepökelter roher Schinken ohne Knochen aus dem Schwarzwald mit EU-weit geschützter geografischer Angabe (g.g.A.)

Traditionell hergestellt im Schwarzwald aus Schweine-Hinterkeulen, die mit Pökelsalz und einer Gewürzmischung eingerieben und nach einigen Wochen Reife über Tannenholz kalt geräuchert werden.

★★★★★

WESTFÄLISCHER KNOCHENSCHINKEN

Herkunftsland: Deutschland

Würziger geräucherter Rohschinken aus Westfalen, der mit Schwarte am Knochen reift.

Traditionell hergestellt aus der Hinterkeule vom Schwein, mild gepökelt und über Buchenholz kalt geräuchert

Reifezeit: mindestens 3 Monate

★★★★

SCHWARZGERÄUCHERTES, G'SELCHTES (A)

GB: Black smoker
F: Jambon fumé noir
E: Jamón ahumado negro
I: Prosciutto affumicato nero

Herkunftsland: Deutschland

Niederbayerische Wurstspezialität aus gepökeltem und geräuchertem Schweinefleisch

Traditionell hergestellt aus 7 verschiedenen Fleischteilen, vom Kotelettstück bis zur Schwanzrolle (Foto)

Das Fleisch wird trocken gesalzen und gewürzt, liegt dann 2–6 Wochen in einer gewürzten Salzlake und wird anschließend 4–14 Tage über Buchenholz heiß geräuchert.

★★★★

GEKOCHTER SCHINKEN

GB: Cooked ham
F: Jambon de Paris
E: Jamón cocido, Jamón de York
I: Prosciutto cotto

Mild-aromatische, gepökelte und gekochte Hinterkeule vom Schwein

Gute Qualität erkennt man an der gleichmäßigen rosa Färbung des Fleischs, das Fett soll weiß und fest sein.

Wird ganz, mit oder ohne Knochen, in Stücken sowie in Scheiben angeboten.

★★★★

ARDENNER SCHINKEN, JAMBON D'ARDENNE

Herkunftsland: Belgien

Mild gesalzener, roher Nuss-Schinken aus den belgischen Ardennen mit EU-weit geschützter geografischer Angabe (g.g.A.)

Wird trocken gepökelt und über Buchenholz mit Wacholderbeeren kalt geräuchert oder an der Luft bis zu 12 Monaten getrocknet.

Handwerklich hergestellt aus der Hinterkeule von Schweinen, die in den Ardennen geboren, aufgezogen und geschlachtet werden.

Wird ganz, mit oder ohne Knochen, in Hälften, Vierteln sowie in Scheiben angeboten.

★★★★★

BÜNDNERFLEISCH

Herkunftsland: Schweiz

Luftgetrocknetes, mageres Rindfleisch aus dem Schweizer Kanton Graubünden mit EU-weit geschützter geografischer Angabe (g.g.A.)

Traditionell in den Bündner Bergtälern hergestellt aus den besten Teilen der Oberschenkelmuskulatur von jungen Ochsen

Die Fleischstücke werden in einer Lake aus Salz und Gebirgskräutern gepökelt und anschließend 3–6 Monate an der Luft getrocknet.

★★★★★

PASTRAMI

Herkunftsland: Rumänien

Gewürzte, geräucherte Edelfleischteile vom Rind, in den USA meist Rinderbrust

Das Fleisch wird zunächst in einer würzigen Salzlake gepökelt, dann über Buchenholz geräuchert und oft mit einer Kruste aus Koriander- und/oder Pfefferkörnern ummantelt.

Ursprünglich eine Spezialität der rumänischen Küche, die über die jüdische Küche zunächst nach New York, dann in die gesamte USA kam.

★★★★★

FISCH UND MEERESFRÜCHTE

KABELJAU, DORSCH

GB: Cod
F: Cabillaud
E: Bacalao
I: Merluzzo
Lat.: *Gadus morhua*

Bis zu 1,5 m langer und bis zu 40 kg schwerer Raubfisch aus der Famile der Dorsche. In den Handel kommen meist Tiere, die etwa 60 cm lang und 2,5 kg schwer sind.

Einer der besten europäischen Speisefische mit magerem, wohlschmeckendem Fleisch

Junge, noch nicht geschlechtsreife Tiere sowie alle in der Ostsee gefangenen Kabeljaus werden allgemein als Dorsch bezeichnet.

Wird auch nachhaltig gefangen und mit MSC-Gütesiegel (Marine Stewardship Council) angeboten.

Verwendung: gedünstet, pochiert, gebraten, getrocknet und gesalzen (Klippfisch) sowie getrocknet (Stockfisch)

Aus der Dorschleber, die besonders viel Vitamin A enthält, wird der echte Lebertran gewonnen.

★★★★★

SEELACHS, KÖHLER

GB: Saithe, Coalfish
F: Lieu noir
E: Carbonero, Fogonero, Colin, Abadejo
I: Merluzzo nero
Lat.: *Pollachius virens*

Eng mit dem Kabeljau verwandter, bis zu 70 cm großer Seefisch

Wird meist bereits auf See filetiert und gefrostet.

Festes, mageres, etwas graues Fleisch, das beim Garen weiß wird.

Vorkommen: Nordmeer, Atlantik

Kommt geräuchert und in Öl eingelegt als „Lachsersatz" auf den deutschen Markt.

Wird auch nachhaltig gefangen und mit MSC-Gütesiegel (Marine Stewardship Council) angeboten.

Verwendung: gedünstet, gekocht, gebacken oder gebraten

★★★★

GABELDORSCH

GB: White hake
F: Merluche blanche
E: Locha blanca
I: Musdea americana
Lat.: *Urophycis blennoides*

Bräunlicher, bis zu 60 cm großer dorschartiger Seefisch mit dünnen, langen, am Ende gegabelten Bauchflossen

Weißes, wohlschmeckendes Fleisch

Vorkommen: Atlantik, Mittelmeer, Nordsee

Verwendung: gedünstet oder gebraten

★★★★

SEEHECHT

GB: Hake
F: Merlu, Colin
E: Merluza, Pijota, Pescadilla
I: Merluzzo, Nasello
Lat.: *Merluccius merluccius*

Schlanker, bis zu 1 m langer und bis zu 10 kg schwerer Raubfisch mit spitzem Kopf

Festes, mageres, weißes Fleisch, das vorwiegend für Tiefkühlprodukte verwendet wird.

Vorkommen: Atlantik, Nordsee, Mittelmeer und Pazifik

Wird auch nachhaltig gefangen und mit MSC-Gütesiegel (Marine Stewardship Council) angeboten.

Verwendung: gedünstet oder gebraten

★★★★

MERLAN, WITTLING

GB: Whiting
F: Merlan
E: Merlán, Liba
I: Merlano, Molo
Lat.: *Merlangius merlangus*

Langgestreckter, bis zu 70 cm großer Speisefisch aus der Familie der Dorsche

Zartes, weißes, delikates, leicht bekömmliches Fleisch

Vorkommen: Nordostatlantik, Nord- und Ostsee

Verwendung: gedünstet, geschmort oder gebraten

★★★

MESSERLIPPFISCH

GB: Razorfish
F: Rason
E: Doncella cuchilla
I: Pesce pettine
Lat.: *Xyrichtys novacula*

Länglich ovaler, bis zu 45 cm großer barschartiger Seefisch

Sehr gutes, weißes, zartaromatisches Fleisch

Vorkommen: Mittelmeer, Ostatlantik

Verwendung: geschmort, gebraten oder gekocht (Fischsuppe)

★★★★

GEFLECKTER LIPPFISCH

GB: Ballan wrasse
F: Vieille commune
E: Maragota
I: Tordo marvizzo
Lat.: *Labrus bergylta*

Bis zu 60 cm langer Seefisch mit unterschiedlicher Färbung, der an Felsenküsten und in Grotten lebt.

Schmackhaftes Fleisch

Vorkommen: europäische und nordafrikanische Atlantikküste

Verwendung: gedünstet oder gebraten

★★★

TILAPIA

Lat.: *Oreochromis niloticus*

Sammelbegriff für rund 38 Arten aus der Familie der Buntbarsche. Pflanzenfresser, der durch natürliche und gezüchtete Kreuzungen ganz unterschiedliche Körperformen und Farbtönungen hat.

Gehört zu den erfolgreichsten Zuchtfischen aus Aquakultur und wird oft als der „kommende Fisch des Jahrtausends“ bezeichnet.

Weiches, leicht süßliches Fleisch

Vorkommen: subtropische und tropische Meere

Verwendung: gedünstet, pochiert, gebraten oder gegrillt

★★★★★

RED SNAPPER, ROTER SCHNAPPER

GB: Red snapper
F: Vivaneau campèche
E: Huachinango, Pargo prieto
I: Red snapper, Pauro
Lat.: *Lutjanus malabaricus*

Intensiv roter, ca. 50 cm großer Speisefisch aus der Familie der Schnapper

Festes, weißes, leicht süßliches Fleisch mit nur wenigen Gräten

Zählt in den USA zu den beliebtesten Speisefischen.

Vorkommen: tropische und subtropische Meere

Verwendung: gedünstet, pochiert, gebraten oder gegrillt

★★★★

ZANDER

GB: Zander, Pikeperch
F: Sandre
E: Lucioperca
I: Lucioperca
Lat.: *Stizostedion lucioperca*

Schlanker, bis zu 1 m großer Raubfisch mit spitz zulaufendem Kopf

Zählt zu den wertvollsten Süßwasserfischen und kommt heute vor allem aus Aquakultur.

Weißes, zartes, saftiges Fleisch

Ursprüngliche Heimat: europäische Seen und Flüsse

Wird auch nachhaltig gefangen und mit MSC-Gütesiegel (Marine Stewardship Council) angeboten.

Verwendung: im Ganzen gedämpft, gebraten oder gegrillt, als Filet auf der Haut gebraten

★★★★★

ROTE MEERBARBE, ROTBARBE

GB: Red mullet
F: Rouget barbet
E: Salmonete de fango
I: Triglia di fango
Lat.: *Mullus barbatus*

Roter, 15–35 cm großer Speisefisch aus der Familie der Meerbarben

Festes, weißes, zart-aromatisches Fleisch, das nahezu grätenfrei ist.

Vorkommen: Mittelmeer, Ostatlantik, Schwarzes Meer

Verwendung: gedünstet, gebraten oder gegrillt

★★★★

STEINBEISSER, SEEWOLF, KATFISCH

GB: Atlantic catfish, Wolffish, Sea cat
F: Loup de mer, Poisson-loup, Loup atlantique
E: Perro del Norte
I: Lupo di mare
Lat.: *Anarhichas lupus*

Länglicher, bis zu 1,20 m großer Seefisch mit dickem Kopf und kräftigen Zähnen aus der Familie der Seewölfe

Festes, weißes, relativ fettes, delikates Fleisch

Wegen seiner Größe wird er nach dem Fang an Bord ausgenommen und filetiert oder in Scheiben geschnitten.

Vorkommen: Nordatlantik, Nordsee

Verwendung: gedünstet, gebraten, gebacken oder gegrillt

★★★★

ZACKENBARSCH

GB: Grouper
F: Mérou
E: Mero
I: Cernia
Lat.: *Epinephelus spp.*

Länglich bis ovaler, 1–2,5 m großer Seefisch mit Stacheln an den Flossen, der zu den wichtigsten Speisefischen zählt.

Weltweit über 500 Arten, die sich in der Form ähneln, aber in der Farbe deutlich unterscheiden.

Festes, weißes, sehr delikates Fleisch

Vorkommen: in allen Weltmeeren, meist in Fels- und Korallenriffen

Verwendung: gedünstet, gedämpft, gebraten oder gegrillt

★★★★★

WOLFSBARSCH, SEEBARSCH

GB: Bass, Sea perch
F: Bar, Loup, Perche de mer
E: Lubina
I: Spigola, Branzino
Lat.: *Dicentrachus labrax*

Bis zu 80 cm großer Seefisch mit silbrigen Schuppen und auffälligem schwarzen Fleck auf den Kiemendeckeln

Gilt als einer der edelsten Speisefische.

Sehr feines, weißes, kleinfasriges, aromatisches, fast grätenloses Fleisch

In den Handel kommen vorwiegend Tiere aus Aquakultur.

Vorkommen: Mittelmeer, Ostatlantik, südliche Nordsee, Ostsee

Verwendung: gedünstet, in Salzkruste gegart, gebacken, gebraten oder gegrillt

★★★★★

ZAHNBRASSE

GB: Dentex
F: Denté
E: Dentón, Dentón europeo
I: Dentice
Lat.: *Dentex dentex*

Ovaler, bis zu 1 m großer und bis zu 14 kg schwerer, rötlich silberfarbener Seefisch mit 4–5 undeutlichen, bräunlichen Querbändern

Festes, weißes, feines, delikates Fleisch

Einer der begehrtesten Speisefische in Frankreich

Vorkommen: Ostatlantik, Mittelmeer, Schwarzes Meer

Verwendung: gebacken, gebraten, in der Salzkruste gegart

★★★★

ROTBRASSE

GB: Pandora
F: Pageot
E: Breca
I: Fragolino
Lat.: *Pagellus erythrinus*

Ovaler, 30–40 cm großer, rötlich silbern gefärbter Seefisch aus der Familie der Meerbrassen

Festes, wohlschmeckendes Fleisch

Vorkommen: Mittelmeer, Ostatlantik

Verwendung: gedünstet, gebraten oder gegrillt

★★★★

GEISSBRASSE

GB: White seabream
F: Sar commun
E: Sargo
I: Sargo maggiore
Lat.: *Diplodus sargus*

Ovaler, 20–45 cm großer Seefisch mit deutlich sichtbaren dunkleren Querbinden aus der Familie der Meerbrassen

Festes, wohlschmeckendes Fleisch

Vorkommen: Ostküste des Atlantiks, Kanarische und Kapverdische Inseln

Verwendung: gedünstet, gebraten oder gegrillt

★★★★

GOLDBRASSE, DORADE

GB: Gilt-head bream
F: Dorade royale
E: Dorada
I: Orata
Lat.: *Sparus auratus*

Silbrig-grauer, bis zu 70 cm langer Edelfisch aus der Familie der Barsche, dessen besondere Kennzeichen ein goldgelber Querstrich zwischen den Augen und der goldene Fleck auf beiden Wangen sind.

Einer der wertvollsten und beliebtesten Mittelmeerfische

Feines, mageres Fleisch

Vorkommen: Mittelmeer, Ostatlantik

Verwendung: gedünstet, gebraten oder gegrillt, oft auch in Salzkruste zubereitet

★★★★★

BRACHSENMAKRELE

GB: Pomfret
F: Grande castagnole, Hirondelle
E: Japuta, Palometa negra
I: Pesce castagna
Lat.: *Brama brama*

Ovaler, hochrückiger Seefisch aus der Familie der Seebrassen

Festes, wohlschmeckendes Fleisch

Vorkommen: tropische und gemäßigt warme Meere

Verwendung: gedünstet, gebraten oder gegrillt

★★★★

MAKRELE

GB: Mackerel
F: Maquereau
E: Caballa, Sarda
I: Sgombro, Maccarello
Lat.: *Scomber scombrus*

Raubfisch mit torpedoförmigem Körper, der in großen Schwärmen die Meere durchquert.

Zartes, bräunlich rotes, saftiges Fleisch mit wechselndem Fettanteil (von 3 % im Frühjahr bis zu 30 % im Herbst)

Beliebter Speisefisch, der als Frischfisch, geräuchert oder als Konserve angeboten wird.

Vorkommen: Mittelmeer, Atlantik und Nordsee

Verwendung: gebraten, gegrillt, mariniert oder geräuchert

★★★★

ROTER THUNFISCH, GROSSER THUNFISCH, THON (CH)

GB: Northern bluefin tuna
F: Thon rouge
E: Atún rojo
I: Tonno rosso
Lat.: *Thunnus thynnus*

Bis zu 3 m lange und 200–300 kg schwere Thunfischart mit relativ dunklem, fettem Fleisch

Wird als Frischfisch oder als Konserve angeboten.

Gehört zu den schnellsten Fischen der Weltmeere.

Vorkommen: Ostatlantik, Mittelmeer, Pazifik

Verwendung: roh für Sushi, kurz angebraten oder gegrillt

★★★★

WEISSER THUNFISCH, BONITO DEL NORTE

GB: Long-finned tuna
F: Germon, Thon blanc
E: Bonito del norte, Albacora, Atún blanco
I: Alalunga
Lat.: *Thunnus alalunga*

Der kleinste unter den Thunfischen mit einer Länge bis zu 1 m, flinker Raubfisch.

Gilt unter Feinschmeckern als der beste Thunfisch.

Festes, aromatisches, rotes Fleisch

Auch als Frischfisch, getrocknet oder als Konserve im Angebot

Vorkommen: weltweit in allen tropischen und mäßig warmen Meeren

Wird auch nachhaltig gefangen und mit MSC-Gütesiegel (Marine Stewardship Council) angeboten

Verwendung: roh für Sushi, kurz angebraten, gegrillt oder geschmort

★★★★★

SCHWERTFISCH

GB: Swordfish
F: Espadon, Poisson-épée, Gladiateur
E: Pez espada
I: Pesce spada
Lat.: *Xiphias gladius*

Bis zu 4,50 m langer Raubfisch mit schwertförmigem Oberkiefer

Festes, aromatisches Fleisch

Wird meist in Scheiben als Frischfisch, geräuchert oder als Konserve angeboten.

Vorkommen: weltweit in allen warmen und mäßig warmen Meeren

Verwendung: gebraten, gegrillt oder geräuchert

★★★★

HEILBUTT

GB: Halibut
F: Flétan
E: Fletán
I: Halibut
Lat.: *Hippoglossus hippoglossus, Hippoglossus stenolepis*

Größter Vertreter der Plattfische, kann bis zu 4 m lang und 300 kg schwer werden (Weißer Heilbutt).

Im Handel wird meist der dunkle, kleinere, bis zu 1,20 m große Schwarze Heilbutt angeboten, selten als Frischfisch, sondern meist als Räucherprodukt.

Zartes, weißes, delikates, fettes Fleisch

Wird auch nachhaltig gefangen und mit MSC-Gütesiegel (Marine Stewardship Council) angeboten.

Vorkommen: Nordatlantik

Verwendung: gebraten oder geräuchert

★★★★★

STEINBUTT

GB: Turbot
F: Turbot
E: Rodaballo
I: Rombo chiodato
Lat.: *Psetta maxima*

Brauner bis anthrazitfarbener, bis zu 1 m großer Plattfisch mit weißer Unterseite

Gilt neben der Seezunge als bester Plattfisch.

Weißes, festes Fleisch mit einem leicht nussigen Geschmack

Kommt mit einem Gewicht zwischen 1 und 5 kg in den Handel. Fische unter 1 kg werden als „Baby-Steinbutt" angeboten.

Vorkommen: in allen europäischen Meeren

Verwendung: gedünstet, pochiert, gebraten oder gegrillt

★★★★★

SCHOLLE

GB: Plaice
F: Plie, Carrelet
E: Solla, Platija
I: Platessa, Passera di mare
Lat.: *Pleuronectes platessa*

Grauer bis graubrauner, 25–50 cm großer Plattfisch mit rundlich ovalem Körper

Zartes, weißes, wohlschmeckendes Fleisch

Vorkommen: Nordatlantik und westliches Mittelmeer

Verwendung: gedünstet oder gebraten

★★★★★

FLUNDER

GB: Flounder
F: Flet
E: Platija, Acedía
I: Passera pianuzza
Lat.: *Platichthys flesus*

Ovaler, 20–50 cm großer, rötlicher Plattfisch aus der Familie der Schollen mit kantiger Schwanzflosse

Weißes, feines Fleisch

Vorkommen: Mittelmeer, Ostsee, Nordostatlantik, Schwarzes Meer

Verwendung: gedünstet oder gebraten

★★★★

SEEZUNGE

GB: Dover Sole
F: Sole
E: Lenguado
I: Sogliola
Lat.: *Solea solea*

Grauer bis graubrauner, 50–60 cm großer Plattfisch mit gestrecktem, ovalem Körper

Zartes, weißes, wohlschmeckendes Fleisch

Vorkommen: Europäische und afrikanische Atlantikküste, Mittelmeer und Nordsee

Verwendung: im Ganzen gebraten oder als Filet gedünstet, pochiert oder gebraten

★★★★★

HERING

GB: Herring
F: Hareng
E: Arenque
I: Aringa
Lat.: *Clupea harengus*

Silbrig-glänzender, 15–35 cm langer Seefisch, der in Schwärmen von Millionen Fischen durch die Meere zieht.

Ist seit Jahrhunderten in Europa von großer wirtschaftlicher Bedeutung und wird deshalb auch das „Silber der Meere" genannt.

Zartes, kräftig-aromatisches Fleisch

Vorkommen: Nordatlantik, Ost- und Nordsee, Nordpazifik

Wird auch nachhaltig gefangen und mit MSC-Gütesiegel (Marine Stewardship Council) angeboten.

Verwendung: gedünstet, gebraten, gegrillt, frittiert, geräuchert, sauer eingelegt oder in Salz gereift

★★★★★

SARDINE

GB: Pilchard, Sardine
F: Sardine
E: Sardina
I: Sardina, Sardella
Lat.: *Sardina pilchardus*

Kleiner, 10–20 cm großer, schlanker Fisch aus der Familie der Heringe, der in großen Schwärmen in fast allen Meeren lebt.

Beliebter Speisefisch im Mittelmeerraum

Wird auch als Konserve (Ölsardine) angeboten.

Vorkommen: Mittelmeer, Nordostatlantik

Verwendung: gebraten oder gegrillt

★★★★

SARDELLE, ANCHOVI

GB: Anchovy
F: Anchois
E: Boquerón, Anchoa
I: Acciuga, Alice, Sardone
Lat.: *Engraulis encrasicolus*

Kleiner, bis zu 15 cm großer, schlanker heringsartiger Fisch

Wird als Frischfisch und Konserve (Sardellenfilets) angeboten.

Vorkommen: Mittelmeer, Atlantik und nordöstliche Nordsee

Verwendung: im Ganzen gebraten, gebacken oder gegrillt

★★★★

SEESSAIBLING, RÖTEL (CH)

GB: Brook, Lake trout
F: Saumon
E: Salvelino, Trucha alpina
I: Salmerino
Lat.: *Salvelinus alpinus salvenius*

Bis zu 40 cm langer und bis zu 1 kg schwerer Süßwasserfisch, der in tiefen, kalten Seen lebt.

Verwandter des Bachsaiblings aus der Familie der Lachsfische (Salmonidae)

Festes, feines, lachsfarbenes Fleisch

Vorkommen: in kalten, tiefen, sauerstoffreichen Seen Nordeuropas und Nordamerikas

Verwendung: gedämpft, pochiert, gebraten, gegrillt oder geräuchert

★★★★

LACHS, SALM

GB: Salmon
F: Saumon
E: Salmón
I: Salmone
Lat.: *Salmo salar*

Schlanker, bis zu 1,50 m großer Wanderfisch, der in Süßwasser geboren wird, nach 1–5 Jahren in die Meere abwandert und zum Laichen in die Flüsse zurückkehrt.

Beliebter Speisefisch mit hellrosa bis dunkelrotem Fleisch, dessen Färbung durch Beutetiere wie Garnelen kommt. Bei Zuchtlachs erfolgt die Färbung durch spezielle Futterkomponenten.

Kulinarisch zählen der Atlantische Lachs aus den europäischen Küstengewässern sowie der Königslachs aus dem Westpazifik zu den besten Lachsarten. Ebenfalls begehrt ist echter Wildlachs aus Schottland. Die meisten Lachse kommen aber inzwischen aus Aquakulturen.

Aromatisches Fleisch, dessen Geschmack und Farbe stark von der Wasserqualität und dem Futter in den Zuchtanlagen abhängt.

Verwendung: roh für Sushi, gedünstet, pochiert, gebraten oder geräuchert

★★★★★

FORELLE

GB: Trout
F: Truite
E: Trucha
I: Trota
Lat.: *Salmo trutta*

Speisefisch aus der Familie der Lachsfische, die je nach Lebensraum in See-, Bach- und Meerforellen unterschieden werden.

Beliebtester Süßwasserfisch in Deutschland. Wird in Europa fast ausschließlich aus Aquakultur angeboten, wobei vor allem die ursprünglich aus Amerika stammenden, robusten Regenbogenforellen gezüchtet werden.

Mageres, zartes, aromatisches Fleisch, dessen Geschmack stark von der Wasserqualität und dem Futter in den Zuchtanlagen abhängt.

Hauptproduzenten: Skandinavien, Deutschland, Frankreich, Spanien und Italien

Verwendung: gedünstet, pochiert, gebraten, gebacken, gegrillt oder geräuchert

★★★★★

LACHSFORELLE, MEERFORELLE

GB: Sea trout, Salmon trout
F: Truite de mer, Truite saumonée
E: Trucha común, Reo
I: Trota di mare, Trota salmonata
Lat.: *Salmo trutta trutta, Oncorhynchus mykiss*

Speisefisch aus der Familie der lachsartigen Fische

Ursprünglich der Name für Meerforellen, die wie der Wildlachs zwischen Süß- und Salzwasser wandern. Da sie sich im Meer hauptsächlich von Garnelen ernähren, ist ihr Fleisch rötlich.

Heute auch Handelsbezeichnung für gezüchtete, mindestens 1,5 kg schwere Forellen (meist Regenbogenforellen), deren Futter mit Karotin angereichert ist.

Zartes, aromatisches Fleisch, dessen Geschmack stark von der Wasserqualität und dem Futter in den Zuchtanlagen abhängt.

Verwendung: gedünstet, pochiert, gebacken, gebraten, gegrillt oder geräuchert

★★★★★

STÖR

GB: Sturgeon
F: Esturgeon
E: Esturión
I: Storione
Lat.: *Acipenseridae*

Wanderfisch, der im Meer lebt und zum Laichen Flüsse aufsucht.

Obwohl der Stör ein saftiges, fettarmes, wohlschmeckendes Fleisch hat, ist er weniger als Speisefisch, sondern mehr als Lieferant des begehrten Kaviars bekannt.

Vorkommen: Kaspisches Meer, Schwarzes Meer und Adria (in geringen Mengen)

Verwendung: gedünstet, gebraten oder geräuchert

★★★★★

AAL, FLUSSAAL

GB: Eel
F: Anguille
E: Anguila
I: Anguilla
Lat.: *Anguilla anguilla*

Schlanker, bis zu 1,50 m langer Wanderfisch, dessen Larven in einer fast dreijährigen Reise von der Saragossasee über den Atlantik bis nach Europa treiben.

Beginnen als 6–7 cm große, durchsichtige, spaghettidünne Glasaale den Aufstieg in Flüsse und Seen und entwickeln sich dort zu Blankaalen mit glänzend dunklem Rücken und heller Bauchseite.

Festes, wohlschmeckendes, relativ fettes, grätenarmes Fleisch

Vorkommen: europäische Küsten- und Binnengewässer

Verwendung: gedünstet, gebraten oder geräuchert

★★★★★

MEERAAL, CONGER

GB: European conger, Conger eel
F: Congre, Anguille de mer
E: Congrio
I: Congro
Lat.: *Conger conger*

Bläulich schwarzer, bis zu 3 m langer, schuppenloser Speisefisch mit heller Bauchseite

Festes Fleisch, das vor allem im Schwanzteil sehr grätenreich ist .

Vorkommen: südlicher Atlantik, Mittelmeer

Verwendung: gedünstet, geschmort, gebraten oder geräuchert

★★★

DRACHENKOPF

GB: Scorpionfish
F: Rascasse
E: Cabracho, Ecorpena, Rascacio
I: Scorfano
Lat.: *Scorpaena scrofa*

Leuchtend roter, bis zu 50 cm langer Seefisch mit breitem Maul und Stacheln an den Rückenflossen und am Kiemendeckel

Festes, wohlschmeckendes Fleisch

Wichtige Zutat für die Bouillabaisse, eine südfranzösische Fischsuppe

Vorkommen: Mittelmeer und Südafrika

Verwendung: gedünstet oder gebraten

★★★★

KNURRHAHN

GB: Gurnard
F: Grondin perlon
E: Bejel, Perlón, Rubio
I: Cappone gallinella
Lat.: *Trigla lucerna, Eutrigla gumardus*

35–70 cm großer Seefisch aus der Ordnung der Panzerwangen mit knochengepanzertem Kopf

Mächtige Karkasse mit geringem Fleischanteil

Weißes, festes, aromatisches Fleisch

Erzeugt knurrende Geräusche mit seiner Schwimmblase, daher der Name.

Wichtiger Bestandteil von mediterranen Fischsuppen wie der französischen Bouillabaise

Vorkommen: Atlantik, Mittelmeer, Nord- und Ostsee, Schwarzes Meer

Verwendung: gedünstet, gekocht oder geräuchert

★★★

ROTBARSCH, GOLDBARSCH

GB: Redfish
F: Grand sébaste
E: Gallineta, Corvina
I: Sebaste
Lat.: *Sebastes marinus*

Roter, im Durchschnitt 40 cm großer Seefisch mit rötlichem Fleisch aus der Ordnung der Panzerwangen

Wird meist bereits auf See filetiert und gefrostet.

Festes, weißes, saftiges Fleisch

Vorkommen: Nordatlantik

Verwendung: gedünstet, pochiert, gebraten oder gebacken

★★★★

WELS, WALLER

GB: Wels catfish
F: Silure glane
E: Siluro
I: Siluro
Lat.: *Silurus glanis*

Blauschwarzer, länglicher, schuppenloser, bis zu 2 m großer Süßwasserfisch mit marmorierter Haut, großem Maul und langen Bartfäden

In den Handel kommen nur jüngere Welse, deren Fleisch schmackhafter und noch nicht so fett ist.

Weißes, fast grätenloses, relativ fettes, aromatisches Fleisch

Vorkommen: warme Seen und große Flüsse in Mittel- und Osteuropa

Verwendung: gedünstet, pochiert, gebacken, gebraten oder geräuchert

★★★

PANGASIUS

GB: Pangasius
F: Poisson-chat du Mékong
E: Panga, Pangasius
I: Pangasio
Lat.: *Pangasius hypothalmus*

Bis zu 70 cm großer Schlankwels mit breitem Kopf, der ausschließlich aus Aquakultur (meist aus dem vietnamesischen Mekong-Delta) angeboten wird, vorwiegend als Filet.

Saftiges, festes, weißes, mild bis neutral schmeckendes, grätenarmes Fleisch

Der schnell wachsende Fisch eignet sich sehr gut zur Zucht und erreicht in 6–8 Monaten ein Gewicht von 1,5 kg.

Vorkommen: Vietnam, Indien, Malaysia, Thailand und Indonesien

Verwendung: gedämpft, pochiert, gebraten oder frittiert

★★★★

ÄHRENFISCH, PRIESTERFISCH

GB: Sand smelt
F: Prêtre, Abusseau, Athérine
E: Pejerrey, Abichón, Sula
I: Latterino
Lat.: *Atherina presbyter*

12–15 cm großer, schlanker, silbrig-glänzender Seefisch

Zartes, fein-aromatisches Fleisch

Beliebt in Spanien, Portugal und Italien

Vorkommen: tropische und warme Meere

Verwendung: im Ganzen gebraten oder frittiert, mariniert

★★★★

SANKT PETERSFISCH, HERINGSKÖNIG

GB: John Dory, St. Peter's fish
F: Saint-Pierre
E: Pez de San Pedro
I: Pesce San Pietro
Lat.: *Zeus faber*

Relativ flacher, schuppenloser, bis zu 70 cm großer Speisefisch mit zwei großen dunklen Punkten auf den Flanken

Festes, relativ mageres, weißes und sehr delikates Fleisch. Hat in Frankreich deshalb den Beinamen „Poule de mer", Meerhühnchen.

Vorkommen: Mittelmeer, westeuropäische und afrikanische Atlantikküste

Verwendung: gedünstet, pochiert, gebraten oder gegrillt

★★★★★

SEETEUFEL, LOTTE

GB: Anglerfish
F: Baudroie, Lotte de mer
E: Rape
I: Rana pescatrice, Rospo
Lat.: *Lophius piscatorius*

Bis zu 2 m großer Raubfisch aus der Familie der Knorpelfische mit überproportional großem, breitem Kopf und weicher, schuppenloser Haut

Wird meist direkt nach dem Fang noch an Bord enthäutet und ausgenommen.

Kulinarisch von Bedeutung ist nur das feste, weiße, delikate, grätenfreie Fleisch vom Schwanzstück, das in der Mitte nur von einem starken Rückenknochen durchzogen ist.

Vorkommen: Nordatlantik, Mittelmeer

Verwendung: gedünstet, pochiert, gebraten oder gegrillt

★★★★★

MEERÄSCHE

GB: Mullet
F: Mulet
E: Lisa, Mujol
I: Muggine, cefalo
Lat.: *Mugili spp.*

Schlanker, 50–75 cm großer Speisefisch mit torpedoförmigem Körper und zwei kurzen Rückenflossen

Weißes, festes, leicht fettes Fleisch

Als Delikatesse gilt ihr gesalzener, gepresster Rogen.

Vorkommen: Atlantik und Mittelmeer

Verwendung: gedünstet, gedämpft oder gebraten

★★★★

NAGELROCHEN, KEULENROCHEN

GB: Thornback Ray
F: Raie bouclée
E: Raya de clavos, Raya común
I: Razza chiodata
Lat.: *Raja clavata*

Bis zu 1,20 m großer Knorpelfisch mit stark abgeflachtem Körper und deutlich vom Körper abgesetztem Schwanz

Häufigste Rochenart der europäischen Meere

Begehrter Speisefisch. Angeboten werden die „Flügel" (mit oder ohne Haut) und der Schwanzrücken.

Mageres, feines Fleisch

Vorkommen: Ostatlantik, Mittelmeer, Nordsee, Schwarzes Meer

Verwendung: gebraten (Flügel), geräuchert oder mariniert (Schwanzrücken)

★★★★

KLEINGEFLECKTER KATZENHAI

GB: Small-spotted catshark
F: Saumonette
E: Pintarroja, Pintada de Cantabria
I: Gattuccio
Lat.: *Scyliorhinus canicula*

Für den Menschen ungefährlicher Hai mit großen Augen und auffälliger Färbung, der bis zu 1 m groß wird.

Häufigste Haiart in Europa, als Speisefisch kaum von Bedeutung

Vorkommen: östlicher Atlantik, Mittelmeer

Verwendung: gekocht oder gebraten

★★

HECHT

GB: Pike, Jackfish
F: Brochet
E: Lucio
I: Luccio
Lat.: *Esox lucius*

Süßwasser-Raubfisch mit marmorierter Färbung und großem, entenschnabelförmigem Maul, der je nach Art bis zu 1,80 m groß wird.

Mageres, weißes, aromatisches Fleisch mit besonders fest verankerten Gräten

Vorkommen: in allen mitteleuropäischen Gewässern

Verwendung: gebraten oder zu Fischfarcen, Klößchen und Terrinen verarbeitet

★★★★

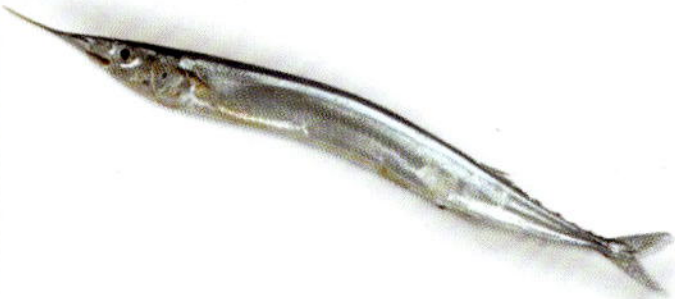

EUROPÄISCHER HORNHECHT

GB: Garfish, Needlefish
F: Orphie
E: Aguja
I: Aguglia
Lat.: *Belone belone*

Sehr schlanker, bis zu 90 cm langer, in Schwärmen lebender Raubfisch mit spitzem, schnabelartig verlängertem Maul und grünen Gräten

Weißes, zartes, delikates, aber grätenreiches Fleisch

Vorkommen: Ostatlantik, Mittelmeer, Schwarzes Meer, Nord- und Ostsee

Verwendung: gedünstet, gebraten, gegrillt, sauer eingelegt oder geräuchert

★★★

KARPFEN

GB: Carp
F: Carpe
E: Carpa
I: Carpa
Lat.: *Cyprinus carpio*

Weltweit einer der wichtigsten Zuchtfische der Teichwirtschaft mit mehreren Hauptarten

Über Konsistenz und Geschmack entscheidet die Wasserqualität des Karpfenteichs.

Karpfen können bis zu 50 Jahre alt und bis zu 30 kg schwer werden. In den Handel kommen meistens 25–30 cm lange, 1–2 kg schwere Fische.

Die bekanntesten Karpfen sind: Spiegelkarpfen (Foto), Schuppenkarpfen, Graskarpfen, Marmorkarpfen und Silberkarpfen.

Vorkommen: weltweit in warmen, am besten stehenden Gewässern mit schlammigem Grund und reichem Pflanzenwuchs

Verwendung: gedämpft, pochiert, gebacken oder gebraten

★★★★★

HUMMER

GB: Lobster
F: Homard
E: Bogavante
I: Astice, Lupo di mare
Lat.: *Homarus gammarus, Homarus americanus*

Die bekannteste Krebsart, zählt zu den Krustentieren und gilt als Delikatesse.

Festes weißes Fleisch

Dunkler, harter Panzer, der sich beim Kochen rot färbt.

Lebt in bis zu 70 m Tiefe auf dem Meeresboden und kann bisher nicht gezüchtet werden.

Wird sowohl lebend als auch gekocht und tiefgefroren angeboten.

Essbar: Fleisch aus dem Schwanzstück und den Scheren

Vorkommen: an den Felsenküsten der Nordsee, des Atlantiks und des Mittelmeers

Verwendung: gekocht, sautiert, gebraten oder gratiniert

★★★★★

LANGUSTE

GB: Spiny lobster, Crawfish
F: Langouste
E: Langosta
I: Aragosta
Lat.: *Palinuridae*

Spinnenartig wirkender Krebs mit langen Fühlern, der statt Scheren einen messerklingenähnlichen „Muschelöffner" hat, um Muscheln von den Felsen zu lösen und aufzubrechen.

Zählt zu den Krustentieren.

Essbar: Fleisch aus dem Schwanzstück

Vorkommen: Mittelmeer, Südküste Englands, Irland und die Karibik

Verwendung: gekocht, sautiert, gebraten oder gratiniert

★★★★★

KAISERGRANAT

GB: Norway lobster
F: Langoustine
E: Cigala
I: Scampo
Lat.: *Nephrops norvegicus*

Bis zu 25 cm großer Verwandter des Hummers aus der Familie der Krebse, zählt zu den Krustentieren.

Lachsroter, fast glatter Panzer mit dünnen Scheren, der beim Kochen die Farbe fast nicht ändert.

Wird roh, gekocht und tiefgefroren, geschält und ungeschält angeboten.

Essbar: Fleisch aus dem Schwanzstück und den Scheren

Verwendung: gekocht, gedünstet, sautiert, gebraten oder gratiniert

★★★★★

HEUSCHRECKENKREBS

GB: Mantis shrimp
F: Crevette-mante, Cigale de mer
E: Galera
I: Cicala di mare, Pannocchia
Lat.: *Stomatopoda*

Kleiner, länglicher Krebs mit auffälligem Schwanz, zählt zu den Krustentieren.

Beliebt in der Küche Norditaliens

Wird frisch/roh angeboten.

Essbar: Fleisch aus dem Schwanzstück

Verwendung: gedünstet, pochiert, geschmort oder gratiniert

★★★★

EINSIEDLERKREBS

GB: Hermit crab, Soldier crab
F: Pagure, Bernard-l'ermite
E: Cangrejo ermitaño
I: Paguro Bernardo, Eremita
Lat.: *Eupagurus bernhardus*

Gelblich orangefarbener, bis zu 10 cm großer Krebs, zählt zu den Krustentieren.

Bildet keinen harten Panzer, sondern nutzt leere Gehäuse anderer Meeresbewohner, in die er rückwärts hineinkrabbelt.

Essbar: Fleisch aus dem Schwanzstück

Vorkommen: Nordmeer, Mittelmeer und Atlantik

Verwendung: gedünstet, pochiert oder sautiert

★★★★

FLUSSKREBS, EDELKREBS

GB: Crayfish
F: Écrevisse
E: Cangrejo de río, Cangrejo turco
I: Gambero di fiume
Lat.: *Astacus leptodactylus*

Süßwasserverwandter des Hummers, zählt zu den Krustentieren.

Lebte früher in ganz Europa in sauberen Flüssen und Bächen, wegen der Gewässerverschmutzung ging der Bestand jedoch in den letzten Jahrzehnten stark zurück.

Wird heute meist aus China, Skandinavien, Polen und der Türkei importiert.

Essbar: Fleisch aus dem Schwanzstück

Verwendung: gedünstet, pochiert oder gebraten

★★★★

TASCHENKREBS

GB: Edible crab
F: Crabe dormeur, Tourteau
E: Buey de mar
I: Granciporro
Lat.: *Cancer pagurus*

Kurzschwanzkrebs mit bis zu 30 cm breitem Panzer

Essbar: Fleisch aus den Scheren, Leber und Eierstöcke

Vorkommen: Atlantik, Mittelmeer und Nordsee

Verwendung: gekocht

★★★★

SCHWIMMKRABBE

GB: Swimming crab
F: Étrille
E: Cangrejo nadador
I: Granchio nuotatore
Lat.: *Portunidae*

Kurzschwanzkrebs mit herzförmigem Panzer

Essbar: Fleisch aus den Scheren

Vorkommen: Atlantik, Nordsee und Mittelmeer

Verwendung: gedünstet oder gekocht

★★★★

SEESPINNE

GB: Spider crab
F: Araignée de mer
E: Centollo, Centolla, Txangurro
I: Granceola
Lat.: *Maja squinado*

Kurzschwanzkrebs mit gedrungenem, fast rundem Körper und 2 Scheren, zählt zu den Krustentieren.

Essbar: Fleisch aus den Beinen und Scheren

Vorkommen: englische und französische Atlantikküste bis nach Nordafrika

Verwendung: gekocht

★★★★

GARNELEN

GB: Shrimps, Prawns
F: Crevettes
E: Gambas, Camarones, Langostinos
I: Gamberetti
Lat.: *Pandalidae*

Sammelbegriff für verschiedene Krebstiere ohne Scheren mit einem schmalen, spitz zulaufenden Schwanz und 4 Schwanzflossen

Weltweit über 2000 Arten, zählen zu den Krustentieren. Werden roh, gekocht und tiefgefroren, geschält und ungeschält angeboten und nach ihrer Herkunft in Kaltwassergarnelen (Salzwasser- oder Seawater-Garnelen) und Warmwassergarnelen (Süßwasser- oder Freshwater-Garnelen) unterschieden.

Qualitativ hochwertiger sind die Kaltwassergarnelen.

Warmwassergarnelen werden in großen Mengen an den asiatischen Küsten und in den Mangrovenwäldern Mittelamerikas gezüchtet.

Geschmack und Konsistenz sind abhängig vom Aufzuchtgebiet, der Wasserqualität und dem Futter.

Essbar: Fleisch aus dem Schwanzstück

Verwendung: pochiert, gebraten, gegrillt oder gratiniert

★★★★★

RIESENGARNELE, GAMBAS

GB: King prawn
F: Gambon
E: Langostino
I: Gambero
Lat.: *Panaeus Monodon*

Bis zu 20 cm lange Geiselgarnele, ein Langkrebs ohne Scheren mit schmalem, spitz zulaufendem Schwanz und 4 Schwanzflossen

Wird roh, gekocht und tiefgefroren, geschält und ungeschält angeboten.

Essbar: Fleisch aus dem Schwanzstück

Verwendung: gedünstet, pochiert, gekocht, sautiert oder gebraten

★★★★★

GRÖNLANDGARNELE, EISMEERGARNELE, CREVETTE (A, CH)

GB: Northern prawn
F: Crevette nordique
E: Camarón boreal, Camarón nórdico
I: Gamberetto boreale
Lat.: *Pandalus borealis*

Mittelgroße Kaltwasser- und Tiefseegarnele, zählt zu den Krustentieren.

Wird fast ausschließlich gekocht, geschält und tiefgefroren angeboten.

Vorkommen: Eismeer

Verwendung: gekocht, sautiert, gebraten oder gratiniert

★★★★

NORDSEEKRABBE

GB: Sand shrimp
F: Crevette grise
E: Quisquilla, gamba gris, gamba de arena
I: Gambero grigio
Lat.: *Crangon crangon*

5–7 cm große Sandgarnele; kleinste Speisegarnele der Welt, zählt zu den Krustentieren.

Wird nach dem Fang sofort an Bord kurz gekocht, wobei sie eine leicht bräunliche Farbe annimmt.

Essbar: Fleisch aus dem Schwanzstück

Vorkommen: Nordsee

Verwendung: gekocht, sautiert, gebraten oder gratiniert

★★★★

KALMAR

GB: Squid
F: Calmar, Encornet
E: Calamar
I: Calamaro
Lat.: *Loligo vulgaris*

Sandfarben bis grau gefärbter Tintenfisch aus der Klasse der Kopffüßer mit langem, schlankem Körper, 2 dreieckigen Schwanzflossen, die fast durchsichtig sind, und einem schlanken Kopf

Der Körper (Tube) wird meist in Ringe geschnitten, paniert und gebacken.

Kalmare besitzen wie alle Tintenfische einen Tintenbeutel, aus dem sie bei Gefahr eine dunkle Flüssigkeit, ihre „Tinte", ausstoßen können. Die Tinte wird kulinarisch zum Färben von Nudeln und Reisgerichten verwendet.

Vorkommen: in allen Weltmeeren bis auf das Schwarze Meer

Verwendung: gekocht, gebraten oder gegrillt

★★★★

CALAMARETTO

GB: Small squid
F: Calamaretto
E: Chipirón
I: Calamaretto
Lat.: *Lolgio spp.*

Kleine Tintenfische mit langem, schlankem Körper, 2 dreieckigen Schwanzflossen und einem schlanken Kopf

Werden frisch, tiefgekühlt oder bereits gekocht und eingelegt (Foto) angeboten.

Vorkommen: in allen Weltmeeren bis auf das Schwarze Meer

Verwendung: gekocht, gebraten oder gegrillt

★★★★

KRAKE

GB: Octopus
F: Poulpe, Pieuvre
E: Pulpo
I: Polpo, Piovra
Lat.: *Octopus vulgaris*

Graubrauner Tintenfisch aus der Klasse der Kopffüßer, dessen Körper gleichmäßig in acht kräftige Arme übergeht, die mit jeweils zwei Reihen von Saugnäpfen besetzt sind.

Zähes Fleisch, das lange gekocht oder vor der Zubereitung geklopft werden muss.

Kraken besitzen wie alle Tintenfische einen Tintenbeutel, aus dem sie bei Gefahr eine dunkle Flüssigkeit, ihre „Tinte“, ausstoßen können. Die Tinte wird kulinarisch zum Färben von Nudeln und Reisgerichten verwendet.

Nordseekraken werden bis zu 70 cm groß, Kraken aus dem Mittelmeer bis zu 3 m.

In der mediterranen Küche werden meist die dicken Fangarme verwendet, die im Ganzen oder in Scheiben geschnitten gegrillt oder gekocht werden.

Verwendung: gekocht, gebraten, geschmort oder gegrillt

★★★★

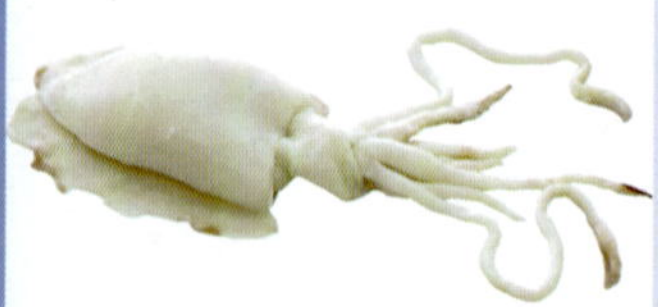

SEPIA, GEMEINER TINTENFISCH

GB: Cuttlefish
F: Seiche
E: Sepia, Choco, Jibia
I: Seppia
Lat.: *Sepia officinalis*

Tintenfisch mit rundem bis ovalem, bis zu 25 cm langem Körper, der am Rand in einen dünnen Flossensaum ausläuft.

Hat acht kurze Arme und zwei längere Fangarme, an deren Enden Saugnäpfe sitzen.

Sepien besitzen einen Tintenbeutel; ihre Tinte wird kulinarisch zum Färben von Nudeln und Reisgerichten verwendet.

Verwendung: gekocht, gebraten oder gegrillt

★★★★★

PAZIFISCHE FELSENAUSTER, JAPANISCHE AUSTER

GB: Pacific oyster, Japanese oyster
F: Huître creuse du Pacifique, Huître japonaise
E: Ostra del Pacífico, Ostra fonda
I: Ostrica giapponese, Ostrica cononcava
Lat.: *Crassostrea gigas*

Große, ovale Auster mit viel Muschelfleisch

Bekannteste Pazifische Austern in Europa sind die Marennes, die in Frankreich nach der Ernte in natürlichen, vom Meer überfluteten Becken (Claires) verfeinert (affiniert) und in 3 Qualitätsstufen angeboten werden:
- Claires (kurze Affinierung)
- Fines de Claires (2 Monate Affinierung; Foto)
- Spéciales de Claires (6 Monate Affinierung)

Während der Affinierung wird der Fleischanteil höher und die Schalen härter.

Wird frisch/roh angeboten.

Ursprüngliche Heimat: japanische Meeresküsten und Chinesisches Meer, wird heute an der amerikanische Westküste und in Europa gezüchtet

Verwendung: roh, gedünstet, pochiert, gekocht, sautiert, gratiniert oder getrocknet (Asien)

★★★★★

EUROPÄISCHE AUSTER

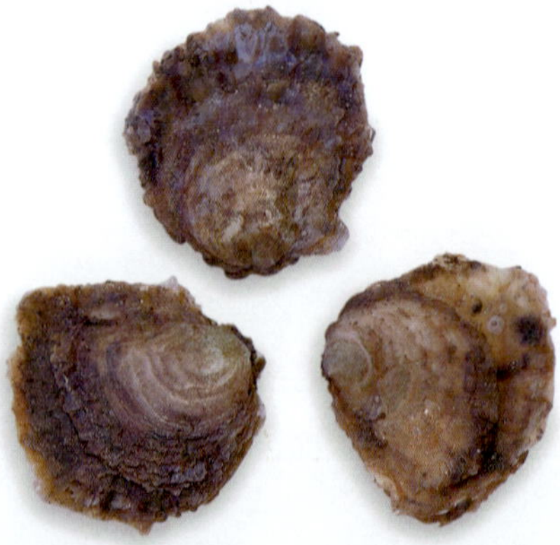

GB: European flat oyster, Belon oyster
F: Gravette, Belon
E: Ostra, Ostra europea
I: Ostrica comune
Lat.: *Ostrea edulis*

Mild schmeckende, 5–12 cm große, runde Auster

Farbe, Form, Größe und Geschmack sind abhängig vom Aufzuchtgebiet.

Die bekanntesten Sorten sind:
- Belons, Gravettes und Bouzigues aus Frankreich
- Imperiales aus den Niederlanden
- Limfjords aus Dänemark
- Galway aus Irland

Essbar: Austernfleisch

Vorkommen: europäische Atlantikküste, Mittelmeer

Verwendung: roh, pochiert, gebraten, gegrillt oder gratiniert

★★★★★

AMERIKANISCHE AUSTER

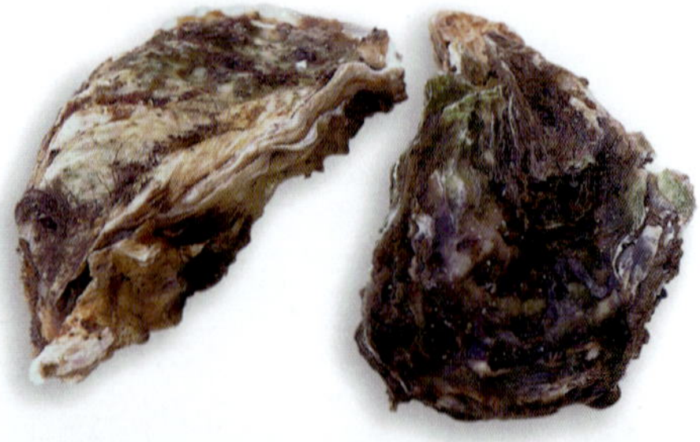

GB: American oyster (GB), Eastern oyster (USA)
F: Huître creuse américaine
E: Ostión americano
I: Ostrica della Virginia
Lat.: *Crassostrea virginica*

Große, länglich ovale, tiefe Auster mit flacher Unterseite

Bedeutendste Austernart des nordamerikanischen Kontinents

Werden frisch/roh angeboten.

Essbar: Austernfleisch

Vorkommen: Wird hauptsächlich an der Atlantikküste der USA und Kanadas gezüchtet.

Verwendung: roh, pochiert oder gebacken

★★★★★

JAKOBSMUSCHEL, PILGERMUSCHEL

GB: Scallop
F: Coquille Saint-Jacques
E: Vieira, Concha del peregrino
I: Capasanta, Conchiglia di San Giacomo
Lat.: *Pecten jacobaeus, Pecten maximus*

Bis zu 14 cm große Kammmuschel mit strahlenförmig verlaufenden Rippen auf der Schale

Die Muschelschalen sollen im Mittelalter den Pilgern auf dem Jakobsweg als Trinkgefäß gedient haben.

Weißes, festes Fleisch mit orangefarbenem Rogen

Essbar: Muschelfleisch und Rogen

Vorkommen: vorwiegend Mittelmeer

Verwendung: pochiert, gedünstet, sautiert, gebraten oder gratiniert

★★★★★

HERZMUSCHEL

GB: Cockle
F: Coque
E: Berberecho
I: Cuoro
Lat.: *Cardiidae*

Bis zu 5 cm große, herzförmige Muschel mit elfenbeinfarbenen bis bräunlichen Schalen

Werden frisch/roh angeboten.

Essbar: Muschelfleisch

Besonders beliebt in der mediterranen Küche, fester Bestandteil der spanischen Paella und der italienischen Spaghetti Vongole

Vorkommen: Nordatlantik, Mittelmeer, Nord- und Ostsee, Schwarzes Meer

Verwendung: gedünstet, pochiert oder sautiert

★★★★

VENUSMUSCHEL

GB: Venus clam
F: Praire, Palourde, Clam
E: Almeja
I: Vongola
Lat.: *Veneridae*

Kleine Muscheln der Familie der Venusmuscheln mit über 500 Arten

Lebt in der Nähe von Küsten in sandigen, schlammigen Sedimentböden.

Sehr beliebt in der mediterranen Küche, fester Bestandteil der spanischen Paella und der italienischen Spaghetti Vongole

Werden frisch/roh angeboten.

Essbar: Muschelfleisch

Vorkommen: fast weltweit in allen Meeren

Verwendung: roh, gedünstet oder pochiert

★★★★★

KREUZMUSTER-TEPPICHMUSCHEL

GB: Grooved carpet shell
F: Clovisse, Palourde croisée
E: Almeja fina
I: Vongola verace
Lat.: *Venerupis decussata*

Braun-gelbe bis grau-blaue, bis zu 8 cm große Muschel aus der Familie der Venusmuscheln

Wird frisch/roh angeboten.

Essbar: Muschelfleisch

Vorkommen: Atlantik und Mittelmeer

Verwendung: gedünstet oder pochiert

★★★★

ARTEMISMUSCHEL

GB: Mature dosinia, Rayed Artemis
F: Montre radiée
E: Almeja reloj
I: Lupino
Lat.: *Dosinia exoleta*

Rundliche, etwa 6 cm große Muschel mit feinen, konzentrischen Streifen auf der Schale

Werden frisch/roh angeboten.

Essbar: Muschelfleisch

Vorkommen: östlicher Atlantik, Nordsee

Verwendung: gedünstet oder pochiert

★★★★

VIOLETTE SAMTMUSCHEL

GB: Violet bittersweet
F: Pétoncle violâtre
E: Almejón
I: Piè d'asino violetto
Lat.: *Glycymeris violascens*

Runde, 4–8 cm große, dickschalige Samtmuschel mit feinen Rippen

Wird frisch/roh angeboten.

Essbar: Muschelfleisch

Vorkommen: Mittelmeer, Atlantikküste von Portugal bis Marokko

Verwendung: gedünstet oder pochiert

★★★★

SCHWERTMUSCHEL, SCHEIDENMUSCHEL

GB: Razor shell
F: Couteau-sabre
E: Navaja
I: Cappalunga, Cappa di deo
Lat.: *Ensis ensis, Ensis directus*

Schmale, lang gezogene Muschel mit glatten Schalen und cremig-weißem Fleisch

In Europa findet man vor allem die Kleine und die Große Schwertmuschel.

Wird frisch/roh angeboten.

Essbar: Muschelfleisch

Vorkommen: Atlantik, Mittelmeer und Schwarzes Meer

Verwendung: roh, gedünstet oder pochiert

★★★★

MIESMUSCHELZUCHT UND -ERNTE

Miesmuscheln werden an langen Tauen in Muschelbänken gezüchtet.

Bevor sie aufgehängt werden, müssen die Jungmuscheln zunächst mit einem feinen Netz an den Seilen fixiert werden; später können sie sich selbst festhalten.

Sind die Miesmuscheln groß genug, werden sie aus dem Wasser gezogen und von den Tauen gestreift.

Danach gelangen sie sofort in die verarbeitenden Betriebe, wo sie gereinigt, sortiert und verpackt werden.

MIESMUSCHEL, PFAHLMUSCHEL

GB: Blue mussel
F: Moule
E: Mejillón
I: Cozza
Lat.: *Mytilus edulis, Mytilus galloprovincialis*

Schwarze, bis zu 8 cm große Muschel, die häufig an Stellen mit starker Brandung lebt.

Wichtigste und bekannteste europäische Speisemuschel, die an Pfählen, Treibgestellen, Tauen und Matten gezüchtet wird.

Wird frisch/roh angeboten.

Essbar: Muschelfleisch

Vorkommen: Atlantik, Nordsee und Mittelmeer

Verwendung: gedünstet, pochiert, gratiniert oder mariniert

★★★★

GRÜNSCHALMUSCHEL, GRÜNLIPP-MUSCHEL

GB: Greenshell mussel, Greenlipped mussel
F: Moule verte de Nouvelle-Zélande
E: Mejillón de labios verdes, Mejillón de Nueva Zelanda
I: Cozza verde
Lat.: *Perna canaliculus*

Grün-braune, bis zu 8 cm große Muschel mit grünen Muschelrändern

Besonders aromatisches, gelb bis orangefarbenes Fleisch

Essbar: Muschelfleisch

Vorkommen: Neuseeland und Südostasien

Verwendung: gedünstet, pochiert, gratiniert oder mariniert

★★★★

ENTENMUSCHEL

GB: Goose barnacle
F: Pouce-pied
E: Percebe
I: Balano atlantico
Lat.: *Pollicipes pollicipes*

Muschel aus der Familie der Trogmuscheln, die an den Felsenküsten des Atlantiks wächst.

Der Stiel der Entenmuschel ist essbar und gilt in einigen Mittelmeerländern als Delikatesse.

Die besten Sorten kommen von der Nordküste der spanischen Provinz Galizien.

Verwendung: gedünstet oder pochiert

★★★★

STEINSEEIGEL

GB: Sea urchin
F: Hérisson de mer, Oursin
E: Erizo de mar, Oricio
I: Riccio di mare
Lat.: *Paracentrotus lividus*

Weichtier, das zum Stamm der Stachelhäuter mit über 6000 Arten gehört. Der kulinarisch bedeutendste essbare Seeigel des Mittelmeers

Wird in den Fanggebieten frisch angeboten und meist auch gleich an Ort und Stelle roh verzehrt.

Essbar: weibliche Eierstöcke und die Geschlechtsdrüsen

Der Rogen ist auch als Konserve erhältlich.

Vorkommen: europäischer Atlantik und Mittelmeer

Verwendung: roh verzehrt oder gratiniert

★★★★

WELLHORNSCHNECKE

GB: Whelk
F: Buccin
E: Bocina
I: Buccino
Lat.: *Buccinum undatum*

Meeresschnecke mit spiralig gewundenem Gehäuse, die in verschiedenen Formen und Größen in beiden Eismeeren bis hin zur tropischen Äquatorzone heimisch ist.

Wird vor allem in den Fanggebieten frisch angeboten.

Essbar: Fleisch

Beliebt in Frankreich, aber auch in Kanada und Neuengland für die Zubereitung von Clam Chowder (Muschelsuppe)

Verwendung: gekocht, ausgebacken oder frittiert

★★★★

PURPURSCHNECKE

GB: Banded murex
F: Cornet, Rocher à pourpre
E: Cañaílla, Caracol de roca
I: Murice, Scoglio troncato
Lat.: *Hexaplex trunculus*

Räuberische Meeresschnecke aus der Familie der Stachelschnecken, deren Gehäuse mit Wülsten und Stacheln besetzt ist.

Das Drüsensekret der Schnecke wurde in der Antike als Purpur-Färbstoff verwendet.

Essbar: Fleisch

Verwendung: gedünstet oder pochiert

★★★★

BRANDHORN, HERKULESKEULE, MITTELMEERSCHNECKE

GB: Purple dye murex
F: Murex-droite épine, Murex massue
E: Búsano
I: Cornetto di mare
Lat.: *Murex brandaris*

Bis zu 10 cm große, räuberische Meeresschnecke aus der Familie der Stachelschnecken, deren Gehäuse mit Wülsten und Stacheln besetzt ist.

Das Drüsensekret der Schnecke wurde in der Antike als Purpur-Färbstoff verwendet.

Essbar: Fleisch

Vorkommen: Mittelmeer und Algarve

Verwendung: gedünstet oder pochiert

★★★★

STRANDSCHNECKE

GB: Periwinkle
F: Littorine
E: Bígaro
I: Littorino
Lat.: *Littorinindae*

Meeresschnecken mit dickschaligem, etwa 4 cm breitem, kegelförmigem Gehäuse

Eine der bekanntesten ist die grau-grün gestreifte Gemeine

Strandschnecke, auch bekannt unter ihrem französischen Namen Bigorneau.

Essbar: Fleisch

Verwendung: gekocht

★★★★★

ÖLSARDINEN

GB: Sardines in oil
F: Sardines à l'huile
E: Sardinas en aceite
I: Sardine sott'olio

Fischkonserve aus Sardinen, die je nach Größe im Ganzen oder in Stücken in Pflanzenöl eingelegt werden.

Ölsardinen waren die erste international erfolgreiche Konserve

Verwendung: zu Brot

★★★

SARDELLENFILETS, ANCHOVISFILETS

GB: Anchovy filets
F: Filets d'anchois
E: Filetes de anchoa
I: Filetti di acciuga

In Salzlake oder Speiseöl eingelegte Filets der Sardelle

Die Fische werden fangfrisch in Salz eingelegt und zum Reifen bis zu 3 Monaten gelagert. Dann werden sie filetiert, in Gläser oder Dosen geschichtet und mit Öl oder Lake übergossen.

Beste Qualität kommt aus Spanien, Frankreich und Italien.

Verwendung: zum Würzen und Verfeinern von kalten und warmen Gerichten, für Dips, Dressings und Saucen

★★★

GETROCKNETE ANCHOVIS

GB: Dried Anchovy
F: Anchois séchés
E: Anchoas secas
I: Acciughe secche

Gesalzene und im Ganzen getrocknete Anchovis

Verwendung: als Snack oder gekocht in asiatischen Gerichten

★★

HERSTELLUNG VON EINGELEGTEN SARDELLENFILETS

Die Sardellen müssen zunächst gereinigt, filetiert und eingesalzen werden.

Nach der Salzgarung werden die Sardellen abgewaschen und von Hand in ein Glas geschichtet.

Anschließend wird Öl zugegossen. Die Qualität des Öls ist dabei von entscheidender Bedeutung für das Endprodukt.

Zuletzt werden die Gläser verschlossen, etikettiert und sind für lange Zeit haltbar.

MATJES

GB: Matjes herring

Vor der Fruchtbarkeitsphase stehender Hering, der nach dem Fang gekehlt (durch die Kiemen ausgenommen) und mild gesalzen wird. Reift dann mehrere Tage in Salzlake.

Wird ohne Kopf, Haut und Gräten, aber mit Schwanz angeboten.

Ursprünglich die Bezeichnung für junge Heringe vor der ersten Laichablage, deren Fleisch besonders zart und mild ist.

Verwendung: mit Zwiebeln, Bohnen und Kartoffeln, mit Brot oder als Tatar zubereitet

★★★★★

BRATHERING

GB: Fried herring
F: Hareng frit et mariné
E: Arenque frito
I: Aringa fritta

Fischspezialität der deutschen Nord- und Ostseeküste

Heringe werden ausgenommen, ohne Kopf gewürzt, in Mehl gewendet, in Butter gebraten und dann süßsauer in eingelegt.

Verwendung: kalt mit Brot oder Bratkartoffeln

★★★

BÜCKLING

GB: Kippers
F: Hareng saur, Gendarme
E: Arenque ahumado
I: Aringa affumicata

Geräucherter Hering, der nach dem Fang leicht gesalzen und nicht ausgenommen mit Kopf heiß geräuchert wird.

Verwendung: kalt mit Brot oder Bratkartoffeln

★★★

SALZHERING

GB: Herring
F: Piquet
E: Arenque salado
I: Picchetto

Heringe, die nach dem Fang zur Konservierung im Ganzen eingesalzen und in einem Fass gelagert werden.

Je nach Salzmenge spricht man von schwacher, mittlerer oder harter Salzung.

Die älteste Konservierungsart

Verwendung: kalt mit Brot oder Bratkartoffeln

★★★

BISMARCKHERING

GB: Bismark herring
F: Hareng mariné
E: Arenque marinado Bismarck
I: Aringhe del Baltico

Heringsfilets, die in einer mildsauren, gewürzten Essigmarinade mit Zwiebelringen konserviert sind.

Stralsunder Fischspezialität, die ihren Namen 1871 vom deutschen Reichskanzler Otto von Bismarck erhielt.

Original Stralsunder Bismarckheringe sind frische Ostseeheringe, die filetiert, enthäutet, nach alter Rezeptur eingelegt und in kleinen Holzfässchen verkauft werden.

Verwendung: zu Brot oder Kartoffeln

★★★★

ROLLMOPS

GB: Pickled herring filet
F: Filet de hareng mariné
E: Filete de arenque marinado
I: Filetto di aringa salato

Heringsfilet, das mit Senf bestrichen und mit Zwiebeln und Gurken belegt, aufgerollt und mit Holzspießchen zusammengehalten wird.

Reift einige Tage in einer Marinade aus Essig, Wasser und Gewürzen.

Gilt als „Katermittel", weil er besonders vitamin- und mineralstoffreich ist.

Verwendung: mit Brot

★★★★

GERÄUCHERTE FORELLE, RÄUCHERFORELLE

GB: Smoked trout
F: Truite fumée
E: Trucha ahumada
I: Trota affumicata

Ausgenommene Forelle, die mit Kopf meist im Rauch von Buchen- oder Eichenholz heiß oder kalt geräuchert wird.

Nach dem Räuchern werden dem Fisch Kopf und Schwanz abgeschnitten und die Fische im Ganzen oder filetiert angeboten.

Verwendung: kalt oder leicht erwärmt zu Brot, Kartoffeln, Rührei, auf Salat

★★★★★

RÄUCHERAAL, GERÄUCHERTER AAL

GB: Smoked eel
F: Anguille fumée
E: Anguila ahumada
I: Anguilla affumicata

Aal, der ausgenommen und im Ganzen mit Kopf heiß geräuchert wird.

Wird ganz oder in Stücken, mit oder ohne Haut, angeboten.

Feines, zartes Fleisch mit relativ hohem Fettgehalt

Verwendung: kalt mit Brot

★★★★

GERÄUCHERTE MAKRELE

GB: Smoked mackerel
F: Maquereau fumé
E: Caballa ahumada
I: Sgombro affumicato

Seefisch aus dem Mittelmeer, dem Atlantik und der Nordsee, der mit Kopf heiß geräuchert wird.

Verwendung: kalt oder leicht erwärmt zu Brot oder Kartoffeln, auf Salat

★★★★

MAKRELENFILET IN OLIVENÖL

GB: Mackerel filet in olive oil
F: Filets de maquereau à l'huile d'olive
E: Filete de caballa en aceite de oliva
I: Sgombro all'olio di oliva

Spanische Fischkonserve aus von Hand filetierten Makrelen, die in Stücke geschnitten und in Olivenöl eingelegt werden.

Wird für Vorspeisen und Salate verwendet

★★★★

RÄUCHERLACHS

GB: Smoked salmon
F: Saumon fumé
E: Salmón ahumado
I: Salmone affumicato

Mild gesalzene und kalt geräucherte Lachsseiten, die nach dem Räuchern pariert, das heißt von Räucherhaut und Gräten befreit werden.

Wird geschnitten oder als ganze Seite angeboten.

Hellrosa bis dunkelrotes Fleisch, abhängig von der Lachsart und der Herstellung

Verwendung: zu Brot, Kartoffelpuffern und Pfannkuchen, für Salate, Suppen, Terrinen, Nudel- und Fischgerichte

★★★★★

GRAVED LACHS, GRAVLAX

GB: Gravlax
F: Gravlax
E: Gravlax
I: Gravlax

Mit Meersalz, Zucker, Gewürzen und frischem Dill mild gebeizte Lachsseiten

Die Lachsseiten wurden früher von Hand mit der Gewürzmischung eingerieben, zum Beizen in Erdlöcher gelegt und mit Steinen beschwert.

Wird geschnitten oder als ganze Seite angeboten.

Skandinavische Spezialität, die wörtlich übersetzt „eingegrabener Lachs" heißt.

Verwendung: mit Brot, zu Kartoffelpuffern und Pfannkuchen, für Salate, Suppen und Terrinen

★★★★★

STREMELLACHS

GB: Smoked salmon „Stremel"
F: Saumon fumé «Stremel»
E: Salmón ahumado «Stremel»
I: Salmone affumicato «Stremel»

Ostpreußische Räucherfischspezialität, für die Lachsfilets quer in Streifen, sogenannte Stremel, geschnitten, gesalzen und heiß geräuchert werden.

Verwendung: mit Brot

★★★★

LACHSERSATZ, SEELACHSSCHEIBEN IN ÖL

GB: Alaskan pollock in oil
F: Substitut de saumon
E: Carbonero en aceite, Sustituto del salmón
I: Alaska pollock sott'olio

Fischkonserve aus Alaska-Seelachs

Die gebeizten Fischfilets werden in dünne Scheiben geschnitten, rot eingefärbt, kalt geräuchert und in Öl eingelegt.

Verwendung: als Brotbelag und zur Garnierung

★★

THUNFISCH IN ÖL

GB: Tuna in oil
F: Thon à l'huile
E: Atún en aceite
I: Tonno sott'olio

Fischkonserve aus Thunfischfilet, das in Stücke geschnitten und in Öl oder Olivenöl eingelegt wird.

Verwendung: als Brotbelag und für Vorspeisen und Salate

★★★★

SCHILLERLOCKEN

Enthäutete, heiß geräucherte Bauchlappen des Dornhais, die sich beim Räuchern einrollen und am Ende krümmen.

Erinnert in seiner Form an die Perücken, die man zur Zeit Friedrich Schillers trug, daher der Name.

Verwendung: mit Brot

★★★

KIELER SPROTTEN

Ausgenommene Sprotten, die mit Kopf im Rauch von Buchen- oder Eichenholz heiß geräuchert werden.

Nur wenige kleine Räuchereien rund um Eckernförde stellen heute noch die Echten Kieler Sprotten aus Ostseesprotten her, die in kleinen Holzkisten verpackt angeboten werden.

Ein Großteil der Kieler Sprotten kommt inzwischen aus Holland.

Verwendung: mit Brot oder Bratkartoffeln

★★★★★

SURIMI

Weitgehend geschmacks- und geruchsneutrales Fischfleisch-Imitat, das aus reinem Fischprotein von möglichst mageren Fischen und Wasser hergestellt wird.

Wird mit künstlichen Aromastoffen zu Garnelenfleisch-, Krebsfleisch-, Hummerfleisch- und Muschelfleisch-Imitaten weiterverarbeitet, in Form gepresst und mit Farbstoffen behandelt.

★★

MOJAMA

GB: Mojama
F: Mojama
E: Mojama
I: Mosciame di tonno

Mageres Teilstück vom Thunfisch (Filet oder Lende), das gepökelt und an der Luft getrocknet wird.

Leicht salziger, aromatischer Geschmack

Spezialität aus dem spanischen Andalusien

Verwendung: in hauchdünne Scheiben geschnitten und als Carpaccio, für Tapas oder Salate

★★★★

STOCKFISCH

GB: Stockfish, Dried cod
F: Stockfish, Morue séchée
E: Bacalao
I: Stoccafisso, Baccalà

Kabeljau, der ausgenommen und ungesalzen auf Stockgerüsten an der Luft getrocknet wird.

Muss vor der Zubereitung 1 Tag gewässert werden.

Beliebt in der italienischen, portugiesischen und spanischen Küche

Verwendung: gekocht, gedünstet oder gebraten

★★★★

ASETRA-KAVIAR, OSSETRA-KAVIAR

GB: Caviar Asetra
F: Caviar Asetra
E: Caviar Ossetra, Caviar Asetra
I: Caviale Asetra

Mittelgrauer bis braungrauer, gesalzener Rogen vom bis zu 2 m großen Asetra-Stör (russisch: Ossetra-Stör), der hauptsächlich im Kaspischen und im Schwarzen Meer vorkommt.

Festes, 2–3 mm großes Korn

Zarter Geschmack mit nussiger Note

Hauptproduzenten: Iran und GUS-Staaten

Verwendung: eisgekühlt mit Toastbrot, Pellkartoffeln oder Blinis (kleine Hefepfannkuchen aus Buchweizenmehl) mit saurer Sahne

★★★★★

BELUGA-KAVIAR

GB: Caviar Beluga
F: Caviar Beluga
E: Caviar Beluga
I: Caviale Beluga

Silbergrauer bis schwarzer, gesalzener Rogen vom bis zu 4 m großen Beluga-Stör, der hauptsächlich im Kaspischen und im Schwarzen Meer vorkommt.

Festes, ca. 3,5 mm großes Korn

Feinsahniger Geschmack

Hauptproduzenten: Iran und GUS-Staaten

Verwendung: eisgekühlt mit Toastbrot, Pellkartoffeln oder Blinis (kleine Hefepfannkuchen aus Buchweizenmehl) mit saurer Sahne

★★★★★

SEVRUGA-KAVIAR

GB: Caviar Sevruga
F: Caviar Sevruga
E: Caviar Sevruga
I: Caviale Sevruga

Hell- bis dunkelgrauer, gesalzener Rogen vom bis zu 1,5 m großen Sevruga-Stör, der hauptsächlich im Kaspischen und im Schwarzen Meer vorkommt.

Festes, 2–3 mm großes Korn

Buttriger, intensiver Geschmack

Hauptproduzenten: Iran und GUS-Staaten

Verwendung: eisgekühlt mit Toastbrot, Pellkartoffeln oder Blinis (kleine Hefepfannkuchen aus Buchweizenmehl) mit saurer Sahne

★★★★★

LACHSKAVIAR, KETA-KAVIAR

GB: Salmon roe
F: Œufs de saumon
E: Huevas de salmón
I: Uova di salmone

Rotorangefarbener, mild gesalzener und pasteurisierter Rogen (Fischeier) von weiblichen Keta-Lachsen

Größeres, zartes Korn

Wird ohne Geschmacksverstärker, Konservierungs- und Farbstoffe angeboten.

Verwendung: für Vorspeisen, Suppen, Eier- und Nudelgerichte

★★★★

FORELLENKAVIAR

GB: Trout caviar
F: Œufs de truite
E: Huevas de trucha
I: Uova di trota

Orangefarbener oder goldgelber, gesalzener und pasteurisierter Rogen (Fischeier) von weiblichen Forellen

Etwa 3 mm großes, festes Korn

Wird ohne Geschmacksverstärker, Konservierungs- und Farbstoffe angeboten.

Verwendung: für Vorspeisen, Canapés, Nudelgerichte und Eierspeisen

★★★★

DEUTSCHER KAVIAR

GB: German caviar
F: Œufs de lump
E: Huevas de lumpo
I: Uova di lompo

Preiswerte Kaviarvariante aus gesalzenem, pasteurisiertem Rogen (Fischeier) von weiblichen Seehasen, schwarz eingefärbt

Der pasteurisierte Rogen enthält Geschmacksverstärker, Konservierungs- und Farbstoffe.

Kleines, schwarzes Korn

Verwendung: als Kaviarersatz für Vorspeisen und Eiergerichte

★★

MEERÄSCHENROGEN

GB: Mullet roe
F: Boutargue de mulet
E: Huevas de mujól
I: Bottarga di muggine

Gesalzener, pasteurisierter Rogen (Fischeier) von weiblichen Meeräschen

Wird oft auch mit Heringsrogen gemischt angeboten.

Der pasteurisierte Rogen enthält meistens Geschmacksverstärker, Konservierungs- und Farbstoffe.

Kleines, schwarzes Korn

Verwendung: als Kaviarersatz für Vorspeisen und Eiergerichte

★★★

MAKRELENROGEN IN ÖL

GB: Mackerel roe in oil
F: Œufs de maquereau à l'huile
E: Huevas de caballa
I: Uova di sgombro in olio d'oliva

Gesalzener, gepresster, pasteurisierter Rogen von weiblichen Makrelen, in Öl eingelegt

Verwendung: für Vorspeisen

★★★

GESALZENER LENGFISCHROGEN

GB: Salted lingfish roe
F: Œufs de lingue blanche salés
E: Huevas de maruca saladas
I: Uova di molva salate

Gelb-orangefarbener gepresster, gesalzener und an der Luft getrockneter Rogen (Fischeier) von weiblichen Lengfischen

Beliebt in der spanischen Küche

Verwendung: in dünne Scheiben geschnitten als Carpaccio, auf Brot oder Tomatenscheiben, gerieben für Suppen, Gemüse- und Nudelgerichte

★★★

GESALZENER HERINGSROGEN

GB: Salted herring roe
F: Œufs de hareng salé
E: Huevas de arenque saladas
I: Uova di aringa salate

Gelb oder blassrosafarbener, feinkörniger, in Salzlake eingelegter oder getrockneter Rogen von weiblichen Heringen

Wird in Japan traditionell zu Neujahr gegessen.

Verwendung: für Sushi, Fischcreme, mariniert

★★

MIESMUSCHELN IN ÖL

GB: Blue mussels in oil
F: Moules à l'huile
E: Mejillones en aceite
I: Cozze all'olio di oliva

Gekochte Miesmuscheln ohne Schale, in Öl oder Olivenöl eingelegt

Verwendung: für Vorspeisen und Salate

★★★

SCHWERTMUSCHELN IM EIGENEN SUD

GB: Razor clams in stock
F: Couteaux au naturel
E: Navajas al natural
I: Cannolicchi al naturale

Küchenfertige, gekochte Schwertmuscheln ohne Schale, eingelegt im eigenen Sud

Verwendung: als Snack, mit Zitronensaft und Brot

★★★

KAMMMUSCHELN IN WÜRZSAUCE

GB: Scallops in spicy sauce
F: Pétoncles à l'escabèche
E: Zamburiñas es escabeche
I: Capesante marinate

Gekochte Kammmuscheln ohne Schale, eingelegt in einer würzigen Sauce aus Tomaten, Zwiebeln, Paprika und Olivenöl

Spezialität der spanischen Region Galizien

Verwendung: als Vorspeise, für Salate

★★★

HERZMUSCHELN IM EIGENEN SUD

GB: Cockles in stock
F: Coques au naturel
E: Berberechos al natural
I: Cuori al naturale

Küchenfertige, gekochte Herzmuscheln ohne Schale, eingelegt im eigenen Sud

Verwendung: für Salate, Fischsuppen, Reis- und Nudelgerichte

★★★

TINTENFISCH IN EIGENER TINTE

GB: Cuttlefish in its own juice
F: Calmars à l'encre
E: Calamares en su tinta
I: Calamari al nero

Küchenfertiger, gekochter Tintenfisch, eingelegt im eigenen Tinten-Sud

Verwendung: für Salate und Vorspeisen

★★★

MEERESSCHNECKEN IM EIGENEN SUD

GB: Sea snails in stock
F: Bigorneaux au naturel
E: Bígaros al natural
I: Lumache di mare al naturale

Küchenfertige, gekochte Meeresschnecken ohne Schale, eingelegt im eigenen Sud

Verwendung: für Salate, Fischsuppen, Reis- und Nudelgerichte

★★★

KREBSSCHEREN IM EIGENEN SUD

GB: Crab claws in stock
F: Pinces de crabe au naturel
E: Patas de cangrejo al natural
I: Chele di granchio al naturale

Küchenfertiges, gekochtes, ausgelöstes Krebsscherenfleisch, eingelegt im eigenen Sud

Verwendung: für Salate, Fischsuppen, Reis- und Nudelgerichte

★★★

GEMÜSE

GRÜNER SPARGEL

GB: Green asparagus
F: Asperge verde
E: Espárrago verde
I: Asparago verde
Lat.: *Asparagus officinalis*

Staude aus der Familie der Spargelgewächse, die unterirdisch fleischige, weiße Sprossen mit schuppigen Niederblättern bildet.

Wenn die Sprossen die Erde durchbrechen, färben sie sich zunächst violett, dann grün.

Vor allem in der mediterranen Küche wegen seines herzhaften Geschmacks beliebter als der weiße Spargel

Verwendung: roh als Salat, gekocht für Nudel- und Reisgerichte, gebraten als Gemüsebeilage

Enthält mehr Nährstoffe als weißer Spargel.

★★★★★

SPARGEL

GB: White asparagus
F: Asperge blanche
E: Espárrago blanco
I: Asparago bianco
Lat.: *Asparagus officinalis*

Staude aus der Familie der Spargelgewächse, die unterirdisch fleischige, weiße Sprossen mit schuppigen Niederblättern bildet.

Wird geerntet, bevor die Sprossen die Erde durchbrechen, damit sie sich nicht violett oder grün färben.

Weißer Spargel muss im Gegensatz zum grünen geschält werden.

Der Geschmack ist standortabhängig.

Anbaugebiete: fast weltweit auf leichten, sandigen Böden

Verwendung: roh oder gekocht als Salat, Suppe, Eintopf, Beilage

Enthält fast 90 % Wasser und wenig Kalorien; entwässernd.

★★★★★

Weißer Spargel muss geerntet werden, bevor er in Kontakt mit Sonnenlicht kommt, sonst verfärbt er sich grün oder violett.

Spargel braucht Wärme und einen sandigen Boden. Die in der Mitte der Gänge angehäufte Erde verleiht den Spargelfeldern ihr charakteristisches Aussehen.

Sobald die Erde erste Risse zeigt, wird der Spargel vorsichtig ausgegraben und am unteren Ende mit einem speziellen Werkzeug gestochen.

Unmittelbar nach dem Stechen wird der Spargel weiterverarbeitet. Zunächst wird er abgewaschen.

Anschließend werden die Stangen nach Güteklassen sortiert und können verkauft werden.

WEISSE TRÜFFEL

GB: White truffle
F: Truffe blanche
E: Trufa blanca
I: Tartufo bianco
Lat.: *Tuber magnatum*

Edelster und teuerster Speisepilz

Geschmack und Geruch: erdig, aromatisch, würzig

Wächst unter der Erde in Symbiose mit dem Wurzelwerk von Linden, Nussbäumen, Eichen und Pappeln hauptsächlich in Italien, Frankreich und Istrien.

Am berühmtesten sind die weißen Trüffeln aus der Gegend um Alba.

Wird von speziell ausgebildeten Hunden oder Schweinen aufgespürt.

Verwendung: roh in dünne Scheiben gehobelt über Salate, Eierspeisen, Nudel- und Reisgerichte

★★★★★

SCHWARZE TRÜFFEL

GB: Black truffle
F: Truffe noire
E: Trufa negra
I: Tartufo nero
Lat.: *Tuber indicum, Tuber melanosporum*

Geschmack und Geruch: erdig, aromatisch, würzig

Wird frisch oder konserviert angeboten.

Wächst unter der Erde in Symbiose mit dem Wurzelwerk von Kastanienbäumen und Eichen hauptsächlich in Italien, Frankreich und Istrien.

Am bekanntesten sind die schwarzen Périgord-Trüffeln.

Wird von speziell ausgebildeten Hunden oder Schweinen aufgespürt.

Verwendung: in dünne Scheiben gehobelt roh, gedünstet oder gebraten für Pasteten, Terrinen, Saucen, Geflügel, Eierspeisen, Nudel- und Reisgerichte, Püree und Bratkartoffeln

★★★★★

SOMMERTRÜFFEL

GB: Black summer truffle
F: Truffe d'été
E: Trufa de verano, Trufa de San Juan
I: Scorzone
Lat.: *Tuber aestivum*

Kugelige, braun-schwarze, 2–9 cm große Trüffeln mit hartem, marmorierten Fruchtfleisch

Geschmack: mild, nussig

Vorkommen: Frankreich, Italien, Spanien, Ungarn und Türkei

Wird frisch oder konserviert angeboten.

Verwendung: in dünne Scheiben gehobelt für Nudelgerichte, Geflügel und Eierspeisen, zum Würzen von Saucen, Pasteten und Terrinen

★★★★

STEINPILZ (D), HERRENPILZ (A)

GB: Cep, Porcino, Boletus
F: Bolet, Cèpe
E: Boleto, Seta de calabaza
I: Porcino
Lat.: *Boletus edulis*

Großer, festfleischiger Waldpilz mit hell- bis dunkelbraunem, 5–25 cm breitem Hut und kräftigem, 6–15 cm langem Stiel

Gilt als König der Speisepilze.

Geschmack: aromatisch, nussartig, mild

Wächst in Nadel- und Laubwäldern Mitteleuropas.

Sehr gut zum Trocknen geeignet.

Verwendung: roh für Salate und Carpaccio, geschmort, gebraten und gegrillt für Eierspeisen, Saucen, als Beilage zu Wild, Fleisch und Geflügel

★★★★★

SPITZMORCHEL

GB: Conic morel
F: Morille conique
E: Colmenilla
I: Spugnola
Lat.: *Morchella conica*

Edler Speisepilz mit 3–10 cm hohem, spitzkegeligem, hohlem, graubraunem, später schwärzlichem Hut

Geschmack: fein-aromatisch, würzig, nussig

Frisch und getrocknet im Angebot

Vorkommen: in Laub- und Nadelwäldern in Europa, der Türkei, Kanada, USA, Indien und Pakistan

Roh giftig

Verwendung: gedünstet, gekocht oder gebraten für Suppen, Saucen, Pilzgerichte, Eierspeisen, weißem Fleisch

★★★★★

BUTTERPILZ, BUTTERRÖHRLING

GB: Slippery Jack mushroom
F: Bolet jaune
E: Boleto anillado, Babosillo
I: Boleto giallo, Pinarello
Lat.: *Suillus luteus*

Europäischer Speisepilz mit flach gewölbtem, 5–12 cm breitem Hut und brauner, schmieriger Huthaut, die sich leicht abziehen lässt.

Pilzfleisch: buttergelb, saftig, sehr weich

Geschmack: aromatisch, leicht bitter

Wächst in Nordeuropa in der Nähe von Kiefern.

Verwendung: gedünstet oder gebraten für Salate, Reis-, Nudel-, Kartoffel- und Fleischgerichte

★★★

MARONENRÖHRLING, BRAUNKAPPE

GB: Bay bolete
F: Bolet bai
E: Boleto bayo, Negrillo
I: Boleto badio
Lat.: *Xerocomus badius*

Europäischer Speisepilz mit dunkelbraunem, 6–12 cm breitem Hut, dickem Stiel und blassgelben Röhren, die bei Druck grünblau anlaufen.

Pilzfleisch: weißgelb, fest

Geschmack: mild, angenehm

Wächst in Nordeuropa und Nordamerika in Wäldern und auf Heiden, gern unter Reisig.

Roh giftig

Verwendung: gedünstet oder gebraten für Suppen, Saucen, Reis-, Nudel-, Kartoffel- und Fleischgerichte

Zum Trocknen geeignet

★★★★

VIOLETTER RÖTELRITTERLING

GB: Wood blewit
F: Pied bleu
E: Seta de pie azul
I: Agarico violetto
Lat.: *Lepista nuda*

Mittelgroßer Blätterpilz mit bis zu 12 cm breitem, flachem Hut und 3–6 cm langem, vollem Stiel

Pilzfleisch: hellviolett

Geschmack: erdig, leicht süßlich

Vorkommen: in Nadel- und Laubwäldern der Nordhalbkugel. Wird auch gezüchtet.

Roh ungenießbar

Verwendung: gedünstet oder gebraten für Reis-, Kartoffel-, Nudel- und Fleischgerichte

★★★

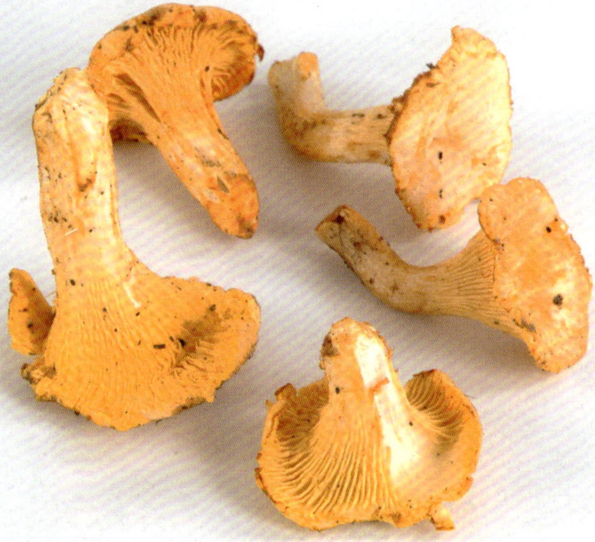

PFIFFERLING (D), EIERSCHWAMM (A), EIERSCHWÄMMLI (CH)

GB: Chanterelle mushroom
F: Chanterelle
E: Rebozuelo, Chantarela, Anacate
I: Finferlo, Gallinaccio
Lat.: *Cantharellus cibarius*

Beliebter Speisepilz mit dotter- bis goldgelbem, 3–6 cm breitem, trichterförmigem, welligem Hut und gleichfarbigem, festem Stiel, der in den Hut übergeht.

Pilzfleisch: buttergelb, fest, saftig

Geschmack: würzig-aromatisch, leicht pfeffrig

Wächst in Laub- und Nadelwäldern in Europa, Süd- und Nordamerika und Australien.

Verwendung: gedünstet oder gebraten für Salate, Saucen, Reis-, Nudel-, Kartoffel- und Fleischgerichte, als Beilage

Eignet sich gut zum Trocknen.

★★★★★

CHAMPIGNON

GB: Mushroom, Champignon
F: Champignon de Paris
E: Champiñón común
I: Champignon, Prataiolo
Lat.: *Agaricus bisporus, Agaricus campestris*

Heller, kleiner Blätterpilz mit halbkugeligem Hut, der als Wildpilz (Wiesenchampignon) und als Zuchtpilz angeboten wird.

Als Zuchtpilz der wichtigste Pilz für Lebensmittelhandel und Nahrungsmittelindustrie

Wird auf Substraten gezüchtet.

Geschmack: mild

Verwendung: roh, gedünstet oder gebraten für Salate, Suppen, Saucen, Fonds, Reis-, Nudel-, Kartoffel- und Fleischgerichte

★★★★★

CHAMPIGNONZUCHT

Champignons werden in klimatisierten Räumen auf verschiedenen Nährböden, z.B. Kompost, gezüchtet.

Wichtig bei der Champignonzucht ist eine gleichbleibende Temperatur.

Per Hand werden die Champignons geerntet und von den Zellfäden (Myzele) befreit.

Die Pilze werden grob gesäubert, abgewogen und können dann verkauft werden.

AUSTERNSEITLING, AUSTERNPILZ

GB: Oyster mushroom
F: Pleurote en huître
E: Seta de ostra, Gírgola
I: Orecchione, Fungo ostrica
Lat.: *Pleurotus ostreatus*

Speisepilz aus der Gattung der Seitlinge

Wird auf Stroh- und Holz-Substraten gezüchtet und frisch sowie getrocknet angeboten.

Junge Pilze sind saftig und bissfest.

Geschmack: mild, aromatisch

Anbau: fast weltweit

Verwendung: gedünstet oder gebraten für Salate, Reis-, Nudel- und Fleischgerichte

Wegen seines hohen Gehalts an leicht verdaulichem Eiweiß sehr bekömmlich

★★★★

KASTANIENSEITLING

GB: Indian oyster mushroom
F: Pleurote pulmonaire
E: Pleurotus pulmonarius
I: Funghi Pleurotus
Lat.: *Pleurotus pulmonarius*

Speisepilz mit samtigen, braunen Köpfchen und weißen Stielen aus der Gattung der Seitlinge

Feiner Waldpilzgeschmack

Wächst in Trauben auf Stroh- und Holz-Substraten.

Verwendung: gedünstet oder gebraten

★★★★

KRÄUTERSEITLING, KÖNIGSAUSTERNPILZ

GB: King oyster mushroom, Eryngii mushroom
F: Pleurote des ombellifères
E: Seta de cardo
I: Fungo di Ferla
Lat.: *Pleurotus eryngii*

Speisepilz aus der Gattung der Seitlinge mit beigebraunen, trompentenartig nach oben gebogenen Kappen und dickfleischigen, weißen Stielen

Zucht auf Substraten; wird frisch sowie getrocknet angeboten.

Junge Pilze sind zart, saftig und bissfest.

Geschmack: würzig-aromatisch

Ursprüngliche Heimat: Mittelmeerraum

Verwendung: roh, gedünstet, gegrillt oder gebraten für Salate, Saucen, Reis-, Nudel-, Kartoffel- und Fleischgerichte

★★★★

FRISÉEPILZ, ÄSTIGER STACHELBART

GB: Frisée mushrooms, Hericium coralloides
F: Hydne rameux
E: Hongo en forma de coral, Hericium coralloides
I: Hericium coralloides
Lat.: *Hericium coralloides*

Filigraner Zuchtpilz, dessen Formen an Eiskristalle oder Korallen erinnern.

Weißes bis cremefarbenes Fleisch

Kräftiger Waldpilzgeschmack und aromatischer Duft

Verwendung: gebraten, für Salate

★★★★

POM-POM BLANC

GB: Pom pom blanc mushroom
F: Champignon «Pom-pom» blanc
E: Melena de león
I: Fungo «Pom-pom blanc»
Lat.: *Hericium erinaceus*

Zuchtpilz, der ursprünglich aus China kommt, wo er von Feinschmeckern sehr geschätzt wird.

Zarter, champignonähnlicher Geschmack und intensiver Waldpilzgeruch

Verwendung: gedünstet und gebraten für Salate und Suppen

★★★

ENOKI-PILZ, SAMTFUSSRÜBLING (ENOKITAKE)

GB: Golden needle mushroom
F: Collybie à pied velouté
E: Colibia de pie aterciopelado
I: Collybia dal piede vellutato
Lat.: *Flammulina velutipes*

Beliebter asiatischer Speisepilz, der in Bündeln angeboten wird.

Zuchtform des Samtfußrüblings mit einem kleinen, hellen Hut und einem langem Stiel

Geschmack: mild, süßlich, nussig

Wird auch getrocknet angeboten.

Verwendung: roh in Salaten, gekocht in Suppen und asiatischen Gerichten

★★★

SHIITAKE

Lat.: *Lentinula edodes*

Beliebter Blätterpilz, nach dem Champignon der am zweithäufigsten angebaute Speisepilz

Wird auf Holz-Substraten gezüchtet und frisch sowie getrocknet angeboten.

Geschmack: mild-würzig, aromatisch

Vorkommen: wild wachsend in China und Japan

Verwendung: gedünstet oder gebraten für Salate, Saucen, Reis-, Nudel-, Kartoffel- und Fleischgerichte

Enthält viele Mineralstoffe, B-Vitamine und Eiweiß.

★★★★

MU-ERR-PILZ, JUDASOHR, WOLKENOHR, BAUMPILZ

GB: Tree ear mushroom, Black fungus
F: Oreille de Judas
E: Oreja de Judas
I: Orecchio di Giuda
Lat.: *Auricularia auricula-judae*

Chinesischer Speisepilz, dessen dunkler Fruchtkörper an eine Ohrmuschel erinnert.

Geschmack: mild, fast neutral

Wird meist getrocknet angeboten. Sollte vor dem Verarbeiten eingeweicht und gründlich abgespült werden.

Beliebt in der asiatischen, vor allem in der chinesischen Küche

Verwendung: roh und gekocht für Salate, Reis-, Nudel- und Fleischgerichte

Enthält viele Mineralstoffe.

★★★

ZWIEBEL, KÜCHENZWIEBEL

GB: Onion
F: Oignon
E: Cebolla
I: Cipolla
Lat.: *Allium cepa*

Vielseitige alte Kulturpflanze, die sowohl als Gemüse wie auch als Gewürz und Heilpflanze verwendet wird.

Die knollenartige, unterirdische Verdickung eines Liliengewächses mit dicht übereinander liegenden, fleischigen Blättern ist weltweit bekannt.

Je nach Sorte hat die Küchenzwiebel rote, braune oder weiße Schalen.

Größe, Aroma und Schärfe sind sortentypisch.

Verwendung: roh, gekocht, gedünstet, gebraten, geröstet oder geschmort als Gemüse oder Gewürz

★★★★★

SCHALOTTE

GB: Shallot
F: Échalote
E: Chalota, Escalonia, Chalote
I: Scalogno
Lat.: *Allium ascalonium*

Mittelgroße, längliche, ovale oder runde Zwiebel aus der Familie der Lauchgewächse

Die feinste und mildeste Zwiebelart

Geschmack: aromatisch, leicht süßlich, ohne den scharfen, typischen Zwiebelgeschmack

Wird schnell gar und verkocht nicht.

Verwendung: roh für Salate, Dips, Käsecremes, gekocht für Suppen, Saucen, Gemüse-, Fisch- und Fleischgerichte, glasiert als Beilage

★★★★★

PERLZWIEBEL

GB: Pearl onion
F: Petit oignon
E: Cebollita
I: Cipollina
Lat.: *Allium porrum var. sectivum*

Kleine, runde, 1,5–3 cm große Zwiebeln aus der Familie der Lauchgewächse

Geschmack: mild bis würzig

Bestandteil von Mixed Pickles

Verwendung: mariniert als Vorspeise, eingelegt zu Schinken, Wurst und Käse, gekocht oder gebraten zum Verfeinern von Saucen, geschmort für Fleischgerichte

★★★★

FRÜHLINGSZWIEBEL, LAUCHZWIEBEL

GB: Spring onion
F: Oignon nouveau
E: Cebolleta
I: Cipolla d'inverno, Cipollotto
Lat.: *Allium fistulosum*

Gemüse- und Würzpflanze, die im Aussehen jungem Lauch ähnelt, aber die für Zwiebeln charakteristischen Röhrenblätter hat.

Geschmack: zwiebelähnlich, feinwürzig

Essbar: ungeschälte Zwiebel und Blätter

Verwendung: roh für Salate, Saucen, Käsecreme, gedünstet, gekocht und gebraten für Gemüse-, Nudel-, Reis- und Wokgerichte, für herzhafte Kuchen und Quiches

★★★★

PORREE, LAUCH

GB: Leek
F: Poireau
E: Puerro
I: Porro
Lat.: *Allium ampeloprasum*

In Europa und China beliebtes Gemüse aus der Familie der Zwiebelgewächse

Ursprünglich ein Verwandter des wilden Knoblauchs, der im Mittelmeerraum wuchs.

Die bis zu 40 cm langen Stangen mit dunkelgrünem Laub bilden keine Zwiebeln.

Geschmack: scharf, aromatisch

Verwendung: gekocht als Salat, Suppe, Eintopf, Gemüsebeilage, für Reis- und Kartoffelgerichte und Quiches

★★★★★

ROTKOHL, BLAUKRAUT, ROTKRAUT (A, CH)

GB: Red cabbage
F: Chou rouge
E: Repollo morado, Col lombarda
I: Cavolo rosso
Lat.: *Brassica oleracea var. capitata f. rubra*

Typisch europäische Kohlart, die sich vom verwandten Weißkohl vor allem in der Farbe unterscheidet.

Die lila-violette Farbe kommt von Anthocyanen, die auch in roten Trauben und Heidelbeeren enthalten sind und antioxidativ wirken.

Rotkohl hat kleinere Köpfe als der Weißkohl und schmeckt leicht süßlich.

Verwendung: roh und gekocht als Salat, Suppe, Eintopf und als Beilage zu deftigen Geflügel- und Fleischgerichten

★★★★

WEISSKOHL, KOHL, WEISSKRAUT, KRAUT (A)

GB: White cabbage
F: Chou blanc
E: Repollo, Col
I: Cavolo bianco, Cavolo cappuccio
Lat.: *Brassica oleracea var. capitata f. alba*

Fast weltweit in gemäßigten Klimazonen kultiviertes Kohlgemüse mit intensivem Kohlgeschmack

Weißkohl hat größere und dichter geschlossene Köpfe als der Rotkohl.

Durch Milchsäuregärung konservierter Weißkohl heißt Sauerkraut.

Verwendung: roh, gekocht, gedünstet und gebraten für Salate, Suppen, Eintöpfe, für Rouladen; gekochtes Sauerkraut als Beilage

Enthält viel Vitamin C.

★★★★★

SPITZKOHL, SPITZKRAUT (A, CH)

GB: Pointed cabbage
F: Chou pointu
E: Col de paperina, Asa cántaro
I: Cavolo appuntito
Lat.: *Brassica oleracea var. capitata f. alba*

Verwandter des Weißkohls mit zarten, hellgrünen Blättern, die einen kegelförmigen Kopf bilden.

Vor allem in Frankreich und Deutschland beliebtes Gemüse

Die erste Kohlsorte, die im Jahr geerntet wird.

Verwendung: roh als Salat und Rohkost, gedünstet und geschmort für Suppen, Eintöpfe, Aufläufe, als Beilage, für Kohlrouladen

★★★★

WIRSING, KOHL (A), WIRZ (CH)

GB: Savoy cabbage
F: Chou de Milan
E: Col rizada, Col de Saboya, Col de Milán
I: Cavolo verza
Lat.: *Brassica oleracea var. sabauda*

Kohlgemüse mit dunkelgrünen Blättern, die locker am Strunk sitzen, aber dennoch einen Kopf bilden.

Botanisch eine Mischung zwischen Blätterkohl und Kohlkopf

Urspüngliche Heimat: Mittelmeerraum

Verwendung: gekocht für Suppen und Eintöpfe, als Beilage zu deftigen Geflügel- und Fleischgerichten, für Rouladen

★★★★

GRÜNKOHL, FEDERKOHL (CH)

GB: Curly kale, Borecole
F: Chou frisé
E: Col rizada
I: Cavolo nero
Lat.: *Brassica oleracea convar. acephala*

Schnellwüchsige Blattkohlart mit hohen Stängeln und dunkelgrünen, krausen Blättern

Schmeckt nach dem ersten Frost am besten.

Hauptanbaugebiete: Norddeutschland, Schweiz, Niederlande, Skandinavien

Roh ungenießbar

Verwendung: gekocht und geschmort in Eintöpfen, als Beilage

★★★★

BLUMENKOHL, KARFIOL (A)

GB: Cauliflower
F: Chou-fleur
E: Coliflor
I: Cavolfiore
Lat.: *Brassica oleracea var. botrytis*

Zuchtsorte des Gemüsekohls, dessen heller Kopf von geschlossenen Kohlröschen gebildet wird.

Die äußeren Hüllblätter, die sich über dem Kopf schließen, halten den Blumenkohl weiß und werden vor dem Kochen entfernt.

Anbau: weltweit, hauptsächlich in Europa und Asien

Verwendung: roh und gekocht als Salat, Gemüsebeilage, Suppe, Eintopf

★★★★★

ROMANESCO

GB: Romanesco broccoli, Roman cauliflower
Lat.: *Brassica oleracea*

Variante des Blumenkohls, italienische Züchtung

Die Blütenstände sind nicht vollständig von Hüllblättern umschlossen und färben sich während des Wachstums durch Lichteinwirkung grün.

Verwendung: roh und gekocht als Salat, Gemüsebeilage, Suppe, Eintopf

★★★★

BROKKOLI

GB: Broccoli
F: Brocoli
E: Brécol, Brócoli
I: Broccolo
Lat.: *Brassica oleracea var. italica*

Zuchtsorte des Gemüsekohls, gilt als der feine Verwandte des Blumenkohls.

Meist grüne, gelegentlich auch violette „Röschen“, die einen lockeren Blütenkopf bilden.

Essbar: Röschen, zarte Blätter und Stängel

Hauptanbaugebiete: Mittelmeerländer, USA

Verwendung: gekocht als Salat, Beilage, Suppe, Eintopf

Zählt zu den gesündesten Gemüsearten, ist leicht bekömmlich.

★★★★

ROSENKOHL, KOHLSPROSSEN (A)

GB: Brussels sprouts
F: Choux de Bruxelles
E: Col de Bruselas
I: Cavolo di Bruxelles
Lat.: *Brassica oleracea var. gemmifera*

Botanisch gesehen Triebknospe, die sich am Ansatz der Stängelblätter der bis zu 1 m hohen Pflanze bildet.

Die Blätter der walnussgroßen Röschen liegen dicht umeinander.

Geschmack: leicht süßlich, dezentes Kohl-Aroma

Hauptanbauländer: Niederlande, Frankreich und Großbritannien

Roh ungenießbar

Verwendung: gekocht als Gemüsebeilage, für Suppen und Eintöpfe

★★★★

KOHLRABI

GB: Kohlrabi, Turnip cabbage
F: Chou-rave
E: Colinabo, Nabicol
I: Cavolo rapa
Lat.: *Brassica oleracea L. convar. acephala*

Zuchtsorte des Gemüsekohls mit hellgrünen oder blauen, apfelgroßen, fleischigen Knollen

Essbar: Knolle und zarte grüne Blätter

Geschmack: aromatisch, leicht süßlich

Hauptanbaugebiete: Schweiz, Deutschland, Österreich, Italien und Frankreich

Verwendung: roh (als Carpaccio, im Salat), gebraten oder gedünstet als Beilage zu Fisch und Fleisch, für Suppen und Eintöpfe

★★★★★

CHINAKOHL

GB: Chinese cabbage
F: Chou chinois
E: Col china, Repollo chino
I: Cavolo cinese
Lat.: *Brassica rapa ssp. pekinensis*

Kohlgemüse mit länglich ovalem Kopf und knackigen, gekräuselten, hell- bis dunkelgrünen Blättern

Geschmack: leicht kohlartig, eher neutral

Hauptanbaugebiete: Europa und Ostasien

Verwendung: roh, gekocht, gedünstet und gebraten für Salate, Suppen, Eintöpfe, als Beilage und in asiatischen Gerichten

Enthält verdauungsfördernde Senföle.

★★★★

PAK CHOI, PAKSOI

GB: Pak Choi, Chinese rocket salad
F: Pak choï, Bok choy
E: Pak Choi, Pak Choy
I: Bok-choy, Cavolo cinese
Lat.: *Brassica rapa chinensis*

Kohlgemüse mit saftigen, knackigen, weißen Stielen und dunkelgrünen Blättern, die einen lockeren Kopf bilden.

Naher Verwandter des Chinakohls

Geschmack: kohlartig, leicht bitter

Hauptanbaugebiete: Asien, Niederlande

Verwendung: roh, gekocht, gedünstet und gebraten für Salate, Suppen, Eintöpfe, als Beilage und für asiatische Gerichte

★★★★

CHINESISCHER SENFKOHL, KAI CHOI

GB: Chinese leaf mustard
F: Moutarde chinoise verte
E: Mostaza parda, Mostaza de la China
I: Cavolo indiano, Senape indiana
Lat.: *Brassica juncea*

Kohlgemüse mit festen, knackigen, weißen Stielen und breiten, hellgrünen Blättern

Varietät des Pak Choi, eines nahen Verwandten des Chinakohls

Geschmack: pfeffrig, leicht bitter

Hauptanbaugebiete: Asien, Hawaii, Niederlande

Verwendung: roh, gekocht, gedünstet und gebraten für Salate, Suppen, Eintöpfe, als Beilage und in asiatischen Gerichten

Enthält viel Vitamin A und K.

★★★

MÖHRE, KAROTTE, GELBE RÜBE, MOHRRÜBE, RÜEBELI (CH)

GB: Carrot
F: Carotte
E: Zanahoria
I: Carota
Lat.: *Daucus carota ssp. sativus*

Meist orangefarbene, fleischige Wurzel

Größe, Form und Farbe sind sortenabhängig.

Geschmack: aromatisch, leicht süßlich

Bestandteil von Suppengrün und Röstgemüse

Eine der ältesten Nutzpflanzen des Abendlands

Hauptanbaugebiete: Europa, China, USA, Russland

Verwendung: roh, gedünstet oder gekocht für Salate, Suppen, Eintöpfe, Saucen, als Beilage, Saft

Enthält viel Carotin, Vitamin C, Kalium und Eisen.

★★★★★

MÖHRE PURPLE HAZE

GB: Purple Haze carrot
F: Carotte Purple Haze
E: Zanahoria Purple Haze
I: Carote Purple Haze
Lat.: *Daucus carota ssp. sativus*

Violette Hybrid-Möhrensorte mit orangefarbenem Kern

Schmeckt süßer und ist saftiger als andere Möhren.

Verwendung: roh, gedünstet oder gekocht für Salate, Suppen, Eintöpfe, als Beilage

★★★★

STECKRÜBE, GELBE RÜBE (CH)

GB: Rutabaga, Swedish turnip
F: Rutabaga
E: Colinabo, Rutabaga
I: Rutabaga
Lat.: *Brassica napus ssp. rapifera*

Rundliche, gelbfleischige Wurzelknolle mit zartem Fruchtfleisch und dicker, rötlicher Schale

Geschmack: angenehm süßlich-würzig, kohlähnlich

Verwendung: gegart als Beilage, für Püree und Gemüseeintöpfe, frittiert

★★★

MAIRÜBE, NAVETTE

GB: Turnip
F: Navet
E: Nabo de primavera
I: Rapa
Lat.: *Brassica rapa ssp. rapa*

Weiß-lilafarbene, etwa 5 cm große Speiserübe mit cremig-weichem Fruchtfleisch, die mit der weißen Herbstrübe verwandt ist.

Das Wurzelgemüse wird im späten Frühjahr regional auf den europäischen Märkten angeboten.

Geschmack: leicht scharf

Verwendung: roh (geschält) als Salat oder Rohkost, gedünstet oder gekocht in Eintöpfen, als Beilage

Enthält viele Mineralstoffe, Vitamine und Eiweiß.

★★★★

ROTE BETE, ROTE RÜBE, RAHNER (A), RANDE (CH)

GB: Beetroot, Red beet
F: Betterave
E: Remolacha
I: Barbabietola
Lat.: *Beta vulgaris ssp. vulgaris var. conditiva*

Dunkelrote, längliche und runde Knollen mit rotem, stark färbendem Saft (beim Schälen Küchenhandschuhe tragen)

Geschmack: süßlich, erdig

Ursprüngliche Heimat: der Mittelmeerraum. Wird heute in ganz Mitteleuropa kultiviert.

Verwendung: roh und eingelegt als Salat und Carpaccio, gekocht in Suppen und Eintöpfen, gedünstet oder gebacken als Beilage, als Saft

Enthält viele Mineralstoffe.

★★★★

RETTICH, RADI (A)

GB: White Radish
F: Radis blanc
E: Rábano
I: Ramolaccio, Rafano
Lat.: *Raphanus sativus*

Weiße, rote oder schwarze Knollen des Garten-Rettichs

Form je nach Sorte rund, zapfenförmig oder zylindrisch

Fruchtfleisch: weiß, saftig

Geschmack: sortentypisch scharf-würzig bis angenehm-mild

Eine der ältesten Kulturpflanzen, ursprüngliche Heimat Vorderasien

Verwendung: roh als Salat oder Rohkost, gekocht für Suppe und asiatische Gerichte

Gehört zu den gesündesten Gemüsen, enthält Senföl.

★★★★

SCHWARZER RETTICH

GB: Black Radish
F: Radis noir
E: Rábano negro
I: Rafano nero
Lat.: *Raphanus sativus L. var. niger*

Runde, schwarze, 8–10 cm große Knolle des Winterrettichs

Fruchtfleisch: weiß, fest

Geschmack: viel schärfer als der weiße Rettich

Verwendung: roh als Salat oder Rohkost, gekocht oder gedämpft als Suppe und Gemüse

Enthält Senföl und viel Vitamin C.

★★★★

EISZAPFEN

GB: Icicle radish
F: Chandelle de glace
E: Rabanillo blanco
I: Candela di ghiaccio
Lat.: *Raphanus sativus ssp. sativus*

Mit Rettich und Radieschen verwandtes Gemüse mit länglichen, weißen Knollen, die an Eiszapfen erinnern.

Geschmack: leicht scharf, würzig

Verwendung: roh als Salat oder Rohkost, gekocht für Suppe und asiatische Gerichte

Enthält Senföl.

★★★

RADIESCHEN

GB: Radish
F: Radis
E: Rabanillo, Rabanito
I: Ravanello
Lat.: *Raphanus sativus ssp. sativus*

Meist rote Knollen einer Nutzpflanze, die zu den Garten-Rettichen gehört.

Form varriert je nach Sorte von kugelig rund über langoval bis zylindrisch.

Fruchtfleisch: weiß, saftig

Geschmack: scharf-würzig, erfrischend

Verwendung: roh als Salat, Brotauflage oder Rohkost

Enthält Senföl

★★★★

FENCHEL

GB: Fennel
F: Fenouil
E: Hinojo
I: Finocchio
Lat.: *Foeniculum vulgare var. azoricum*

Weltweit verbreitete Gemüse- und Gewürzpflanze, die über der Erde eine zwiebelförmige, weiße Knolle bildet.

Essbar: Knolle und frisches Fenchelgrün

Geschmack: anisähnlich, aromatisch

Verwendung: roh als Carpaccio, für Salate, gebraten oder gedünstet als Beilage zu Fisch und Fleisch, für Suppen und Eintöpfe

★★★★★

KNOLLENSELLERIE, WURZELSELLERIE

GB: Celeriac
F: Céleri rave, Céleri pomme
E: Apio nabo, Apio de bulbo
I: Sedano rapa
Lat.: *Apium graveolens var. rapaceum*

Knollengemüse mit rundlichen Sprossknollen, die bis zu 1 kg schwer sind.

Geschmack: frisch, würzig

Bestandteil von Suppengrün und Röstgemüse

Hauptanbaugebiet: Europa

Verwendung: gekocht in Suppen, Eintöpfen, als Püree, paniert und gebacken, für Saucen und Fonds

Enthält viel Vitamin A und Mineralstoffe.

★★★★

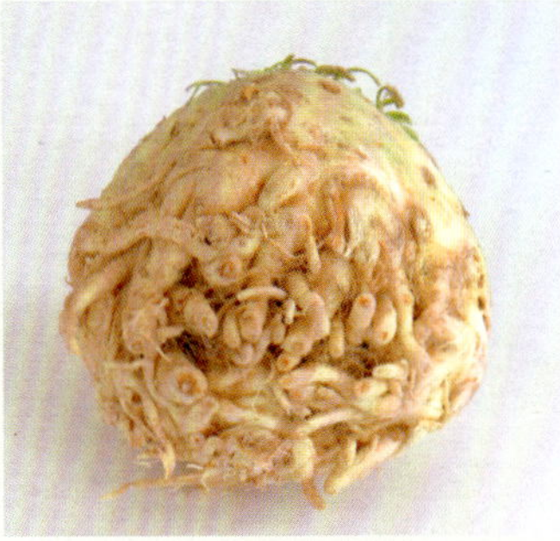

STANGENSELLERIE, STAUDENSELLERIE

GB: Celery
F: Céleri en branches
E: Apio nabo
I: Sedano
Lat.: *Apium graveolens var. dulce*

Verwandte des Knollensellerie mit bis zu 50 cm großen und bis zu 4 cm breiten Blattstielen und sehr kleiner Knolle

Wird auch als hellgrüner bis gelber Bleichsellerie angeboten.

Geschmack: frisch, würzig, weniger intensiv als Knollensellerie

Ursprüngliche Heimat: Mittelmeerraum

Verwendung: roh für Salate und Rohkost, gedünstet, gekocht und gratiniert für Suppen, Eintöpfe, Saucen, Gemüse-, Nudel- und Reisgerichte, als Beilage

Enthält viele Mineralstoffe.

★★★★

SCHWARZWURZEL, WINTERSPARGEL

GB: Black salsify, Scorzonera
F: Scorsonère, Salsifis
E: Escorzonera
I: Scorzonera
Lat.: *Scorzonera hispanica*

Schmackhafte, 30–40 cm lange Wurzel mit weißem Fruchtfleisch

Geschmack: fein-aromatisch

Zählt zu den gesündesten Wintergemüsen.

Verwendung: geschält und gekocht für Suppen, Eintöpfe, Reis- und Nudelgerichte, als Beilage, frittiert oder gebraten

Enthält viele Mineralstoffe und Vitamine.

★★★★

KARTOFFEL, ERDAPFEL (A)

GB: Potato
F: Pomme de terre
E: Patata, papa
I: Patata
Lat.: *Solanum tuberosum*

Unterirdische Sprossknolle der Kartoffelpflanze, einem Nachtschattengewächs

Weltweit über 5000 Sorten; in vielen Teilen der Welt ein Grundnahrungsmittel

Größe, Form, Geschmack und Kocheigenschaften sind sortentypisch.

Die Urform der Kartoffel stammt aus den südamerikanischen Anden; seit dem 17. Jahrhundert wird sie auch in Europ angebaut.

Roh ungenießbar

Verwendung: sortenabhängig geeignet für Salate, Püree, Suppen, Salz- oder Pellkartoffeln, Gratins, Bratkartoffeln, Baked Potatoes oder Pommes Frites

★★★★★

ACKERSEGEN

Alte deutsche, ertragreiche Kartoffelsorte mit gelbem Fruchtfleisch und sehr gutem, buttrigem Geschmack, die 1929 zugelassen wurde.

Die großen, ovalen Knollen mit gelber Schale sind vorwiegend festkochend.

Verwendung: geeignet für Salzkartoffeln, Pellkartoffeln, Bratkartoffeln und Gratins

Lässt sich gut lagern.

★★★★

AGATA

Ertragreiche, holländische Kartoffelsorte mit gelbem Fruchtfleisch, die 1990 zugelassen wurde.

Die großen, ovalen Knollen mit dünner Schale sind festkochend bis vorwiegend festkochend.

Verwendung: geeignet für Salzkartoffeln, Pellkartoffeln, Salat, Bratkartoffeln und Gratins

Frühkartoffel, nicht lagerfähig

★★★★

AGRIA

Mittelfrühe, deutsche Kartoffelsorte mit gelbem Fruchtfleisch, die 1985 zugelassen wurde.

Die großen, langovalen bis langen Knollen mit dunkelbrauner Schale sind vorwiegend festkochend bis mehlig kochend.

Verwendung: geeignet für Suppen, Püree, Baked Potatoes und Pommes Frites

Lässt sich gut lagern

★★★★

BAMBERGER HÖRNCHEN

Alte süddeutsche Kartoffelsorte, die nie züchterisch bearbeitet wurde und wegen ihres nussigen, intensiven Aromas bei Feinschmeckern sehr beliebt ist.

Die kleinen, fingerdicken, länglichen und oft krummen Knollen mit sehr dünner Schale sind vorwiegend festkochend.

Verwendung: gekocht für Salat oder als Beilage zu Fisch- und Fleischgerichten

★★★★★

CHRISTA

Frühe, ertragreiche, deutsche Kartoffelsorte mit gelbem Fruchtfleisch und intensivem Kartoffelgeschmack, die 1975 zugelassen wurde.

Die langovale Knolle mit gelber Schale ist vorwiegend festkochend.

Verwendung: geeignet für Salzkartoffeln, Pellkartoffeln, Bratkartoffeln und Gratins

★★★★

CILENA

Frühe, deutsche Kartoffelsorte mit tiefgelbem Fruchtfleisch, die 1982 zugelassen wurde.

Die leicht birnenförmige Knolle mit gelber, glatter, dünner Schale ist festkochend.

Verwendung: geeignet für Salat, Salzkartoffeln, Pellkartoffeln, Bratkartoffeln und Gratins

Nicht lagerfähig

★★★★

EDZELL BLUE

Mittelfrühe, ertragreiche, alte schottische Kartoffelsorte aus dem 19. Jahrhundert mit weißem Fruchtfleisch

Die runden Knollen mit blauer bis blauvioletter Schale sind mehlig kochend.

Verwendung: geeignet für Püree, Suppen, Eintöpfe, Kroketten

Lange lagerfähig

★★★★

HERMANNS BLAUE

Mittelfrühe, alte deutsche Kartoffelsorte mit blau marmoriertem Fruchtfleisch und kräftigem Geschmack

Die rundovalen Knollen mit blauer Schale sind vorwiegend festkochend.

Verwendung: geeignet für Salat, Pellkartoffeln, Gratins und Pommes frites

★★★★

HIGHLAND BURGUNDY RED

Mittelspäte, ertragreiche, schottische Kartoffelsorte mit ausgeprägtem Geschmack, die 1902 erstmals erwähnt wurde.

Einzige Kartoffel mit rotem Fruchtfleisch, dessen Farbe auch nach dem Kochen erhalten bleibt.

Die runden bis ovalen Knollen mit glatter, weinroter Schale sind mehlig kochend.

Verwendung: geeignet für Salat, Püree und Bratkartoffeln

Nicht lagerfähig

★★★★

MAJA

Mittelfrühe, ertragreiche, deutsche Kartoffelsorte mit gelbem Fruchtfleisch, die 1973 zugelassen wurde.

Die großen, rundovalen Knollen mit rauer Schale sind vorwiegend festkochend.

Verwendung: geeignet für Salzkartoffeln, Pellkartoffeln, Suppen, Püree, Salat, Bratkartoffeln und Gratins

★★★★

ODENWÄLDER BLAUE

Mittelfrühe, alte deutsche Kartoffelsorte mit hellgelbem Fruchtfleisch und würzig-mehligem Geschmack, die 1908 zugelassen wurde.

Die runden Knollen mit blauer Schale sind mehlig kochend.

Geschmack: würzig, mehlig

Verwendung: geeignet für Suppen, Eintöpfe, Püree, Kartoffelknödel, Kroketten und Kartoffelpuffer

★★★★

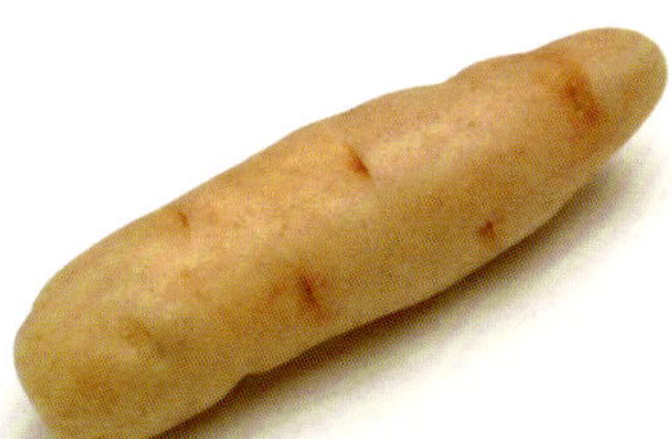

PINK FIR APPLE

Spät reifende, alte, englische Kartoffelsorte mit gelbem Fruchtfleisch und aromatischem Geschmack, erstmals erwähnt um 1850

Eine der ältesten Sorten, die in England noch kommerziell angebaut werden.

Die länglich verwachsenen Knollen mit rosa Schale sind festkochend.

Verwendung: geeignet für Salat, als Beilage zu Fisch- und Fleischgerichten

★★★★★

LA RATTE

Mittelfrühe, alte französische Kartoffelsorte mit nussigem Geschmack, die 1872 erstmals erwähnt wurde.

Gilt unter Feinschmeckern als hochwertigste Speisekartoffel.

Die kleinen, länglichen und hörnchenförmigen Knollen mit dünner Schale sind festkochend.

Verwendung: geeignet für Salat und als Beilage zu Fisch- und Fleischgerichten

★★★★★

REICHSKANZLER

Mittelspäte, alte deutsche Kartoffelsorte mit weißem Fruchtfleisch und kräftigem Geschmack, erstmals erwähnt 1885

Die rundovalen Knollen mit glatter, rosa Schale sind mehlig kochend.

Verwendung: geeignet für Salat, Suppen, Salzkartoffeln, Pellkartoffeln, Bratkartoffeln und Gratins

★★★★

SECURA

Mittelfrühe, deutsche Kartoffelsorte mit gelbem Fruchtfleisch, die 1985 zugelassen wurde.

Die gleichmäßigen, länglichen Knollen mit glatter, gelber Schale sind vorwiegend festkochend.

Verwendung: geeignet für Salzkartoffeln, Pellkartoffeln, Bratkartoffeln und Gratins

★★★★

SHARON BLUE

Alte amerikanische, mittelspäte Kartoffelsorte mit blau-weiß marmoriertem Fruchtfleisch, die bereits vor 1900 bekannt war.

Die großen, ovalen, dunkelvioletten Knollen mit glatter Schale sind vorwiegend festkochend.

Verwendung: geeignet für Salate, Pellkartoffeln, Bratkartoffeln und Gratins

★★★★

SHETLAND BLACK

Alte schottische, mittelfrühe Kartoffelsorte mit gelbem Fruchtfleisch, das im Bereich der Schale lila durchzogen ist.

Die kleinen bis mittelgroßen, ovalen, schwarzvioletten Knollen sind vorwiegend festkochend.

Geschmack: cremig

Verwendung: geeignet für Salzkartoffeln, Pellkartoffeln, Bratkartoffeln und Gratins

★★★★

SOLARA

Mittelfrühe Kartoffelsorte mit gelbem Fruchtfleisch

Die rundovale Knolle mit glatter, gelber Schale ist vorwiegend festkochend.

Eignet sich gut für die Herstellung von Fertigmahlzeiten.

Verwendung: geeignet für Salzkartoffeln, Pellkartoffeln, Bratkartoffeln und Gratins

Lässt sich gut lagern.

★★★★

SÜSSKARTOFFEL, BATATE

GB: Sweet potato, Batata
F: Patate douce, Batate
E: Batata, Camote, Papa dulce
I: Batata, Patata dolce
Lat.: *Ipomoea batatas*

Nicht mit der Kartoffel verwandt, sondern die längliche, rundliche oder spindelförmige Knolle eines Windengewächses

Die Schale ist dunkelrot bis violett, das Fuchtfleisch goldorange.

Geschmack: aromatisch, süß

Anbau: weltweit in den Tropen und Subtropen

Verwendung: wie Kartoffeln gekocht, püriert, gedämpft, gebacken, gebraten oder frittiert

★★★★

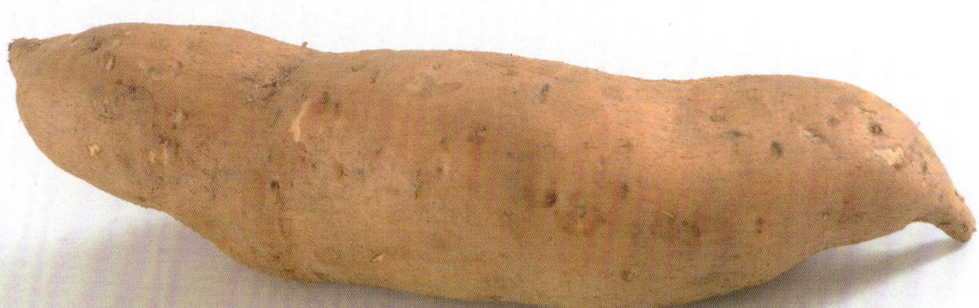

ARTISCHOCKE

GB: Artichoke
F: Artichaut
E: Alcachofa
I: Carciofo
Lat.: *Cynara scolymus*

Ungeöffnete Blütenknospe der distelartigen Artischockenstaude

Größe, Form und Farbe sind sortentypisch.

Geschmack: leicht bitter, herb

Hauptanbauländer: Frankreich, Italien, Spanien, Ägypten, USA und Argentinien

Roh ungenießbar. Bei den großen, runden Sorten sind nur die unteren, fleischigen Teile der Schuppenblätter und der fleischige Blütenboden essbar.

Verwendung: gekocht mit Vinaigrette oder Dip (als Vorspeise), gekochte Böden als Beilage

Artischockenböden werden auch in Öl oder gewürzter Essiglake eingelegt angeboten.

Enthält den Bitterstoff Cynarin, der Leber und Galle anregt.

★★★★★

MANGOLD, KRAUTSTIEL (CH)

GB: Chard, Spinach beet
F: Blette, Bette
E: Acelga
I: Bietola
Lat.: *Beta vulgaris ssp. vulgaris var. vulgaris*

Botanisch gesehen die Blattrosette einer Rübenart, bei der nicht die Rübe, sondern die dunkelgrünen oder violett-roten Blätter verwendet werden.

Am bekanntesten ist der Stielmangold mit etwa 40 cm langen Blättern und weißen, roten oder gelben Stielen und dicker Mittelrippe.

Geschmack: spinatähnlich, würzig, intensiv

Verwendung: gekocht, gedünstet oder geschmort als Gemüsebeilage, in Suppen, Eintöpfen, Nudelgerichten, für Quiches

★★★★★

SPINAT

GB: Spinach
F: Épinard
E: Espinaca
I: Spinacio
Lat.: *Spinacia oleracea*

Blattgemüse mit gestielten, fleischigen, dunkelgrünen Blättern

Geschmack: leicht metallisch, würzig

Der teurere Blattspinat wird von Hand geerntet, Wurzelspinat samt der Wurzel maschinell aus der Erde gezogen.

Ein Großteil der Ernte wird industriell verarbeitet.

Anbau: weltweit, außer in den Tropen

Verwendung: roh (Salat) und gekocht (Beilage, Suppe, Gratin, Auflauf, Gemüsekuchen)

Enthält viele Mineralstoffe und Vitamine.

★★★★★

BRENNNESSEL

GB: Stinging nettle
F: Ortie
E: Ortiga
I: Ortica
Lat.: *Urtica*

Bis zu 1 m hohe krautige Pflanze mit elliptischen, gesägten, tiefgrünen Blättern, die mit Brenn- und Borstenhaaren besetzt sind.

Verwendet werden nur die jungen Blätter und Triebspitzen.

Verwendung: roh als Salat, gekocht (Gemüse), Saft, Tee

★★★

SAUERAMPFER

GB: Sorrel
F: Oseille, Oxalide
E: Acedera, Vinagrera
I: Acetosa
Lat.: *Rumex acetosa*

Krautige, 30–100 cm hohe Pflanze mit unmittelbar aus der Wurzel sprießenden Blättern

Verwendet werden nur die jungen, zarten Blätter.

Verliert beim Trocknen sein Aroma.

Geschmack: säuerlich, erfrischend

Verwendung: würzt Salate, Saucen, Eierspeisen, Pürree; gekocht als Wildgemüse

★★★

STIELMUS, RÜBSTIEL

GB: Broccoli rabe, Rapini
F: Brocoli-rave
E: Grelo
I: Friariello
Lat.: *Brassica rapa ssp. silvestris*

Botanisch gesehen ein Wurzelgemüse, von dem jedoch nur die jungen Blätter gegessen werden.

Eng verwandt mit der Mairübe und dem Teltower Rübchen

Verwendung: roh als Salat, gekocht als Beilage, für Eintöpfe

★★★

PORTULAK, POSTELEIN

GB: Purslane, Pigweed
F: Pourpier
E: Verdolaga
I: Porcellana
Lat.: *Portulaca oleracea*

15–40 cm große Pflanze mit fleischig verdickten, eiförmigen, grünen Blättern

Geschmack: fein-säuerlich, leicht nussig

Verwendung: Stiele entfernen, Blätter mit Dressing anmachen

Blütenknospen können als Kapernersatz verwendet werden.

★★★

FELDSALAT, RAPUNZEL, VOGERLSALAT (A), NÜSSLISALAT (CH)

GB: Cornsalad, Lamb's lettuce
F: Mâche, Doucette, Boursette, Salade de blé
E: Canónigo, Varianela, Dulceta
I: Dolcetta, Gallinella, Valerianella
Lat.: *Varianella locusta*

Beliebter Wintersalat mit daumengroßen, kräftigen, dunkelgrünen, würzigen Blättern

Verwendung: Wurzeln entfernen, Blätter mit Dressing anmachen

Blattsalat mit dem höchsten Eisengehalt

★★★★

RAUKE, RUKOLA

GB: Rocket, Arugula
F: Roquette
E: Rúcula, Roqueta
I: Rucola
Lat.: *Eruca sativa, Diplotaxis tenuifolia*

Ursprünglich ein Wildkraut mit tiefgrünen, länglichen Blättern, wird heute meist gezüchtet.

Feinblättrige Rauke ist vor allem in Italien und Deutschland beliebt.

Geschmack: nussig

Verwendung: dicke Stiele entfernen, Blätter mit Dressing anmachen

★★★★

ENDIVIE, WINTERENDIVIE

GB: Escarole, Broad-leaved endive
F: Chicorée scarole
E: Escarola
I: Lattuga scarola
Lat.: *Cichorium endivia var. latifolium*

Grüne, robuste, breite, ungeteilte Blätter, die einen leicht bitteren Beigeschmack haben.

Bildet keinen geschlossenen Salatkopf.

Wintersalat, von dem es inzwischen auch Sommersorten (Romana oder Römischer Salat) gibt.

Verwendung: Blätter in dünne Streifen schneiden und mit Dressing anmachen

★★★★

ROMANA-SALAT, RÖMISCHER SALAT, LATTICH (CH)

GB: Romaine lettuce, Cos lettuce
F: Laitue romaine
E: Lechuga romana
I: Lattuga romana
Lat.: *Lactuca sativa var. longifolia*

Bis zu 40 cm hoher Salat mit dunkelgrünen, robusten Außenblättern und hellgrünen zarteren Innenblättern

Geschmack: wie Kopfsalat, mit einer süßlichen Note

Bildet keinen festen Salatkopf.

Verwendung: Blätter in Streifen schneiden und mit Dressing anmachen

★★★★

CHICORÉE

GB: Belgian endive, Witloof
F: Endive, Chicon
E: Endivia de Bruselas, Chicoria
I: Indivia belga
Lat.: *Cichorium intybus var. foliosum*

Erstmals in Belgien (Brüssel) gezüchtete Sprosse, die im Dunkeln gezogen wird, damit ihre Blätter hell und zart bleiben; je grüner sie sich verfärben, desto bitterer schmecken sie.

Geschmack: erfrischend, zartwürzig, nur der Strunk ist bitter

Roter Chicorée ist eine Kreuzung aus Chicorée und Radicchio.

Verwendung: Wurzelansatz keilförmig herausschneiden, Blätter in Streifen schneiden; roh als Salat und gedünstet als Gemüse

★★★★

RADICCHIO

Lat.: *Cichorium intybus*

Salatgemüse mit runden oder länglichen Köpfen und angenehm bitterem Geschmack, Varietät der Zichorie (Wegwarte) und verwandt mit Chicorée und Endivie

Sortentypische Größe, Form und Farbe

Je nach Sortengruppe mit dunkelweinroten, grünen oder beigeweißen, rotgesprenkelten Blättern

Verwendung: roh als Salat, gedünstet, gebraten oder gegrillt

Enthält den Bitterstoff Intybin, der die Verdauung anregt, entwässert und entschlackt.

★★★★★

FRISÉE-SALAT, KRAUSE ENDIVIE

GB: Frisée, Curly endive
F: Chicorée frisée
E: Endivia rizada
I: Lattuga ricciuta
Lat.: *Cichorium endivia var. crispum*

Krause Endivie mit stark geschlitzten Blättern

Bildet keinen festen Salatkopf.

Blätter werden einige Zeit vor der Ernte oben zusammengebunden, damit die Herzblätter hellgelb werden.

Verwendung: Blätter zerteilen und mit Dressing anmachen

★★★

LOLLO ROSSO

GB: Lollo rosso
F: Laitue Lollo rouge
E: Lechuga Lollo rosso
I: Lattuga Lollo rosso
Lat.: *Lactuca sativa var. crispa*

Variante des Bataviasalats mit roten, stark gekrausten welligen Blättern

Bildet keinen festen Salatkopf.

Geschmack: leicht herb mit nussigem Aroma

Erstmals in Italien gezüchtet

Verwendung: Blätter zerteilen und mit Dressing anmachen

★★★★

LOLLO BIONDO

GB: Lollo biondo
F: Laitue Lollo blonde
E: Lechuga Lollo biondo
I: Lattuga Lollo biondo
Lat.: *Lactuca sativa var. crispa*

Variante des Bataviasalats mit grünen, stark gekrausten welligen Blättern

Bildet keinen festen Salatkopf.

Geschmack: leicht herb mit nussigem Aroma

Erstmals in Italien gezüchtet

Verwendung: Blätter zerteilen und mit Dressing anmachen

★★★★

BATAVIASALAT

GB: Batavia lettuce
F: Laitue batavia
E: Lechuga batavia
I: Lattuga batavia
Lat.: *Lactuca sativa var. capitata*

Verwandter des Eisbergsalats, ursprünglich in Frankreich gezüchtet

Innen grün, an den Blatträndern rötlich

Knackige, festere Blätter

Verwendung: Blätter zerteilen und mit Dressing anmachen

★★★★

EICHBLATTSALAT

GB: Oak leaf lettuce
F: Laitue de feuille de chêne
E: Lechuga hoja de roble
I: Lattuga biscia
Lat.: *Lactuca sativa var. acephala*

Zählt zu den Pflücksalaten, bildet keinen geschlossenen Salatkopf.

Zarte braunrötliche bis grüne Blätter, unterschiedlich gezackt, mit nussigem Geschmack

Welkt nach der Ernte schnell.

Verwendung: Blätter zerteilen und mit Dressing anmachen

★★★★

KOPFSALAT, GRÜNER SALAT, HÄUPTLSALAT (A)

GB: Lettuce
F: Laitue, Laitue pommée
E: Lechuga francesa, Trocadero
I: Lattuga cappuccina
Lat.: *Lactuca sativa var. capitata*

Grüner Salat mit gelben Herzblättern

Inzwischen auch rote Variante, deren Blätter noch zarter sind.

Blätter bilden einen festen Kopf.

Freilandsalate sind schwerer, haben festere Blätter und einen ausgeprägteren Geschmack als Treibhausware.

Verwendung: Blätter zerteilen und mit Dressing anmachen

★★★★

EISBERGSALAT, EISSALAT

GB: Iceberg lettuce
F: Laitue dhiver
E: Lechuga iceberg
I: Lattuga iceberg, Cupettone
Lat.: *Lactuca sativa var. capitata*

Zuchtform des Kopfsalats mit großem, festem Kopf

Hellgrüne, knackige Blätter, die fest aneinander haften.

Lange haltbar

Wurde einst unter Eisstücken von der amerikanischen Westküste an die Ostküste transportiert.

Verwendung: Blätter zerteilen und mit Dressing anmachen

★★★★

ESSBARE BLÜTEN

GB: Edible Flowers
F: Fleurs comestibles
E: Flores comestibles
I: Fiori commestibili

Mischung von essbaren Blüten wie Kapuzinerkresse, Borretsch, Ringelblumen, Rosen, Speisechrysantheme, Zitronen- und Orangentagetes, Gänseblümchen oder Vergissmeinicht

Die Blüten sollten dem Salat erst unmittelbar vor dem Verzehr untergemischt werden.

Verwendung: mit Dressing angemacht als Salat, zur Garnierung

★★★

TOMATE, PARADEISER (A)

GB: Tomato
F: Tomate
E: Tomate
I: Pomodoro
Lat.: *Solanum lycopersicum*

Frostempfindliches, krautiges Nachtschattengewächs mit gelben, grünen, roten, weißen oder violetten Früchten, die botanisch gesehen Beeren sind.

Größe, Form, Gewicht, Farbe und Geschmack sind sortentypisch.

Weltweit über 10.000 Sorten

Ursprüngliche Heimat: Mittel- und Südamerika

Verwendung: roh, gefüllt, gebacken, gedünstet oder gekocht für Salate, Vorspeisen, Suppen, Eintöpfe, Saucen, als Beilage, Saft

Enthält Lycopin, einen sekundären Pflanzenstoff mit antioxidativen Eigenschaften.

★★★★★

STRAUCHTOMATE, RISPENTOMATE

GB: Vine tomato
F: Tomate en grappe
E: Tomate en rama
I: Pomodoro ramato
Lat.: *Solanum lycopersicum*

Runde, etwa 4–7 cm große Tomate, die reif geerntet und meist noch an der Rispe angeboten wird.

Geschmack: herzhaft, süß

Sehr beliebt in Deutschland und den Niederlanden

Verwendung: roh, gefüllt, gebacken, gedünstet oder gekocht für Salate, Vorspeisen, Suppen, Eintöpfe, Saucen, als Beilage, Saft

★★★★★

EIERTOMATE, FLASCHENTOMATE

GB: Plum tomato, Egg tomato
F: Tomate allongée
E: Tomate pera
I: Pomodoro perino
Lat.: *Solanum lycopersicum*

Länglich ovale, etwa 5–10 cm lange, sehr fleischige Tomate

Die bekanntesten Eiertomatensorten sind die San-Marzano, eine alte Tomatensorte mit EU-weit geschützter Ursprungsbezeichnung (g.U.), sowie die Roma, beide aus Italien.

Geschmack: aromatisch, leicht süßlich, fruchtig

Da sich die weiche Schale leicht entfernen lässt, werden Eiertomaten vor allem für Konserven verwendet (geschälte Tomaten).

Verwendung: roh für Salate, gekocht für Suppen und Saucen

★★★★★

KIRSCHTOMATE, COCKTAILTOMATE

GB: Cocktail tomato, Cherry tomato
F: Tomate cocktail, Tomate cerise
E: Tomate cóctel, Tomate cherry
I: Pomodorini
Lat.: *Lycopersicon lycpersicum var. cerasiforme*

Kleine, meist rote, aber auch gelbe oder orangefarbene Tomaten, etwa 2,5 cm groß, mit fester Schale

Geschmack: aromatisch

Kommen angeblich der Urform der Tomate aus Peru und Mexiko am nächsten.

Verwendung: roh, gedünstet oder gebraten für Vorspeisen, Salate, Suppen, Eintöpfe, Saucen, Nudel- und Reisgerichte

★★★★★

FLEISCHTOMATE

GB: Beefsteak tomato
F: Tomate charnue
E: Tomate carnoso
I: Pomodoro cuore di bue
Lat.: *Lycopersicon lycopersicum*

Großfruchtige robuste Tomate mit dicker Schale und hohem Fruchtanteil und wenigen Kernen

Die Früchte sind besonders schnittfest, platzen nicht leicht und sind lange haltbar.

Geschmack: aromatisch, fruchtig und saftig süß

Wird vor allem in den Mittelmeerländern angebaut.

Verwendung: roh, gefüllt, gebacken, gedünstet oder gekocht für Salate, Vorspeisen, Suppen und Saucen

★★★★★

OCHSENHERZTOMATE

GB: Bull's heart tomato
F: Cœur du bœuf
E: Corazón de buey
I: Cuore di bue
Lat.: *Lycopersicon lycpersicum*

Alte italienische, ertragreiche, mittelgroße bis große, stark gerippte, saftige Tomatensorte mit viel Fruchtfleisch und wenigen Kernen

Gehört zu den Fleischtomaten.

Geschmack: mild-aromatisch, leicht süßlich

Verwendung: roh, gefüllt, gebacken, gedünstet oder gekocht für Salate, Vorspeisen, Suppen und Saucen

★★★★

COSTOLUTO-TOMATE

GB: Costoluto tomato
F: Tomate costoluto
E: Tomate costoluto
I: Pomodoro costoluto
Lat.: *Lycopersicon lycpersicum*

Alte italienische, ertragreiche, große, stark gerippte Tomate mit viel Fruchfleisch und wenigen Kernen

Zählt zu den Fleischtomaten.

Fruchtfleisch: fest, saftig

Geschmack: aromatisch, süßsäuerlich

In der italienischen Küche beliebte Sorte für Sugo (Tomatensauce)

Verwendung: roh für Salate und Rohkost, gefüllt als Vorspeise, gegrillt als Beilage

★★★★

PAPRIKASCHOTE, PEPERONI (CH)

GB: Sweet Pepper, Bell Pepper
F: Poivron, Piment doux
E: Pimiento
I: Peperone
Lat.: *Capsicum annuum*

Früchte der Paprikastaude, die ursprünglich aus Lateinamerika stammt.

Heute werden fast weltweit in den wärmeren Klimazonen über 2000 Paprikasorten kultiviert, die sich in Form, Farbe, Größe und Geschmack unterscheiden.

Eine der bekanntesten Sorten ist die Gemüsepaprika, deren Schoten bis zu 250 g schwer sind.

Während ihrer Reife färben sich die zunächst grünen Schoten erst gelb, dann rot und werden dabei süßer.

Verwendung: roh, gefüllt, gebraten, gedünstet oder gekocht für Salate, Vorspeisen, Suppen, Eintöpfe, Saucen, als Beilage

★★★★★

PIMIENTOS DE PADRÓN

GB: Padrón peppers
F: Piment de Padrón
E: Pimientos de Padrón
I: Peperoni di Padrón
Lat.: *Capiscum annuum*

Längliche, grüne, unreife, kleine Paprikaschoten aus Padrón (Galizien)

Sanfte, angenehme Schärfe und typischer Geschmack

Verwendung: im Ganzen in Olivenöl gebraten als Snack und Beilage

★★★★

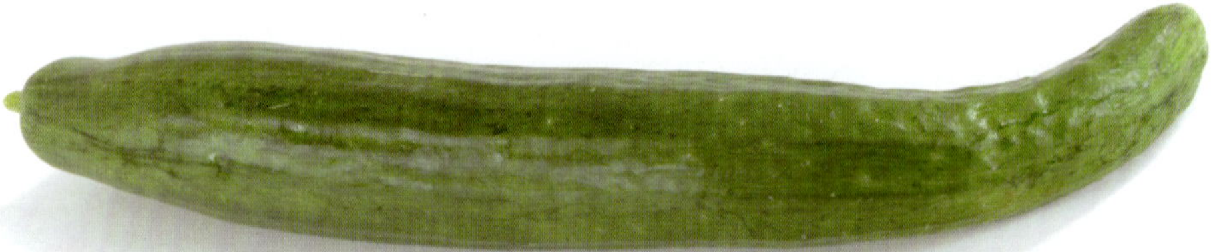

SALATGURKE

GB: Cucumber
F: Concombre
E: Pepino
I: Cetriolo
Lat.: *Cucumis sativus*

Beliebtes Fruchtgemüse, botanisch gesehen eigentlich eine Beere, mit bis zu 40 cm langen Früchten

Fruchtfleisch: fest, hellgrün

Geschmack: erfrischend

Anbau: weltweit, in wärmeren Klimazonen im Freiland, sonst in Gewächshäusern

Verwendung: roh als Salat und Rohkost, in kalten Suppen oder Joghurt

Besteht zu fast 98 % aus Wasser, daher sehr kalorienarm.

★★★★★

GEMÜSEGURKE, SCHMORGURKE

GB: Cucumber
F: Concombre
E: Pepino
I: Cetriolo
Lat.: *Cucumis sativus*

Beliebtes Fruchtgemüse, botanisch gesehen eigentlich eine Beere, mit mittelgroßen, gedrungenen Früchten

Gemüsegurken stammen vorwiegend aus Freilandanbau.

Anbau: weltweit in wärmeren Klimazonen

Verwendung: meist geschält, gekocht und geschmort als Gemüse, gefüllt

★★★★★

EINLEGEGURKE

GB: Pickling cucumber
F: Cornichon
E: Pepino para encurtir
I: Cetriolino
Lat.: *Cucumis sativus*

Kleine, leicht gebogene und meist etwas genoppte Gurken, in der Regel aus Freilandanbau

Werden in die Größenklassen Traubengurken oder Cornichons (6–9 cm) und Delikatessgurken (9–12 cm) eingeteilt.

Verwendung: ungeschält in gewürztem Essigsud eingelegt (Essig- oder Gewürzgurken)

★★★★

ZUCCHINI, ZUCCHETTI (CH)

GB: Zucchini, Courgette
F: Courgette
E: Calabacín, Zapallito
I: Zucchina
Lat.: *Cucurbita pepo ssp. pepo*

Unterart des Gartenkürbis, je nach Sorte mit gelben, grün-weiß gestreiften oder grünen Früchten, die länglich oder rund sind

Am besten schmecken die jungen, 10–20 cm langen Früchte.

Ursprüngliche Heimat: Europa

Verwendung: roh, gedünstet oder gekocht für Salate, Suppen, Eintöpfe, Reis-, Nudel- und Kartoffelgerichte, als Beilage, gefüllt

★★★★★

BUTTERNUSSKÜRBIS

GB: Butternut squash, Butternut pumpkin
F: Courge butternut, Courge doubeurre
E: Calabaza butternut
I: Zucca butternut
Lat.: *Cucurbita moschata*

Blassgelber, birnenförmiger, 1–2 kg schwerer Kürbis aus der Familie der Moschuskürbisse

Fruchtfleisch: zart, butterweich, mit nur wenigen Kernen

Geschmack: fein-nussig

Essbar: Fruchtfleisch

Verwendung: gebacken, gedünstet oder gekocht für Suppen, Eintöpfe, Marmelade, als Beilage

Enthält viele Mineralstoffe und Vitamin C.

★★★★

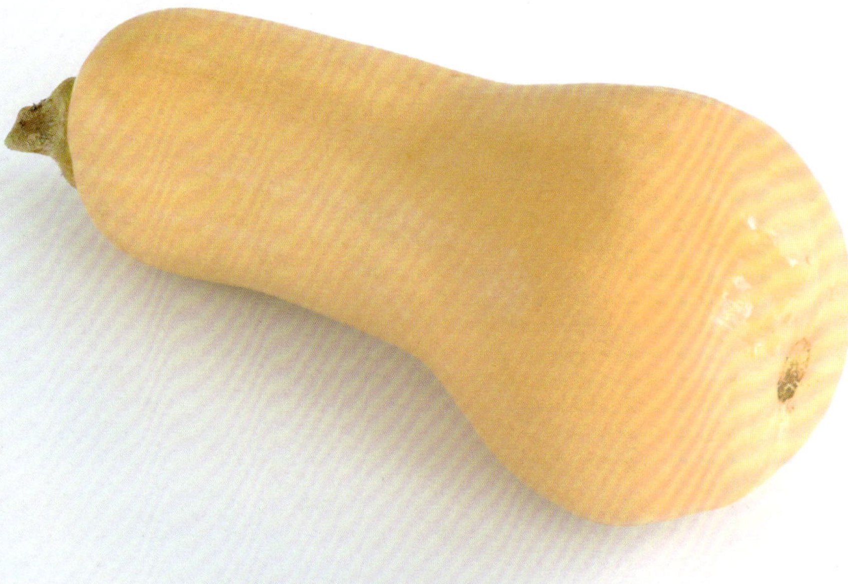

MUSKATKÜRBIS

GB: Nutmeg pumpkin
F: Muscade de Provence
E: Calabaza moscada, Zapallo anquito
I: Zucca moscata
Lat.: *Cucurbita moschata*

Orangeroter, brauner oder dunkelgrüner, stark gerippter, bis zu 40 kg schwerer Kürbis aus der Familie der Moschuskürbisse

Gehört zu den beliebtesten Speisekürbissen.

Fruchtfleisch: leuchtend orange, saftig

Geschmack: aromatisch, leicht süßlich

Essbar: Fruchtfleisch

Verwendung: roh, gebacken, gedünstet oder gekocht für Salate, Suppen, Gratins, Konfitüre und Chutney

Mehrere Monate lagerfähig

★★★★

HOKKAIDO

Lat.: *Cucurbita maxima ssp. maxima*

Kleiner, rundlicher, 1–2 kg schwerer, roter, Kürbis

Fruchtfleisch: orangegelb, fest, knackig

Essbar: Fruchtfleisch und Schale (wird beim Kochen weich)

Geschmack: sehr aromatisch, nussig

Wird vor allem von Bio-Bauern geschätzt, weil ihn seine dicke Schale fast resistent gegen Schädlinge macht.

Verwendung: roh als Salat und Rohkost, gebacken, gedünstet oder gekocht für Suppen, Eintöpfe, Püree, Gratins, Süßspeisen

6 Monate lagerfähig

★★★★

SPAGHETTIKÜRBIS

GB: Spaghetti sqash
F: Courge spaghetti, Spaghetti végétal
E: Calabaza espagueti
I: Zucca spaghetti
Lat.: *Cucurbita pepo ssp. pepo*

Gelber, zylindrischer, 1,5–3 kg schwerer Gartenkürbis

Wird im Ganzen gekocht, dabei zerfällt das nussartig schmeckende Fruchtfleisch zu spaghettiähnlichen Fasern.

Essbar: Fruchtfleisch

Verwendung: gekocht mit Tomatensauce oder Pesto

Mehrere Monate lagerfähig

★★★★

JACK BE LITTLE

Lat.: *Cucurbita pepo*

Kleiner, 7–10 cm großer, flachrunder, gerippter, gelber Kürbis

Wegen seiner Größe ideal zum Füllen

Essbar: Fruchtfleisch

Geschmack: nussig

Verwendung: gebacken, gedünstet, gefüllt oder gekocht für Suppen, Eintöpfe, Pürees, Kuchen und Konfitüre

Bis zu 8 Monate lagerfähig

★★★

BISCHOFSMÜTZE

GB: Bishop's miter
F: Pâtisson
E: Calabaza «Mitra de Obispo»
I: Zucca patisson, Cappel di prete
Lat.: *Cucurbita pepo*

Mittelgroßer, turbanartiger Speisekürbis mit rot-grün-weißer Schale

Fruchtfleisch: orangefarben, fest, eher trocken

Geschmack: leicht süßlich

Essbar: Fruchtfleisch

Verwendung: gebacken, gedünstet, gekocht oder gefüllt, für Suppen, Eintöpfe, als Beilage

3 Monate lagerfähig

★★★

STRIPETTI

Lat.: *Cucurbita*

Länglicher, grünlichgelber, 1,5–3 kg schwerer Gartenkürbis mit grünen Streifen

Kreuzung zwischen Spaghettikürbis und Delicata-Kürbis

Wird im Ganzen gekocht, dabei zerfällt das nussartig schmeckende Fruchtfleisch zu spaghettiähnlichen Fasern.

Verwendung: gekocht mit Sauce oder Pesto

Bis zu 8 Monaten lagerfähig

★★★

AUBERGINE, MELANZANI (A), EIERFRUCHT (A)

GB: Aubergine, Eggplant
F: Aubergine
E: Berenjena
I: Melanzana
Lat.: *Solanum melongena*

Frucht der bis zu 1 m hohen Auberginenpflanze, botanisch gesehen eine Beere, deren Formen- und Farbenvielfalt sehr groß ist.

Größe, Form und Farbe sind sortentypisch

Geschmack: neutral, leicht pikant

Beliebt vor allem in der mediterranen, orientalischen und asiatischen Küche

Roh ungenießbar

Verwendung: gekocht, gebraten und gegrillt, als Paste oder Püree, gefüllt und geschmort

★★★★★

AVOCADO

GB: Avocado
F: Avocat
E: Aguacate
I: Avocado
Lat.: *Persea americana*

Birnenförmige bis runde Steinfrucht des immergrünen Avocadobaums aus der Familie der Lorbeergewächse

Botanisch gesehen eine Beere mit ledriger Schale

Fruchtfleisch: cremeartig, weich, hellgelb bis goldgelb. Verfärbt sich bei Kontakt mit Sauerstoff braun, zerfällt bei längerem Erhitzen.

Essbar: Fruchtfleisch

Geschmack: buttrig, nussig

Verwendung: roh (als Brotaufstrich, Salat, Dip), gefüllt (mit Garnelen), als Suppeneinlage, zum Binden von Saucen

Enthält bis zu 25 % Fett, vor allem ungesättigte Fettsäuren.

★★★★★

ERBSEN

GB: Peas
F: Petits pois
E: Guisantes
I: Piselli
Lat.: *Pisum sativum*

Hülsenfrüchte mit grüner, gelblicher oder bräunlicher Hülse und runden Samen

Essbar: Samen (Erbsen), bei jungen Früchten auch die Hülse

Geschmack: leicht süßlich

Werden meist tiefgekühlt oder als Konserve angeboten.

Anbau: weltweit in gemäßigten Klimazonen

Verwendung: gekocht für kalte und warme Salate, Suppen und Eintöpfe, als Beilage

★★★★★

ZUCKERSCHOTEN, KAISERSCHOTEN, KEFE

GB: Sugar peas, Snap peas
F: Pois gourmands, Pois mangetout
E: Tirabeques, Bisaltos
I: Piselli mangiatutto
Lat.: *Pisum sativum ssp. sativum convar. axiphium*

Junge, zarte, unreif geerntete Erbsenschoten, bei denen sich die Form der Samen gerade erst auf der Hülse abzeichnet.

Essbar: ganze Schote

Geschmack: leicht süßlich

Verwendung: blanchiert für Salate, kurz in Butter geschwenkt als Beilage

★★★★★

GRÜNE BOHNEN, GARTENBOHNEN, STANGENBOHNEN, FISOLEN (A)

GB: Green beans, French beans
F: Haricots verts
E: Judías verdes, Ejotes, Vainitas
I: Fagiolini
Lat.: *Phaseolus vulgaris*

Weltweit beliebtes Gemüse mit Hülsenfrüchten, die im ganzen gegessen werden, bevor die Samen in den Hülsen gereift sind.

Am bekanntesten sind die fleischigen Buschbohnen und die schlanken Stangenbohnen (Foto).

Roh ungenießbar

Verwendung: gekocht für kalte und warme Salate, Suppen und Eintöpfe, als Beilage

★★★★★

KENIABOHNEN, GRÜNE BOHNEN

GB: Green beans
F: Haricots verts
E: Judías verdes, Ejotes, Vainitas
I: Fagiolini verdi
Lat.: *Phaseolus vulgaris*

Extrafeine, 3–5 mm dicke Gartenbohnen mit rundem Querschnitt, ursprünglich aus Kenia

Geschmack: aromatisch

Roh ungenießbar

Verwendung: gekocht für kalte und warme Salate, Suppen und Eintöpfe, als Beilage

★★★★★

WACHSBOHNEN, GELBE BUSCHBOHNEN

GB: Wax beans
F: Haricots beurre
E: Judías manteca
I: Fagiolini gialli
Lat.: *Phaseolus vulgaris*

Gartenbohnen mit gelben Hülsen und weißen Kernen

Geschmack: aromatisch

Eignen sich gut zum Einmachen.

Roh ungenießbar

Verwendung: gekocht für kalte und warme Salate, Suppen und Eintöpfe, als Beilage

★★★

DICKE BOHNEN, SAUBOHNEN, PUFFBOHNEN, ACKERBOHNEN

GB: Broad beans
F: Fèves
E: Habas
I: Fave
Lat.: *Vicia faba*

Hülsenfrüchte mit grünen Hülsen und hellen, leicht bräunlichen Kernen

Zählen botanisch nicht zu den Bohnen, sondern zu den Wicken.

Ganze Frucht nur bei jungen Bohnen genießbar, später nur noch die ausgelösten Samen (Bohnenkerne)

Hauptanbaugebiet: Europa

Geschmack: herzhaft, leicht nussig

Roh ungenießbar

Verwendung: ganze Bohnen gekocht für Suppen und Eintöpfe, als Beilage; gekochte Bohnenkerne für kalte und warme Salate, Vorspeisen, Eintöpfe und als Beilage

★★★★

WACHTELBOHNEN, PINTO-BOHNEN

GB: Pinto beans
F: Haricots pinto
E: Frijoles pintos, Judías pintas
I: Fagioli pinto
Lat.: *Phaseolus vulgaris*

Mittelgroße, nierenförmige, rotbraun-beige gesprenkelte Bohne; Varietät der Gartenbohne

Mehlig, festkochend

Beliebte Bohne in Mexiko und den USA

Verwendung: gekocht für kalte und warme Salate, Suppen und Eintöpfe, püriert als Füllung für „Burritos"

★★★★

SOJABOHNEN

GB: Soybeans, Soya bean
F: Soya, Graines de soja
E: Soja, Soya, Grano de soja
I: Semi di soia
Lat.: *Glycine max*

Hülsenfrucht mit braunen oder schwarzen Hülsen, die bis zu fünf gelbe, schwarzbraune oder weiße Samen enthalten

Eines der gesündesten und vielseitigsten Nahrungsmittel, Ausgangsprodukt u.a. von Tofu, Sojamilch, Sojasauce und Miso

Die Samen werden frisch oder getrocknet angeboten.

Ursprüngliche Heimat: Ostasien

Roh ungenießbar

Verwendung: für asiatische Gerichte

Enthalten viel Eiweiß, Vitamine und Mineralstoffe.

★★★★★

SCHWARZE BOHNEN

GB: Black beans
F: Haricots noirs
E: Judías negras, Frijoles negros
I: Fagioli neri
Lat.: *Phaseolus vulgaris*

Mittelgroße, nierenförmige, schwarze Bohnen; Varietät der Gartenbohne.

Geschmack: würzig-süßlich

Müssen vor dem Kochen über Nacht eingeweicht werden.

Sehr beliebt in der lateinamerikanischen Küche

Verwendung: gekocht für Salate, Suppen und Eintöpfe, als Beilage, Bohnenpaste

★★★★

ROTE KIDNEY-BOHNEN

GB: Red Kidney beans
F: Haricots rouges, Kidney
E: Alubias rojas, Frijoles rojos
I: Fagioli rossi, Fagioli messicani
Lat.: *Phaseolus vulgaris*

Nierenförmige, dunkelrote, mehlig kochende Samen der gleichnamigen Hülsenfrucht; Varietät der Gartenbohne

Geschmack: leicht süßlich

Wichtiger Bestandteil der amerikanischen Tex-Mex-Küche

Wichtige Zutat im Chili con Carne und ub der lateinamerikanischen Küche

Roh ungenießbar

Verwendung: gekocht in Salaten, Suppen, Eintöpfen

★★★★

WEISSE BOHNEN

GB: White beans
F: Haricots blancs
E: Judías blancas, Frijoles blancos
I: Fagioli bianchi
Lat.: *Phaseolus vulgaris*

Sammelbegriff für Trockenbohnen mit weißer bis cremefarbener Schale

Werden beim Kochen sämig bis cremig, sind weicher als die farbigen Sorten und schmecken nicht so intensiv.

Verwendung: gekocht für kalte und warme Salate, Suppen und Eintöpfe

★★★★

MUNGOBOHNEN

GB: Mung beans
F: Haricots mungo
E: Vigna radiata
I: Vigna radiats, Fagioli indiani
Lat.: *Vigna radiata*

Asiatische, ovale, erbsengroße, grüne Hülsenfrucht, leichter bekömmlich als Gartenbohnen

Geschmack: mild, leicht nussig

Werden getrocknet im Ganzen oder geschält und halbiert angeboten.

Beliebt sind auch die Mungobohnensprossen.

Werden seit mehr als 2000 Jahren in Indien angebaut, heute in ganz Asien.

Verwendung: gekocht für Salate, Suppen, Eintöpfe, als Beilage

Enthalten viel Eiweiß, Ballaststoffe, Vitamine und Mineralien.

★★★★★

AZUKI, ADZUKI-BOHNEN

GB: Azuki beans
F: Haricots azuki
E: Judías azuki, Frijoles azuki
I: Fagioli azuki
Lat.: *Vigna angularis*

Japanische, ovale, etwa erbsengroße Hülsenfrüchte, die in der asiatischen Küche häufig verwendet werden.

Schale: weich, dunkelrot oder braun mit einem weißen Streifen

Geschmack: nussig, süßlich

Getrocknete Bohnen vor dem Kochen über Nacht in Wasser quellen lassen.

Anbaugebiet: Subtropen

Roh ungenießbar

Verwendung: gekocht für Salate, Suppen, Eintöpfe, als Beilage

★★★

BORLOTTI-BOHNEN

GB: Borlotti beans
F: Haricots borlotti, Haricots marbrés
E: Judías borlotti, Judías pintas
I: Fagioli borlotti
Lat.: *Phaseolus vulgaris*

Mittelgroße, nierenförmige, rosa-weiß marmorierte Bohnen aus Italien; Varietät der Gartenbohne

Färben sich beim Kochen rot und werden cremig-weich.

Verwendung: gekocht für würzige Salate, Eintöpfe, mediterrane Gerichte und als Beilage

★★★★

FLAGEOLETBOHNEN

GB: Flageolets
F: Flageolets
E: Judías flageolet
I: Fagioli flageolet
Lat.: *Phaseolus vulgaris*

Kleine, flach-ovale, blassgrüne Bohnenkerne mit dünner Schale, die halbreif geerntet werden; Varietät der Gartenbohne

Geschmack: fein, intensiv

Werden frisch, getrocknet und als Konserve angeboten

In der mediterranen und vor allem in der französischen Küche sehr beliebt

Roh ungenießbar

Getrocknete Bohnen vor dem Kochen über Nacht einweichen.

Verwendung: gekocht für Salate, Suppen, Eintöpfe, Saucen, mediterrane Gerichte und als Beilage

★★★★

KICHERERBSEN

GB: Chickpeas
F: Pois chiches
E: Garbanzos
I: Ceci
Lat.: *Cicer arietinum L.*

Hülsenfrüchte der gleichnamigen, etwa 1 m hohen Pflanze, mit unregelmäßig geformten, meist beigefarbenen Samen

Essbar: Samen, die auch zu Mehl vermahlen werden

Geschmack: nussig, aromatisch

Anbau: im Mittelmeerraum und fast weltweit in den Subtropen

Werden getrocknet oder als Konserve angeboten.

Getrocknete Kichererbsen vor dem Kochen über Nacht einweichen.

Roh ungenießbar

Verwendung: gekocht für kalte und warme Salate, Dips, Brotaufstriche, Suppen und Eintöpfe, Püree (Hummus), als Beilage zu Couscous, geröstet als Snack

Enthalten viel Eiweiß und Mineralstoffe.

★★★

GRÜNE ERBSEN

GB: Green peas
F: Pois verts
E: Guisantes verdes
I: Piselli secchi
Lat.: *Pisum sativum*

Getrocknete, reife Erbsensamen, die ganz, halbiert oder geschält angeboten werden.

Kleine Sorten behalten beim Garen ihren Biss, große werden weich und breiig.

Trockenerbsen müssen vor dem Kochen über Nacht eingeweicht werden.

Verwendung: gekocht als Suppe und Eintopf

★★★★

GELBE SCHÄLERBSEN

GB: Yellow peas
F: Pois jaunes
E: Guisantes amarillos
I: Piselli gialli
Lat.: *Pisum sativum*

Getrocknete, reife Erbsensamen, die geschält angeboten werden.

Müssen vor dem Kochen nicht eingeweicht werden.

Verwendung: gekocht für Suppen und Eintöpfe

Enthalten viel Eiweiß.

★★★

TELLERLINSEN

GB: Laird lentils
F: Lentilles laird
E: Lentejas laird
I: Lenticchie giganti
Lat.: *Lens culinaris*

Sehr beliebte, etwas größere Linsen, eigentlich die Samen der gleichnamigen einjährigen Hülsenfrucht

Geschmack: mild-aromatisch

Linsen werden getrocknet und nach Größe sortiert angeboten.

Anbau: weltweit

Verwendung: gekocht für Suppen, Eintöpfe und Salate

★★★★

GRÜNE LINSEN, PUY-LINSEN

GB: Green lentils
F: Lentilles vertes
E: Lentejas verdes
I: Lenticchie verdi
Lat.: *Lens culinaris*

Frische, ungeschälte Samen der gleichnamigen einjährigen Hülsenfrucht

Grüne Linsen werden durch längere Lagerung langsam braun.

Sind zarter als getrocknete Linsen und schneller gar.

Geschmack: nussig, aromatisch

Verwendung: gekocht als Suppe und Eintopf, als Beilage

★★★★★

BELUGA-LINSEN

GB: Beluga lentils
F: Lentilles beluga
E: Lentejas beluga
I: Lenticchie beluga
Lat.: *Lens culinaris*

Kleine, schwarze Linsen, gelten nicht nur wegen ihres Aussehens als „Kaviar" unter den Linsen.

Geschmack: aromatisch, würzig

Die Linsen zerfallen beim Kochen nicht und behalten ihre schwarze Farbe.

Verwendung: gekocht als Salat, Brotaufstrich, Beilage

★★★★★

ROTE LINSEN

GB: Red lentils
F: Lentilles rouges
E: Lentejas rojas
I: Lenticchie rosse
Lat.: *Lens culinaris*

Linsenart, die geschält angeboten wird.

Rote Linsen müssen nicht eingeweicht werden und haben eine kurze Garzeit.

Hauptanbauländer: Indien und Türkei

Verwendung: gekocht für kalte und warme Salate, Suppen und Eintöpfe, Pürees, als Beilage

★★★★

BRAUNE LINSEN, BERGLINSEN

GB: Brown lentils
F: Lentilles brunes
E: Lentejas di montagna
I: Lenticchie marroni
Lat.: *Lens culinaris*

Kleine Linsen mit grüner oder brauner, dünner Schale

Geschmack: leicht nussig, feinaromatisch

Behalten beim Garen ihren Biss.

Hauptanbauländer: Italien, Kanada

Verwendung: für kalte und warme Salate, Suppen und Eintöpfe, als Beilage

★★★★

CHÂTEAU-LINSEN

GB: Château lentils
F: Lentillon de la Champagne
E: Lentejas rosadas de Champagne
I: Lenticchie rosa
Lat.: *Lens culinaris*

Kleine braune Linsen, die bei Feinschmeckern als Delikatesse gelten. Kommen ursprünglich aus der Champagne und hießen früher Champagner-Linsen.

Geschmack: fein-würzig

Die leicht mehligen Linsen schmecken besonders gut als Brotaufstrich oder als Beilage.

Beliebte Sorte bei Bio-Bauern

Verwendung: gekocht als Salat, Brotaufstrich, Beilage

★★★★

KRÄUTER UND GEWÜRZE

KNOBLAUCH, KNOFEL (A), KNOFI (CH)

GB: Garlic
F: Ail
E: Ajo
I: Aglio
Lat.: *Allium sativum*

Weltweit bekanntes Zwiebelgewächs mit Knollen, die aus 20–30 fleischigen Zehen bestehen. Die Zehen sind von einer weißen, rosafarbenen oder violetten Hülle umgeben.

Geschmack: intensiv, leicht scharf, charakteristisches Aroma. Lila Knoblauch hat eine zarte Milde

Schmeckt jung am besten. Riecht intensiv, nach dem Verzehr wird sein Geruch über die Haut verströmt.

Verwendung: Würzt alle Speisen, die nicht süß sind.

★★★★★

BÄRLAUCH

GB: Ramson, Buckram, Bear's garlic
F: Ail des ours, Ail sauvage
E: Ajo de oso, Ajo silvestre
I: Aglio orsino, Erba orsina
Lat.: *Allium ursinum*

Würzpflanze aus West- und Mitteleuropa mit länglichen, zarten, grünen Blättern, die den Blättern des Maiglöckchens ähneln.

Starkes Knoblaucharoma

Verwendet werden nur die jungen Blätter im Frühling.

Verwendung: Frische Blätter, geschnitten oder gehackt, würzen Suppen, Pesto, Saucen, Brotaufstriche.

Verliert beim Erhitzen Aroma und Nährstoffe.

★★★★

SCHNITTLAUCH

GB: Chives
F: Ciboulette
E: Cebollino, Cebolleta
I: Erba cipollina
Lat.: *Allium schoenoprasum*

Weltweit verbreitetes Zwiebelgewächs mit dünnen, hohlen, röhrenförmigen Blättern

Geschmack: zwiebelähnlich scharf, würzig-aromatisch

Verliert beim Trocknen und Erhitzen viel Aroma.

Verwendung: Würzt Salate, Suppen, Käse, Eierspeisen, Gemüse, Fleisch und Fisch.

★★★★

DILL, GURKENKRAUT

GB: Dill
F: Aneth
E: Eneldo
I: Aneto
Lat.: *Anethum graveolens*

Stark duftendes Gartenkraut aus der Familie der Doldenblütler mit fadendünnen Blättern

Geschmack: aromatisch, süßlich, leicht anisartig

Verliert beim Trocknen viel Aroma.

Ursprüngliche Heimat: Vorderer Orient, heute weltweit verbreitet

Verwendung: frisch, gehackt, für Salate, Suppen, eingelegte Gurken und Fisch

★★★★★

FENCHELKRAUT

GB: Fennel foliage, Fennel leaves
F: Feuilles de fenouil
E: Hojas de hinojo
I: Foglie di finocchio, Barba di finocchio
Lat.: *Foeniculum vulgare*

Zarte Blätter des Gemüsefenchels, die im Aussehen dem Dill ähneln.

Geschmack: mild-süßlich

Verwendung: frisch, gehackt, für Fischsuppen, Gemüsegratins und Fischgerichte

★★★★

BORRETSCH, GURKENKRAUT

GB: Borage, Starflower
F: Bourrache
E: Borraja
I: Borragine
Lat.: *Borago officinalis*

50–80 cm große Pflanze mit graugrünen, leicht behaarten Blättern und lila-blauen, sternförmigen Blüten

Ursprüngliche Heimat: Vorderer Orient

Geschmack: erfrischend, gurkenähnlich

Blätter verlieren beim Trocknen ihr Aroma.

Verwendung: Frische Blätter, feingehackt, würzen Salate, Kräuterbutter, Suppen, Eintöpfe, Gemüse, Nudelfüllungen.

Wichtiger Bestandteil in Pimm's No. 1 (Gin-Cocktail)

★★★★★

BEIFUSS, WILDER WERMUT

GB: Mugwort
F: Armoise
E: Altamisa, Hierba de San Juan
I: Artemisia
Lat.: *Artemisia vulgaris*

Bis zu 2 m hohes Kraut mit doppelt gefiederten, dunkelgrünen Blättern

Blätter zum Würzen werden vor der Blüte geerntet.

Geschmack: aromatisch bitter, würzig

Verwendung: Würzt frisch oder getrocknet fette Fleisch- und Geflügelgerichte, Gemüse (vor allem Kohl).

★★★★

BOHNENKRAUT

GB: Savory
F: Herbe de Saint Julien
E: Ajedrea de jardín
I: Santoreggia
Lat.: *Satureja hortensis*

Universalgewürz im östlichen Mittelmeerraum mit schmalen, meist dunkelgrünen Blättern

Botanisch verwandt mit Oregano und Majoran

Geschmack: pfeffrig, intensiv aromatisch

Entwickelt erst beim Erhitzen sein volles Aroma.

Verwendung: Würzt frisch oder getrocknet Salate, Suppen, Gemüse-, Lamm- und Geflügelgerichte.

★★★★★

PIMPINELLE, KLEINER WIESENKNOPF

GB: Burnet
F: Pimprenelle
E: Pimpinela
I: Salvastrella
Lat.: *Sanguisorba minor*

Bis zu 1 m hohe Staude mit zarten, tiefgezähnten, rundlichen Blättern

Geschmack: erfrischend, nussig-würzig, leicht gurkenähnlich

Blätter werden frisch verwendet, verlieren beim Erhitzen ihr Aroma.

Verwendung: Würzt Salate, Suppen, Saucen, Eierspeisen, Gemüse- und Fischgerichte.

★★★

LIEBSTÖCKEL, MAGGIKRAUT, LUSTSTOCK (A)

GB: Lovage
F: Livèche, Ache des montagnes
E: Apio de monte, Levístico
I: Levistico, Sedano di monte
Lat.: *Levisticum officinalis*

Hell- bis dunkelgrüne, ahornähnliche Blätter einer großen Staude

Ursprüngliche Heimat: Ligurien

Geschmack: intensiv aromatisch, pikant, leicht süßlich

Verwendung: Würzt Salate, Suppen, Eintöpfe, Fleischgerichte.

★★★★

KERBEL

GB: Chervil
F: Cerfeuil
E: Cerafolio, Perifolio
I: Cerfoglio
Lat.: *Anthriscus cerefolium*

Mitteleuropäisches Küchenkraut mit zarten Zweigen und grünen, feinfiederigen Blättern, das nur im Frühjahr frisch angeboten wird.

Geschmack: zartes Anisaroma

Bestandteil der französischen Kräutermischung „Fines herbes"

Verliert getrocknet sein Aroma.

Verwendung: Würzt Salate, Quark, Suppen, Eierspeisen, junges Gemüse, Sahnesaucen und weißes Fleisch.

★★★★

PETERSILIE, PETERSIL (A), PETERLI (CH)

GB: Parsley
F: Persil
E: Perejil
I: Prezzemolo
Lat.: *Petroselinum crispum*

Das beliebteste europäische Küchenkraut, wird in glatte und krause Petersilie unterschieden. Beide enthalten viele Vitamine und Kalzium.

Glatte Petersilie hat mehr Aroma als die krause.

Verwendet werden die frischen, gehackten Blätter sowie die Stängel (für Saucen und Suppen).

Blätter nicht erhitzen, Stängel entfalten ihr Aroma nur beim Kochen.

Verwendung: Würzt Salate, Suppen, Eintöpfe, Fisch, Fleisch und Geflügel.

★★★★

GARTENKRESSE

GB: Garden cress
F: Cresson alénois
E: Mastuerzo, Lepido, Berro hortelano
I: Crescione dei gardini
Lat.: *Lepidium sativum*

Vitaminreiche, 2–3 cm große Keimlinge, die meist auf Watte in Schalen oder Kästen gezogen werden.

Geschmack: scharf, an Senf und Rettich erinnernd

Verwendung: frisch geschnitten für Salate, Frischkäse, Quark und Kräuterbutter

★★★★

BRUNNENKRESSE

GB: Watercress
F: Cresson de fontaine
E: Berro, Mastuerzo de agua
I: Crescione d'acqua
Lat.: *Nasturtium officinale*

30–90 cm große Pflanze, die in gemäßigten Klimazonen an Flussläufen wächst.

Geschmack: pikant-würzig, leicht scharf

Verliert durch Trocknen Aroma.

Verwendung: Frische Blättchen würzen Salate, Kräuterbutter, Rohkost, Suppen, Fleisch- und Fischgerichte.

★★★★★

LAVENDEL

GB: Lavender
F: Lavande
E: Lavanda, Alhucema, Espliego
I: Lavanda
Lat.: *Lavandula angustifolia*

Immergrüner Strauch mit intensiv duftenden lila Blüten und graugrünen, behaarten Blättern

Junge Blätter werden zum Würzen verwendet, Blüten zur Dekoration.

Geschmack: sehr aromatisch, herb-bitter

Getrocknete Blüten halten Motten fern, extrahiertes Lavendelöl wird in der Kosmetik für Seifen, Salben, Parfum und Massageöl eingesetzt.

Verwendung: Würzt Salate, Suppen, Fisch, Fleisch, Honig und Sorbets.

★★★★

ROSMARIN

GB: Rosemary
F: Romarin
E: Romero
I: Rosmarino
Lat.: *Rosmarinus officinalis*

Immergrüner, stark verzweigter Strauch mit mehr oder weniger verholzten Zweigen, schmalen, auf der Oberseite glänzenden, dunkelgrünen Nadeln und hellblauen Blüten

Typisches mediterranes Gewürz

Geschmack: kräftig-aromatisch. Schmeckt getrocknet schärfer und bitterer als frisch.

Verwendung: Würzt Eierspeisen, Gemüse, Fisch, Fleisch, Geflügel, Marinaden, Wurst.

Ganze Zweige mitkochen und vor dem Essen entfernen.

★★★★

THYMIAN

GB: Thyme
F: Thym
E: Tomillo
I: Timo
Lat.: *Thymus vulgaris*

Mediterranes Würzkraut mit mehreren hundert Arten und Unterarten, wird fast weltweit kultiviert.

Die kleinen Blättchen entwickeln zu Beginn der Blüte das meiste Aroma.

Geschmack: angenehm würzig, leicht pfeffrig

Eignet sich gut zum Trocknen.

Volles Aroma entwickelt sich erst durch Erhitzen.

Verwendung: Würzt Salate, Suppen, Wurst, Gemüse, Fleisch.

★★★★

MAJORAN

GB: Marjoram
F: Marjolaine
E: Mejorana, Mayorana
I: Maggiorana
Lat.: *Origanum majorana*

40–50 cm hoher Halbstrauch mit kleinen, eiförmigen, kräftig grünen Blättern, die frisch oder getrocknet verwendet werden; Wildform der Oreganumpflanze

Geschmack: pfeffrig, fein- bis würzig-mild, intensiv

Kann mitgekocht werden.

Ursprüngliche Heimat: Indien, heute weltweit in gemäßigten Klimazonen

Verwendung: Würzt Suppen, Saucen, Wurst, Pasteten, Fleisch und Geflügel.

★★★★

OREGANO

GB: Oregano
F: Origan
E: Orégano
I: Origano
Lat.: *Origanum vulgare*

Etwa 50 cm hohe Staude mit verholzten Stängeln und dunkelgünen, eiförmigen, behaarten Blättern

Mit dem Majoran verwandt

Geschmack: intensiv, typisch, pfeffrig, leicht bitter

Erlangt durch Trocknen ein intensiveres, charakteristisches Aroma.

Ursprüngliche Heimat: Mittelmeerländer

Verwendung: Würzt Suppen, Saucen, Pasteten, Fleischgerichte, Pizza, Griechischen Salat.

★★★★

ESTRAGON

GB: Tarragon
F: Estragon
E: Estragón
I: Dragoncello
Lat.: *Artemisia dracunculus*

Beliebtes Küchengewürz in Frankreich, dessen schmale Blätter viele ätherische Öle enthalten. Deshalb wird Estragon oft zum Aromatisieren von Essig und Senf verwendet.

Geschmack: bittersüß, feinwürzig, ausgeprägter Eigengeschmack

Entwickelt sein volles Aroma erst durch Erhitzen.

Wird vor allem in Mitteleuropa angebaut.

Verwendung: Würzt Salate, Käse, Kräuterbutter, Suppen, Saucen, Gemüse, Geflügel und Kaninchen.

★★★★★

SALBEI

GB: Sage
F: Sauge
E: Salvia
I: Salvia
Lat.: *Salvia officinalis*

50–70 cm hoher, stark verzweigter Halbstrauch mit graugrünen, eiförmigen, leicht flaumigen Blättern

Geschmack: würzig-herb, starker Eigengeschmack

Gewinnt beim Trocknen an Würzkraft.

Typisches Mittelmeerkraut

Verwendung: Würzt Eierspeisen, Fisch, Fleisch und Wurst; als Tee.

★★★★

BASILIKUM, KÖNIGSKRAUT

GB: Basil
F: Basilic
E: Albahaca, Alhábega
I: Basilico
Lat.: *Ocimum basilicum*

Eines der wichtigsten und beliebtesten Küchenkräuter mit über 60 Sorten, die sich in Größe, Farbe und Aroma unterscheiden.

Geschmack: aromatisch, leicht pfeffrig

Name leitet sich vom griechischen „basilicon" (= königlich) ab.

Verliert getrocknet an Aroma.

Ursprüngliche Heimat: Indien

Verwendung: frisch, in Streifen geschnitten oder gehackt, für Salate, Suppen, Saucen

Hauptbestandteil des italienischen Pesto

★★★★★

LORBEERBLÄTTER

GB: Bay leaves
F: Laurier
E: Hoja de laurel
I: Alloro
Lat.: *Laurus nobilis*

Lanzettenförmige, ledrige, glänzende, bis zu 10 cm große Blätter des immergrünen Lorbeerbaums

Geschmack: herb-aromatisch, leicht bitter

Frische Blätter enthalten mehr Bitterstoffe, getrocknete Blätter schmecken zurückhaltender.

Entwickelt beim Erhitzen sein volles Aroma. Sparsam verwenden, vor dem Kochen zerteilen oder hacken.

Verwendung: Würzt Saucen, Marinaden, Beizen, Fisch-, Fleisch- und Wildgerichte.

★★★★

MINZE

GB: Mint
F: Menthe
E: Menta, Herbabuena
I: Menta
Lat.: *Mentha x peperita*

Mehrjährige Staude mit grünen, an den Rändern scharf gezackten, behaarten Blättern

Weltweit über 600 Arten, Unterarten und Hybriden

Geschmack: erfrischend, je nach Sorte leicht pfeffrig, intensiv-scharf, fruchtig oder süßlich

Blätter werden frisch oder getrocknet verwendet.

Beliebt als Tee

Verwendung: Würzt Salate, Saucen, Desserts, Konfekt, Getränke.

★★★★

YSOP, JOSEFSKRAUT

GB: Hyssop
F: Hysope
E: Hisopo
I: Issopo
Lat.: *Hyssopus officinalis*

Orientalischer Würzstrauch mit immergrünen, schmalen, bis zu 3,5 cm langen Blättern und blauvioletten Blüten

Geschmack: minzeartig, leicht bitter

Verliert beim Trocknen viel Aroma, kann mitgekocht werden.

Verwendung: Würzt Salate, Suppen, Eintöpfe, Gemüse, Saucen, Fleisch und Fisch.

★★★

KORIANDER

GB: Coriander, Cilantro
F: Coriandre
E: Cilantro, Culantro, Coriandro
I: Coriandolo
Lat.: *Coriandrum sativum*

Bis zu 80 cm großes Würzkraut mit fächerförmig gefiederten, langstieligen, hellgrünen Blättern

Intensiver Eigengeschmack

Verliert beim Trocknen viel Aroma.

Ursprüngliche Heimat: östlicher Mittelmeerraum

Beliebt in der südamerikanischen, indischen und asiatischen Küche

Verwendung: Würzt Salate, Suppen, Gemüse, Fisch, Geflügel und Fleisch.

★★★★

ZITRONENMELISSE

GB: Lemon balm
F: Citronnelle, Mélisse, Herbe citron
E: Toronjil, Melisa, Citronela
I: Melissa, Cedronella, Erba cedrina
Lat.: *Melissa officinalis*

Krautige, 40–90 cm hohe Staudenpflanze mit hellgrünen, stark geäderten, am Rand grob gesägten Blättern

Geschmack: frisch, zitronenähnlich

Ursprüngliche Heimat: östlicher Mittelmeerraum

Frisch verwenden, nicht mitkochen.

Verwendung: Würzt Salate, Saucen, Eierspeisen, Gemüse, Desserts, Getränke.

★★★★

ZITRONENGRAS

GB: Lemon grass
F: Citronnelle
E: Caña de limón, Limoncillo, Hierba limón
I: Citronella
Lat.: *Cymbopogon citratus*

Mehrjährige, tropische Pflanze aus der Familie der Süßgräser mit schilfartigen Blättern

Beliebt in der südostasiatischen und indischen Küche

Verwendet wird meist der untere, helle Teil der Blätter.

Wird frisch, getrocknet und gemahlen angeboten.

Geschmack: frisch, zitronenähnlich, kräftig

Verwendung: Würzt Suppen, Eintöpfe, Fleisch- und Fischgerichte, Tee.

★★★

INGWER

GB: Ginger
F: Gingembre
E: Jengibre, Kion
I: Zenzero
Lat.: *Zingiber officinale*

Weißliches bis gelbliches, verzweigtes, knolliges Rhizom (Wurzelsprosse) der schilfartigen Ingwerstaude, die in den Tropen und Subtropen wächst.

Geschmack: würzig-scharf und leicht süßlich

Wird frisch, getrocknet und gemahlen angeboten, außerdem kandiert als Konfekt.

Verwendung: Würzt Chutneys, Konfitüren, Suppen, Geflügel, Fleisch, Fisch, Meeresfrüchte und Getränke.

★★★★

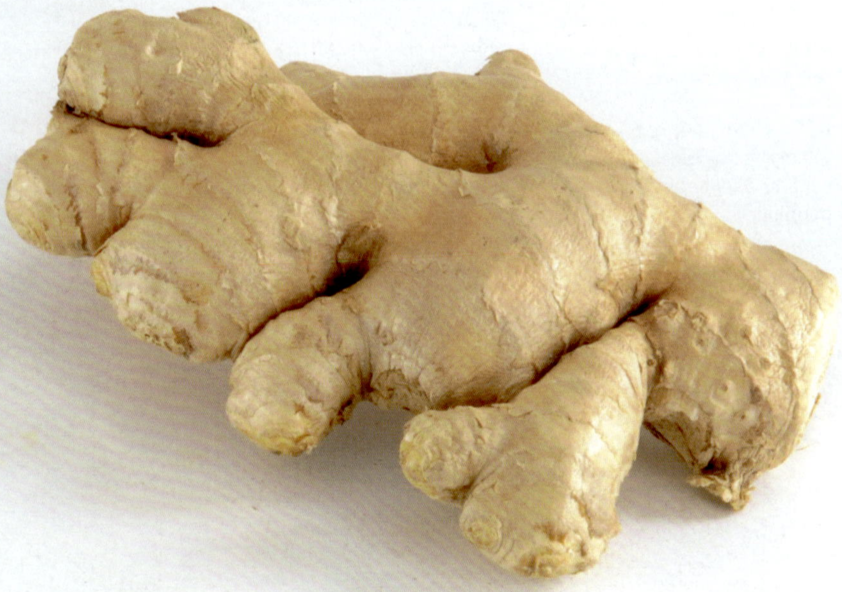

CHILISCHOTEN, PFEFFERONI (A)

GB: Chilis, Chili peppers
F: Piments
E: Chiles, Pimientos, Ajíes, Guindillas
I: Peperoncini
Lat.: *Capsicum annuum*

Kleine Gewürzpfefferschoten, scharfe Verwandte des Gemüsepaprikas

Stammt ursprünglich aus Mexiko.

Über 350 Sorten, die sich in Farbe, Größe, Form und Schärfe unterscheiden.

Generell gilt: je kleiner die Schote, desto schärfer.

Wird roh, eingelegt, getrocknet und gemahlen angeboten.

Verwendung: Würzt Suppen, Saucen, Fleisch, Fisch und Gemüse.

★★★★★

PEPERONI

GB: Chilis, Chili peppers
F: Piments
E: Chiles, Guindillas, Ajíes
I: Peperoncini
Lat.: *Capiscum annuum*

Kleine, scharfe, rote oder grüne Gewürzpfefferschoten

Werden roh oder eingelegt angeboten.

Verwendung: Würzt Suppen, Saucen, Fleisch, Fisch und Gemüse; eingelegt als Snack.

★★★★

PAPRIKAPULVER

GB: Paprika
F: Paprika
E: Pimentón, Páprika
I: Paprica
Lat.: *Capsicum*

Nationalgewürz in Spanien und Ungarn

Wird aus den getrockneten und gemahlenen roten Schoten der Gewürzpaprika hergestellt.

In Deutschland Unterscheidung in zwei Geschmacksrichtungen:
- Rosenpaprika (sehr scharf)
- Edelsüßpaprika (süßlich-fruchtig, würzig)

Verwendung: Würzt Suppen, Gemüse, Reis-, Geflügel-, Fleisch- und Fischgerichte, Gulasch, Wurstwaren.

★★★★

CAYENNEPFEFFER

GB: Cayenne, Red pepper
F: Poivre de Cayenne
E: Cayena, Ají
I: Pepe di Caienna
Lat.: *Capsicum frutescens*

Wird aus den schlanken, 5–20 cm langen getrockneten Schoten des Cayenne-Chili hergestellt.

Enthält 20-mal so viel des für die Schärfe verantwortlichen Capsaicin als Gemüsepaprika.

Geschmack: sehr scharf, leicht rauchig und bitter

Ursprüngliche Heimat: Mexiko

Unentbehrliches Gewürz in der Cajun-Küche (Louisiana)

Verwendung: Würzt Suppen, Saucen, Fleisch, Fisch und Gemüse.

★★★★★

CHILI-FLOCKEN, PUL BIBER

GB: Chili flakes, Pul Biber
F: Flocons de chili, Pul Biber
E: Copos de chiles, Pul Biber
I: Fiocchi di peperoncino, Pul Biber

Grob zerstoßene, ganze getrocknete Chilischoten, die hauptsächlich in der türkischen Küche verwendet werden.

Geschmack: aromatisch-scharf

Verwendung: Würzt Döner, Hackfleisch, Kebab-Saucen und alle herzhaften türkischen Gerichte.

★★★

SCHWARZER PFEFFER

GB: Black pepper
F: Poivre noir
E: Pimienta negra
I: Pepe nero
Lat.: *Piper nigrum*

König der Gewürze, wird in allen Küchen der Welt hoch geschätzt.

Botanisch: Steinfrucht der Pfefferpflanze, einer tropischen Kletterpflanze

Schwarzer Pfeffer sind die ungeschälten Früchte, die bis zur Schwarzfärbung getrocknet werden.

Geschmack: intensiv-würzig, scharf

Verliert gemahlen schnell an Aroma.

Verwendung: Würzt alle salzigen Speisen.

★★★★★

WEISSER PFEFFER

GB: White pepper
F: Poivre blanc
E: Pimienta blanca
I: Pepe bianco
Lat.: *Piper nigrum*

König der Gewürze, wird in allen Küchen der Welt hoch geschätzt.

Botanisch: Steinfrucht der Pfefferpflanze, einer tropischen Kletterpflanze

Weißer Pfeffer sind die vollreif geernteten, geschälten, getrockneten Früchte.

Geschmack: feinere Schärfe als der schwarze Pfeffer

Verliert gemahlen schnell an Aroma.

Verwendung: Würzt Fleisch, Geflügel, Fisch, Saucen, Suppen und Salate.

★★★★★

GRÜNER PFEFFER

GB: Green pepper
F: Poivre vert
E: Pimienta verde
I: Pepe verde
Lat.: *Piper nigrum*

König der Gewürze, wird in allen Küchen der Welt hoch geschätzt.

Botanisch: Steinfrucht der Pfefferpflanze, einer tropischen Kletterpflanze

Grüner Pfeffer sind die unreifen, ungeschälten Früchte, die entweder als Frischware in den Handel gelangen oder zur Konservierung in Salzlake eingelegt oder gefriergetrocknet werden.

Geschmack: milder als schwarzer Pfeffer

Verliert gemahlen schnell an Aroma.

Verwendung: Würzt Saucen, Ragouts, Reis- und Fleischgerichte.

★★★★

ROSA PFEFFER

GB: Peruvian pepper, Rose pepper
F: Poivre rose, Baies roses
E: Pimienta de Perú, Pimienta rosada
I: Pepe rosa, Falso pepe
Lat.: *Schinus terebinthifolius, Schinus molle*

Reife, ungeschälte und getrocknete Beeren des Peruanischen Pfefferbaums, streng genommen kein richtiger Pfeffer

Geschmack: leicht scharf mit aromatisch-süßlicher Note

Verwendung: Würzt Fleisch, Geflügel, Fisch, Saucen, Suppen und Salate.

★★★

PIMENT, NELKENPFEFFER

GB: Allspice, Jamaican pepper
F: Piment de la Jamaïque
E: Pimienta de Jamaica, Pimienta dulce
I: Pimento, Pepe giamaicano
Lat.: *Pimenta dioica*

Grüne, bei Reife rote Beeren des bis zu 10 m hohen, immergrünen Pimentbaums

Halbreife Beeren werden getrocknet und ganz oder gemahlen angeboten.

Geschmack: vereint die Aromen von Pfeffer, Gewürznelken, Muskatnuss und Zimt

Verliert gemahlen schnell an Aroma.

Ursprüngliche Heimat: Tropen

Verwendung: Würzt Marinaden, Suppen, dunkle Saucen, Ragouts, Gemüse, Fleisch, Fischsud, Wurst, Weihnachtsgebäck.

★★★★

WACHOLDERBEEREN

GB: Juniper berries
F: Baies de genévrier
E: Enebrinas
I: Ginepro
Lat.: *Juniperus communis*

Kugelige, beerenartig ausgebildete Früchte des Wacholderstrauchs

Werden getrocknet angeboten.

Geschmack: intensiv, leicht bitter-süß

Verwendung: Würzt Marinaden, Beizen, Brühen, Kohlgemüse, Fleisch und Fisch.

★★★★

KÜMMEL

GB: Caraway, Persian cumin
F: Carvi, Cumin des prés
E: Alcaravea, Alcarahueya, Comino de prado
I: Carvi
Lat.: *Carum carvi*

Ursprünglich in den gemäßigten Klimazonen Asiens zu Hause; heute in ganz Europa und Nordamerika verbreitet

Das bis zu 1,50 m hohe Kümmelkraut hat 2–5 mm lange, bräunliche, leicht gekrümmte Spaltfrüchte, die getrocknet im Ganzen oder gemahlen verwendet werden.

Geschmack: herb-würzig, leicht süßlich

Verwendung: Würzt Brot, Suppen, Eintöpfe, Wurst, Käse, Gemüse und Fleischgerichte.

★★★★

KREUZKÜMMEL, KUMIN

GB: Cumin
F: Cumin
E: Comino
I: Cumino
Lat.: *Cuminum cyminum*

Bis zu 50 cm hohes Kraut mit 6 mm langen, grünlich grauen Spaltfrüchten, die im Aussehen dem Kümmel ähneln. In der arabischen und indischen Küche sehr beliebt

Geschmack: herzhaft würzig, bitter-scharf, aromatisch

Verliert gemahlen schnell sein Aroma.

Wurde als Grabbeigabe in Pharaonengräbern gefunden.

Ursprüngliche Heimat: Turkmenistan

Verwendung: Würzt Suppen, Eintöpfe, Gemüse, Eierspeisen, Fisch, Fleisch, Brot und Kuchen.

★★★★

SCHWARZKÜMMEL

GB: Blackseed, Black caraway, Black onion seed
F: Graine de nigelle, Cumin noir
E: Ajenuz, Neguilla, Pebreta
I: Grano nero, Cumino nero
Lat.: *Nigella* sativa

Etwa 40 cm hohes Kraut, das rundliche, blassbraune Fruchtkapseln mit kleinen, kantigen, schwarzen Samen bildet.

Samen werden getrocknet angeboten.

Geschmack: pfeffrig, aromatisch

In der indischen und orientalischen Küche sehr beliebt

Verwendung: Würzt Brot, vegetarische Speisen, Lamm, Hammel.

★★★★

KURKUMA, GELBWURZ

GB: Turmeric, Curcuma
F: Curcuma
E: Cúrcuma
I: Curcuma, Zafferano delle Indie
Lat.: *Curcuma longa*

Das dicke, dunkelgelbe Rhizom (Wurzelsprosse) einer tropischen Staude

Geschmack: scharf, ingwerartig, leicht bitter

Wird nur gemahlen verwendet, oft als Färbemittel anstelle von teurem Safran.

Bestandteil vieler indischer und arabischer Gewürzmischungen, u.a. Curry

Der gelbe Farbstoff eignet sich zum Färben von Textilien.

Gilt in Asien als Glücksbringer.

Verwendung: Würzt und färbt Saucen, Eierspeisen, Reis- und Fleischgerichte.

★★★★

TAMARINDE

GB: Tamarind
F: Tamarin
E: Tamarindo
I: Tamarindo
Lat.: *Tamarindus indica*

Immergrüner, tropischer Baum mit Hülsenfrucht-Schoten, die ein braunes Fruchtmark enthalten.

Fruchtmark wird als Paste, Konzentrat oder in Sirup eingelegt angeboten.

Geschmack: typisch, intensiv sauer

Hauptbestandteil der Worcestershiresauce

Verwendung: Würzt Chutneys, Suppen, Saucen, Getränke.

★★★

MUSKATNUSS

GB: Nutmeg
F: Noix de muscade
E: Nuez moscada
I: Noce moscata
Lat.: *Myristica fragrans*

Haselnussgroßer Samenkern des Muskatnussbaums

Ursprüngliche Heimat: Molukken, heute weltweit in den Tropen

Geschmack: süßlich-bitter, scharf

Muskatnüsse werden ganz oder gemahlen angeboten; werden teilweise gekalkt, um sie vor Schädlingen zu schützen.

Verwendung: Würzt Suppen, Saucen, Pürees, Gemüse, Nudel-, Fisch- und Fleischgerichte, heiße Getränke (Punsch), Liköre (Chartreuse).

★★★★

MUSKATBLÜTE, MACIS

GB: Mace
F: Macis
E: Macis
I: Macis
Lat.: *Arillus myristicae*

Orangefarbener Samenmantel, der den Samenkern der Muskatnuss umgibt.

Wird getrocknet und gemahlen.

Geschmack: zart-bitter

Verwendung: Würzt Suppen, Saucen, Pasteten, Gemüse- und Fleischgerichte.

★★★★

SAFRAN

GB: Saffron
F: Safran
E: Azafrán
I: Zafferano vero
Lat.: *Crocus sativus*

Wird aus den goldgelben oder orangefarbenen, ca. 2 cm langen Blütenfäden des Crocus sativus gewonnen. Um 1 g Safran zu gewinnen, benötigt man fast 200 Krokusblüten, weshalb das Gewürzt so teuer ist.

Geschmack: leicht scharf, zartbitter

Safran verleiht Gerichten wie dem italienischen Risotto, der spanischen Paella oder der französischen Bouillabaise eine goldgelbe Farbe.

Verwendung: Würzt und färbt Suppen, Saucen, Reisgerichte, Kuchen und Backwaren.

★★★★★

ANISSAMEN, ANIS

GB: Anis seeds, Sweet cumin
F: Graines d'anis, Anis vert
E: Semillas de anís
I: Anice, Anice verde
Lat.: *Pimpinella anisum*

Mittelbraune bis gelbliche, gerippte Samen

Ursprüngliche Heimat: östlicher Mitttelmeerraum

Geschmack: würzig süßlich, sehr aromatisch; erinnert an Lakritze.

Verwendung: Würzt Brot, Backwaren, Fisch, Meeresfrüchte, Gemüse und Süßspeisen.

Beliebtes Gewürz in Spirituosen (Frankreich: Pastis, Griechenland: Ouzo, Türkei: Raki)

★★★★★

STERNANIS

GB: Star anise, Badiane
F: Anis étoilé, Badiane chinoise
E: Anís estrellado
I: Anice stellato
Lat.: *Illicium verum*

Rötlich braune Frucht des tropischen Sternanisbaums mit braunen, glänzenden Samen

Wird als ganze Frucht oder gemahlen angeboten.

Geschmack: anisähnlich, aromatisch

Ursprüngliche Heimat: Südchina und Vietnam

Verwendung: Würzt chinesische Gerichte, Suppen, Geflügel, Fisch, Gemüse, Backwaren, Weihnachtsgebäck, Kompott, Süßspeisen, Glühwein, Tee.

★★★★

KARDAMOM

GB: Cardamom
F: Cardamome
E: Cardamomo
I: Cardamomo
Lat.: *Elettaria cardamomum, Elettaria major*

Kapselfrucht der indischen Kardamomstaude, einem Ingwergewächs mit grau- bis rötlich braunen Samen

Samen werden in der Kapsel oder gemahlen angeboten.

Geschmack: scharf-würzig mit süßlicher Note

Bestandteil vieler indischer und arabischer Gewürzmischungen, u.a. Curry und Garam Masala

Verliert gemahlen schnell sein Aroma.

Verwendung: Würzt Backwaren, Marinaden, Reis-, Fisch- und Fleischgerichte, Kaffee und Tee.

★★★★

SÜSSHOLZ

GB: Liquorice
F: Réglisse
E: Regaliz, Palo dulce, Palodú
I: Liquirizia
Lat.: *Glyzyrrhiza glabra*

Hohe Staude, deren fingerdicke Wurzeln den Ausgangsstoff für Lakritze liefern.

Geschmack: süßlich, herb

Ursprüngliche Heimat: China und Persien

Gehört in China zu den 10 wichtigsten Heilpflanzen.

Verwendung: Würzt Süßspeisen und Getränke.

★★

GEWÜRZNELKEN

GB: Cloves
F: Clous de girofle
E: Clavos de olor
I: Chiodi di garofano
Lat.: *Syzygium aromaticum*

Ungeöffnete, getrocknete, dunkelbraune Blütenknospen des immergrünen Nelkenbaums

Geschmack: aromatisch, warm

Aroma entwickelt sich erst bei Erhitzen voll.

Bestandteil von Gewürzmischungen wie Curry und Garam Masala

Ursprüngliche Heimat: Molukken (Südostasien), heute weltweit in den Tropen angebaut

Verwendung: Würzt Brühen, Braten, Kohl- und Wildgerichte, Kompott, Glühwein.

★★★★

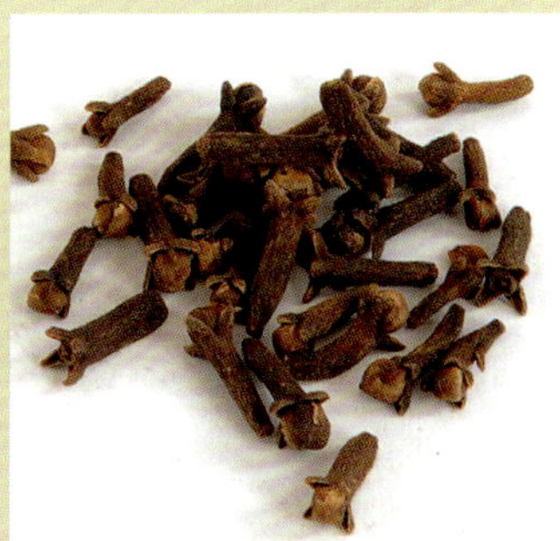

VANILLESCHOTE

GB: Vanilla pod, Vanilla bean
F: Gousse de vanille
E: Vaina de vainilla
I: Baccello di vaniglia
Lat.: *Vanilla planifolia*

Gelbgrüne, 15–25 cm lange Fruchtkapsel (Schote) der Echten Vanille, einer Schlingpflanze aus der Familie der Orchideen

Schoten werden vor der Reife gepflückt, dann getrocknet und fermentiert, bis sie ihr dunkles, öliges Aussehen und ihr volles Aroma erhalten.

In der Schote befindet sich das dunkle, klebrige Mark, das ausgekratzt wird.

Geschmack: typisch, leicht süßlich, aromatisch

Beste Qualität: Tahiti-Vanille

Ursprüngliche Heimat: Mittelamerika

Verwendung: Würzt Backwaren, Kuchen, Süßspeisen, Kompott, Eis, aber auch Saucen.

★★★★★

ZIMT

GB: Cinnamon
F: Cannelle
E: Canela
I: Cannella, Cinnamomo
Lat.: *Cinnamomum verum*

Getrocknete Rinde von den zarten Ästen des immergrünen Zimtbaums

Geschmack: würzig, süßlich, fein-aromatisch

Wird in Stangen oder gemahlen angeboten.

Das meiste Aroma erzielt man durch Mitkochen der Stangen.

Verliert beim Mahlen viel Aroma.

Beste Qualität: Ceylon-Zimt

Ursprüngliche Heimat: Ceylon (Sri Lanka)

Verwendung: Würzt Süßspeisen, Backwaren, Kuchen, Kompott, aber auch Fleisch-, Reis- und Gemüsegerichte.

★★★★

CURRY

Ostindische Gewürzmischung aus 10–20 Gewürzen, darunter Gelbwurz, Pfeffer, Muskatblüte, Piment, Zimt und gemahlene Gewürznelken

Als Curry wird nicht nur die Gewürzmischung bezeichnet, sondern auch aromatische Fleisch- und Fischragouts der indischen und asiatischen Küche.

Verwendung: Würzt Saucen, Suppen, Gemüse, Reis, Fisch, Fleisch und Geflügel.

★★★★★

THAI-CURRY

GB: Thai curry
F: Curry thaïlandais
E: Curry tailandés
I: Curry tailandese

Orangerötliche Curry-Gewürzmischung aus Chili, Kurkuma, Koriander, Senfmehl, Bockshornklee, Ingwer, Knoblauch, Kardamom, Kümmel, Zimt

Geschmack: fein-aromatisch, leichte Schärfe

Verwendung: Würzt Dips, Saucen, Reis, Geflügel, Lamm, Kalb, Fisch und Meeresfrüchte.

★★★★

GARAM MASALA

Indische, sehr aromatische Gewürzmischung, die u.a. gemahlenen Pfeffer, Zimt, Kardamom, Gewürznelken und Kreuzkümmel enthält.

Entfaltet am meisten Aroma, wenn es in heißem Fett kurz angeröstet wird.

Verwendung: Würzt Gemüse-, Reis-, Fisch- und Fleischgerichte.

★★★

SHICHIMI TOGARASHI

Beliebte Gewürzmischung in der japanischen Küche

Name bedeutet: „Sieben-Gewürz-Chilipfeffer"

Hauptbestandteile: gemahlene Chilischoten, Mohnsamen, japanischer Bergpfeffer, Algen, Sesamsaat und Orangenschale

Verwendung: Würzt Suppen und deftige Gerichte.

★★★

SALZ

GB: Salt
F: Sel
E: Sal
I: Sale

Koch-, Speise- oder Tafelsalz wird durch Verdunsten aus Meerwasser (Meersalz), durch bergmännischen Abbau (Steinsalz) oder durch Eindampfen von Sole (Siede- oder Salinensalz) gewonnen

Wird grob- oder feinkörnig, rein oder mit Zusätzen angeboten.

So wird beispielsweise beim jodierten Speisesalz dessen Jodgehalt erhöht; das Hawaiian Alaea Salt ist mit den Mineralien der roten Vulkanerde mineralisiert.

Verwendung: Würzt alle Speisen.

★★★★★

FLEUR DE SEL

Handgeschöpftes Meersalz von der Atlantikküste

Bildet sich als hauchdünne Schicht an der Wasseroberfläche und wird in Handarbeit mit Holzschaufeln abgeschöpft und unbehandelt angeboten.

Die reinweißen, beinahe transparenten, filigranen Salzkristalle sind in der feinen Küche sehr beliebt.

Verwendung: Würzt wie Salz.

★★★★★

GOURMETSALZ

GB: Gourmet salt
F: Sel de gourmet
E: Sal de gourmet
I: Sale gourmet

Besondere, oft sehr teure Speise- und Natursalze aus der ganzen Welt, die auf spezielle Weise gewonnen oder veredelt werden.

Enthalten je nach Sorte auch mineralische Zusätze wie Vulkanerde oder -asche.

Werden wegen ihrer unterschiedlichsten Aromen von immer mehr Gourmets geschätzt.

Verwendung: Würzt wie Salz.

★★★★

Meerwasser wird in Salzgärten geleitet. Im Laufe der Zeit verdunstet das Wasser, übrig bleibt das Salz.

Das Salz wird geerntet und zu bisweilen riesigen Salzbergen aufgetürmt.

Das Salz muss gemahlen, gesiebt und bei Bedarf auch gereinigt werden.

Zuletzt wird das Salz abgewogen, verpackt und ist fertig für den Verkauf.

MILDER SENF

GB: Mild mustard
F: Moutarde douce
E: Mostaza suave
I: Senape blanda

Delikatess- oder Tafelsenf, der vorwiegend aus weißer (gelber) Senfsaat, Essig, Zucker und Salz hergestellt wird.

Geschmack: feinwürzig

Verwendung: Würzt Saucen, Dips, Würstchen und Fleisch.

★★★★

MITTELSCHARFER SENF

GB: Medium hot mustard
F: Moutarde mi-forte
E: Mostaza medio picante
I: Senape medio-piccante

Delikatess- oder Tafelsenf, der aus weißer (gelber) und brauner (schwarzer) Senfsaat, Essig und Salz hergestellt wird.

Geschmack: leicht würzig

Verwendung: Würzt Wurstwaren, Saucen, Dressings, Dips und Fleisch.

★★★★

SÜSSER SENF

GB: Sweet mustard
F: Moutarde douce
E: Mostaza dulce
I: Senape dolce

Wird aus gemahlener Senfsaat oder braunem oder gelbem Senfmehl, Zucker oder Honig, Wasser, Essig und Gewürzen hergestellt.

Zutaten werden zunächst aufgekocht, dann abgekühlt, damit sich die Aromen verbinden.

Geschmack: deutlich süßes Aroma

Verwendung: zu Leberkäse, Weißwürsten und anderen Wurstwaren

★★★★

DIJON-SENF

GB: Dijon mustard
F: Moutarde de Dijon
E: Mostaza de Dijon
I: Mostarda di Digione

Klassischer, scharfer Senf, der traditionell im französischen Dijon mit EU-weit geschützter Ursprungsbezeichnung (g.U.) aus brauner (schwarzer), nicht entölter Senfsaat hergestellt wird.

Senfkörner werden geschrotet oder gequetscht und unter Zugabe von Wasser, Essig und Salz eingemaischt und vermahlen.

Geschmack: angenehm scharf, pikant, leicht nussig

Verwendung: Würzt Wurstwaren, Saucen, Dressings, Dips und Fleisch.

★★★★★

SENF À L'ANCIENNE

GB: L'Ancienne mustard
F: Moutarde à l'ancienne
E: Mostaza à l'ancienne
I: Senape à l'ancienne

Grob gemahlener, mittelscharfer Senf mit teilweise noch ganzen weißen (gelben) oder braunen (schwarzen) Senfkörnern

Geschmack: aromatisch, pikant-würzig

Wird auch Rôtisseur-Senf genannt, weil er sehr hitzestabil ist und sich deshalb ideal zum Bestreichen von Braten eignet.

Verwendung: Würzt Saucen und Braten, passt zu gegrilltem Fleisch.

★★★★

ENGLISCHER SENF

GB: English mustard
F: Moutarde anglaise
E: Mostaza inglesa
I: Mostarda inglese

Klassischer, englischer, scharfer Senf, der traditionell aus brauner (schwarzer) und weißer Senfsaat hergestellt wird.

Geschmack: würzig, scharf

Verwendung: Würzt Wurstwaren, Saucen, Dressings, Dips und Fleisch.

★★★★

MEERRETTICH, KREN (A)

GB: Horseradish
F: Raifort
E: Rábano picante
I: Armoraccio, rafano
Lat.: *Armoracia rusticana*

Lange Pfahlwurzel der Meerrettichstaude, die geschält und gerieben oder grob geraffelt wird.

Enthält scharfe Senföle, die nach dem Reiben schnell verfliegen.

Geschmack: nussig-aromatisch, scharf

Beliebt in der süddeutschen, österreichischen und osteuropäischen Küche

Verwendung: Passt zu Schinken und gekochtem Fleisch, würzt Dips und Saucen.

★★★★

TAFELMEERRETTICH

GB: Prepared horseradish
F: Raifort préparé, Sauce au raifort
E: Pasta di rábano
I: Salsa di rafano

Geriebene Pfahlwurzel der Meerrettichstaude, die als Fertigprodukt mit Zutaten wie Essig, Salz und Gewürzen im Glas oder in der Tube angeboten wird.

Auch als Sahnemeerrettich erhältlich

Geschmack: nussig-aromatisch

Verwendung: Passt zu Schinken und gekochtem Fleisch, würzt Dips und Saucen.

★★★

WASABI, JAPANISCHER MEERRETTICH

GB: Wasabi, Japanese horseradish
F: Wasabi, Raifort japonais
E: Wasabi
I: Wasabi, Rafano giapponese
Lat.: *Wasabia japonica*

Scharfes Gewürz aus der Wurzel des japanischen Meerrettichs

Wird meist gemahlen (als Pulver) oder als Paste angeboten.

Enthält Senföle, die vor allem im Rachen und in der Nase ein Brennen verursachen.

Wird, mit Sojasauce angerührt, zu Sushi und Sashimi gereicht.

Verwendung: vonehmlich in der asiatischen Küche. Würzt geröstete Nüsse und Erbsen.

★★★

KAPERNÄPFEL

GB: Caper berries
F: Caprons
E: Alcaparrones
I: Cucunci

Früchte des Kapernstrauchs, die in Olivenöl oder Essiglake eingelegt werden.

Geschmack: würzig, säuerlich

Verwendung: als Beilage zu mediterranen Vorspeisen. Würzt Salate, Saucen, Fleisch- und Fischgerichte.

★★★

KAPERN

GB: Capers
F: Câpres
E: Alcaparras
I: Capperi
Lat.: *Capparis spinosa*

Geschlossene Blütenknospen des Kapernstrauchs, die noch vor der Blüte geerntet und in Salz oder Essiglake konserviert werden.

Vor dem Einlegen werden die Kapern über Nacht angetrocknet.

Kapern werden in verschiedenen Größen angeboten: je kleiner die Knospe, desto feiner ihr Geschmack und desto höher ihr Preis.

Die Bezeichnungen für die Größensortierung stammen aus Frankreich:
- Nonpareilles (4–7 mm)
- Surfines (7–8 mm)
- Capucines (8–9 mm)
- Capotes (9–10 mm)
- Fines (12-13 mm)
- Mifines (13–15 mm).

Geschmack: je nach Größe würzig, säuerlich, pikant bitter

Verwendung: Würzt Salate, Dips, Remoulade, Saucen, Fleisch- und Fischgerichte.

★★★★

OLIVEN

GB: Olives
F: Olives
E: Aceitunas
I: Olive

Grüne oder schwarze Früchte des Olivenbaums, die halbreif geerntet und in Salz, Lake oder Öl eingelegt werden.

Vor dem Einlegen werden die Oliven einige Tage lang gewässert oder in Lauge gelegt, um die Bitterstoffe auszuschwemmen.

Werden auch getrocknet angeboten.

Verwendung: als Snack, für Salate, Saucen und mediterrane Gerichte

★★★★★

OLIVEN MIT MANDELN

GB: Olives with almonds
F: Olives farcies aux amandes
E: Aceitunas rellenas de almendra
I: Olive ripiene di mandorle

Mit Mandeln gefüllte grüne Oliven, die meist in Lake angeboten werden.

Geschmack: würzig, nussig

Verwendung: als Snack, für Salate

★★★

ANCHOVIS-OLIVEN

GB: Anchovy olives
F: Olives à la farce d'anchois
E: Aceitunas rellenas de anchoa
I: Olive farcite con acciughe

Mit Sardellenpaste oder Sardellenfilets (Anchovis) gefüllte grüne Oliven, die meist in Lake angeboten werden.

Geschmack: würzig, leicht salzig

Verwendung: als Snack, für Salate, für kalte Platten

★★★

OLIVEN MIT PAPRIKA

GB: Olives with peppers
F: Olives farcies aux poivrons
E: Aceitunas rellenas de pimiento
I: Olive farcite con peperone

Mit Paprikastückchen gefüllte grüne Oliven, die meist in Lake angeboten werden.

Geschmack: würzig, leicht salzig

Verwendung: als Snack, für Salate

★★★

OBST UND NÜSSE

APFEL

GB: Apple
F: Pomme
E: Manzana
I: Mela
Lat.: *Malus domestica*

In allen Ländern bekannte und beliebte Frucht

Über 20.000 Sorten, davon nur wenige mit wirtschaftlicher Bedeutung

Aussehen, Geschmack und Geruch sind sortentypisch.

Essbar: ganze Frucht

Reife Früchte: intensiver Duft, sortentypische Schalenfarbe

Anbau: weltweit in gemäßigten Klimazonen

Verwendung sortentypisch: roh, gedünstet, gebacken, als Kuchenbelag, eingekocht, als Saft

Sehr gesund: Enthält viel Vitamin C, über 20 Mineralstoffe und sekundäre Pflanzenstoffe.

★★★★★

BOSKOP

Mittelgroßer, oft ungleichmäßig runder Apfel

Geschmack: harmonisch süß-säuerlich

Verwendung: roh, gekocht (Kompott), gebacken (Kuchen, Strudel)

★★★★

BRAEBURN

Mittelgroßer bis großer Apfel

Geschmack: süß-säuerlich, fruchtig, aromatisch

Verwendung: roh

Früchte mit leicht rötlicher Farbe sind knackiger als grüngelbliche.

★★★★

COX ORANGE

Mittelgroßer bis großer Apfel

Geschmack: süß mit angenehmer Säure, würzig

Verwendung: roh, gekocht (Chutney, Kompott), gebacken (Kuchen, Strudel)

★★★★

ELSTAR

Mittelgroßer bis großer Apfel

Geschmack: süß mit feiner Säure, sehr aromatisch

Verwendung: roh, gekocht (Kompott), gebacken (Kuchen, Strudel)

★★★★

GALA

Kleiner bis mittelgroßer, leicht länglicher Apfel

Geschmack: süß mit wenig Säure

Verwendung: roh, gekocht (Kompott), gebraten (als Bratapfel oder als Beilage zu Leber)

★★★★

GLOSTER

Mittelgroßer bis großer, hochgebauter Apfel mit unregelmäßig geformtem Fruchtkörper

Neuere Züchtung aus Glockenapfel und Richard Delicious

Aroma: fein-fruchtig, säuerlich

Verwendung: roh

★★★★

GOLDEN DELICIOUS

Mittelgroßer bis großer, länglicher Apfel

Geschmack: süß, aromatisch mit wenig Säure

Verwendung: roh

★★★★

GRANNY SMITH

Mittelgroßer bis großer, gleichmäßig runder Apfel

Geschmack: erfrischend säuerlich, ohne typisches Aroma

Verwendung: roh

Unreif sehr sauer

★★★

IDARED

Große, hochgebaute, gleichmäßige Frucht

Geschmack: fein-säuerlich, aromatisch

Verwendung: roh (Frischobst, Salate), gekocht (Kompott, Saucen), gebacken (Kuchen)

Aufgrund des geringen Zuckergehalts auch für Diabetiker geeignet

★★★★

JONAGOLD

Mittelgroßer bis sehr großer, länglich runder Apfel

Geschmack: harmonisch süß-säuerlich, aromatisch

Verwendung: roh, gekocht (Kompott), gebacken (Kuchen)

★★★★

PINK LADY, CRIPPS PINK, SWISS LADY

Mittelgroßer Apfel

Geschmack: süß und aromatisch

Verwendung: roh

★★★★

RED DELICIOUS

Mittelgroßer bis großer, länglicher Apfel mit ausgeprägten Höckern in der Kelchpartie

Geschmack: süß mit sortentypischem Aroma

Verwendung: roh, in Obstsalaten und Desserts, gebacken (Kuchen, Strudel)

★★★★

BIRNE

GB: Pear
F: Poire
E: Pera
I: Pera
Lat.: *Pyrus communis*

Kernobst mit über 1500 Sorten, die sich in Form, Farbe, Schale, Saftgehalt und Geschmack unterscheiden.

Fruchtfleisch: weißlich, fest und saftig. Wird nach der Ernte schnell weich und bräunlich

Geschmack: süßlich-aromatisch

Essbar: ganze Frucht

Hauptanbauländer: Frankreich, Italien, Österreich, Spanien und Chile

Verwendung sortentypisch: roh, gedünstet, gebacken, als Kuchenbelag, eingekocht, Saft

Enthält viel Vitamin C und wenig Fruchtsäure.

Ist reif sehr druckempfindlich.

★★★★

ABATE FETEL

Große Birne, länglich mit dickem Bauch

Fruchtfleisch: saftig, mild-aromatisch, wird schnell weich

Verwendung: roh

★★★★

ALEXANDER LUCAS

Große bis sehr große, dickbauchige Birne mit kurzem Stiel

Fruchtfleisch: weiß, saftig, süß-säuerlich, nicht besonders aromatisch

Verwendung: roh, in Obstsalaten und Desserts, gedünstet (Kompott) und gebacken (Kuchen)

Lässt sich gut lagern.

★★★★

CONFERENCE

Mittelgroße, flachförmig-längliche Birne mit langem, dünnem Stiel

Fruchtfleisch: sehr saftig, zart schmelzend, süß-aromatisch

Verwendung: roh, in Obstsalaten und Desserts, gedünstet (Kompott), gebacken (Kuchen) und gedörrt

★★★★

RED BARTLETT, RED WILLIAMS CHRIST

Mittelgroße, glockenförmige Birne mit leicht höckeriger Form, nicht selten schief angesetztem Stil und leichten Falten am Kelch

Fruchtfleisch: cremefarben, sehr saftig, weich, kräftig süß mit typischem Williamsgeschmack

Verwendung: roh, in Obstsalaten und Desserts, gekocht (Kompott)

★★★★

SANTA MARIA

Mittelgroße, flaschenförmige Birne mit langem Stil

Fruchtfleisch: fest, saftig, cremefarben mit süß-säuerlichem, fein-würzigem Geschmack

Verwendung: roh, in Obstsalaten und Desserts, gedünstet (Kompott)

★★★★

WILLIAMS CHRIST

Mittelgroße bis große, gedrungene Birne mit leicht höckeriger Form

Fruchtfleisch: saftig, gelbweiß; süßlich-würzig mit intensivem Aroma

Verwendung: roh, gekocht (Kompott), gebacken (Kuchen), getrocknet (Trockenfrucht), Saft, Obstbrand

★★★★

NASHI, NASHI-BIRNE

GB: Nashi pear, Asian pear, Apple pear
F: Nashi, Pomme-poire, Poire asiatique
E: Pera nashi, Pera japonesa, Pera manzana
I: Nashi, Pera-mela
Lat.: *Pyrusa pyrifolia*

Runde Birnenfrucht, wegen ihrer Form auch als Apfel-Birne bezeichnet

Sorten: über 1200

Fruchtfleisch: cremefarben, knackig, sehr saftig, säuerlich-süß

Früchte mit rauer Schale schmecken aromatischer.

Verwendung: roh (Frischobst, Salate), gekocht (Konfitüre, Kompott), gebacken (Kuchen, Pie)

Verzehrtipp: Schmeckt am besten gekühlt und geschält.

★★★

QUITTE

GB: Quince
F: Coing
E: Membrillo
I: Cotogna, Mela cotogna
Lat.: *Cydonia oblonga*

Eine der ältesten Obstarten

Apfel- oder birnenförmige Frucht mit leichten Rippen und Furchen

Schale: hart, glatt, gelb mit bräunlichen Flecken oder Streifen

Fruchtfleisch: gelblich weiß oder leicht rötlich, trocken bis saftig, hart, körnig

Geschmack: herb, säuerlich

Hauptanbaugebiete: Mittelmeerländer

Roh ungenießbar, entwickelt das volle Aroma erst durch Erhitzen.

Verwendung: gekocht (Konfitüre, Kompott, Chutney), gebacken (Kuchen, Pies), Konfekt, Saft, Likör

Reife Früchte verströmen einen intensiven Duft.

★★★★

KIRSCHE

GB: Cherry
F: Cerise
E: Cereza
I: Ciliegia
Lat.: *Prunus avium*

Rundliche bis herzförmige Steinfrucht mit weichem, saftigem Fruchtfleisch. Sind je nach Sorte gelb, rötlich oder dunkelrot.

Wegen ihrer dünnen Schale und dem saftigen Fruchtfleisch sehr druckempfindlich

Geschmack: süß-aromatisch

Verwendung: roh (Frischobst, Kuchenbelag), gekocht (Konfitüre, Kompott, Gelee, Grütze, Sauce), gebacken (Kuchen, Aufläufe), Saft

Gehört zu den Früchten mit dem höchsten Gehalt an Folsäure.

★★★★★

SAUERKIRSCHE, WEICHSEL (A)

GB: Sour cherry
F: Griotte, Cerise aigre, Marasque
E: Guinda, Cereza ácida
I: Amarena
Lat.: *Prunus cerasus*

Je nach Sorte rundliche, herzförmige oder längliche Steinfrucht mit weichem, saftigem Fruchtfleisch

Man unterscheidet zwischen den dunkelroten Weichseln mit stark gefärbtem Saft und den gelben bis hellroten Amarellen mit farblosem Saft.

Bekannteste Sauerkirschsorte: Schattenmorelle

Geschmack: säuerlich mit feiner Süße bis sehr sauer

Aus der Maraska-Weichsel wird in Italien und auf dem Balkan der Maraschino-Likör gewonnen.

Verwendung: roh (Frischobst, Kuchenbelag), gekocht (Konfitüre, Kompott, Gelee, Grütze, Sauce), gebacken (Kuchen, Muffins, Aufläufe), Saft, Most, Wein

Enthalten viel Folsäure und Mineralstoffe.

★★★★★

ZWETSCHGE

GB: Damson plum
F: Quetsche
E: Ciruela damascena
I: Prugna
Lat.: *Prunus domestica ssp. domestica*

Kleinere, länglich ovale Frucht mit spitzen Enden und Naht

Schale: glatt, dunkelblau oder tiefviolett mit leichtem Reif

Fruchfleisch: hellgelb bis kräftig gelb, fest, saftig

Geschmack: je nach Sorte zuckersüß bis stark säuerlich

Verwendung: roh, gekocht (Konfitüre, Kompott), gebacken (Kuchen), Saft, Obstbrand

★★★★

PFLAUME

GB: Plum
F: Prune
E: Ciruela
I: Prugna, Susina
Lat.: *Prunus domestica ssp. insititia*

Rundliche bis eiförmige Frucht mit deutlicher Naht

Schale: blau, violett oder gelb-orange, glatt, mit leichtem Reif

Fruchtfleisch: weich, hellgelb bis kräftig gelb

Geschmack: je nach Sorte zuckersüß bis stark säuerlich

Verwendung: roh (Frischobst, Salate, Desserts), gekocht (Mus, Konfitüre, Kompott, Saucen), gebacken (Kuchen), Saft

„Pflaume" auch Oberbegriff für mehr als 2000 Sorten unterschiedlicher Form, Größe, Saftigkeit und Farbe

★★★★★

MIRABELLE, KRIECHER (A), PFLÄUMCHEN (CH)

GB: Mirabelle
F: Mirabelle
E: Ciruela mirabelle
I: Mirabella
Lat.: *Prunus domestica ssp. syriaca*

Pflaumensorte mit kleinen, gelben, runden Früchten

Fruchtfleisch: fest, süß-aromatisch mit feiner Säure
Beste Sorten: Mirabelle von Nancy, Mirabelle aus Metz

Hauptanbaugebiete: Frankreich, Deutschland, Italien

Verwendung: roh, gekocht (Kompott) und destilliert als Spirituose

★★★★

PLUOT

Pflaumenähnliche Frucht, eine neue Züchtung aus den USA, entstanden aus Pflaume und Aprikose

Schale: glatt und glänzend rötlich

Fruchtfleisch: saftig, süß-aromatisch

Verwendung: roh (für Obstsalate und Desserts), gedünstet und gekocht (für Saucen, als Beilage), gebacken (Kuchen)

★★★

APRIKOSE, MARILLE (A)

GB: Apricot
F: Abricot
E: Albaricoque, Damasco
I: Albicocca
Lat.: *Prunus armeniaca*

Flache bis rundliche, 4–8 cm große orangegelbe Steinfrucht mit samtig-glatter Schale. Muss reif geerntet werden und verdirbt schnell.

Geschmack: sortentypisch von zuckersüß bis säuerlich. Entfaltet nur vollreif ihr volles Aroma.

Anbaugebiete in Europa: Italien, Spanien, Frankreich, Weinbaugebiete Deutschlands und Österreichs und Südosteuropa

Verwendung: roh, gekocht (Kompott, Konfitüre, Chutney), als Füllung für Strudel und Klöße. Beliebt auch als Trockenfrucht und Saft

Enthält viel Beta-Carotin, Provitamin A und viele Mineralstoffe.

★★★★

PFIRSICH

GB: Peach
F: Pêche
E: Melocotón, Durazno
I: Pesca
Lat.: *Prunus persica*

Rundliche Frucht mit Längsfurche. Farbe, Form, Geschmack, Geruch und Saftigkeit sortentypisch.

Eine der beliebtesten Steinobstarten

Schale: samtig, grünlich gelb, gelb-orange, rot

Fruchtfleisch: weiß oder gelb, schmelzend oder leicht faserig, saftig

Geschmack: sehr aromatisch mit typischer Würze, süß oder angenehm süß-säuerlich

Reift kaum nach, sehr druckempfindlich.

Als Delikatesse gilt der Weinbergpfirsich, der vor allem in Frankreich angebaut wird.

Anbau: weltweit in warm-gemäßigten Klimazonen

Verwendung: roh (Frischobst, Salate, Kuchenbelag), gekocht (Konfitüre, Kompott, Chutney), gebacken (Auflauf, Souffllé), Saft

★★★★★

NEKTARINE

GB: Nectarine
F: Nectarine, Brugnon
E: Nectarina, Pelón, Pavía
I: Nettarina
Lat.: *Prunus persica, Prunus nucipersica*

Mutation des Pfirsichs mit glatter, dünner Schale, meist gelb oder rot; in Geschmack, Farbe, Größe und Form dem Pfirsich sehr ähnlich

Fruchtfleisch: sortentypisch weiß oder gelb, fest oder locker, leicht fasrig, saftig

Geschmack: süß mit leichter Säure, aromatisch

Hauptanbaugebiete: Mittelmeerländer, Chile, Kalifornien

Verwendung: roh (Frischobst, Salate), gekocht (Konfitüre, Kompott, Chutney, Grütze, Saucen), gebacken (Kuchen, Auflauf)

Enthält viel Kalium und sekundäre Pflanzenstoffe.

★★★★

ERDBEERE, ROTBEERE (A)

GB: Strawberry
F: Fraise
E: Fresa, Frutilla
I: Fragola
Lat.: *Fragaria x ananassa*

Königin unter den Beerenobstarten, botanisch gesehen eine Sammelnussfrucht

Über 1000 verschiedene Sorten, die weltweit angebaut werden.

Orangerote bis dunkelrote Frucht mit glänzendem, rotem bis weißrosa Fruchtfleisch und intensivem Duft

Geschmack: sortenabhängig von süß-aromatisch bis süß-säuerlich

Reift nach der Ernte nicht nach.

Nicht lange lagerfähig

Verwendung: roh (Frischobst, Salate, Desserts, Kuchenbelag), gekocht (Konfitüre, Kompott, Grütze), Saft

★★★★★

HIMBEERE

GB: Raspberry
F: Framboise
E: Frambuesa
I: Lampone
Lat.: *Rubus idaeus*

1–2 cm große rote Beere, botanisch gesehen eine Sammelnussfrucht

Geschmack: süß-säuerlich, sehr aromatisch. Wildfrüchte sind kleiner, schmecken aber intensiver als Kulturhimbeeren

Anbau: auf der gesamten Nordhalbkugel

Verwendung: roh (Frischobst, Kuchenbelag, Salate), gekocht (Gelee, Konfitüre, Sauce), Saft

★★★★

BROMBEERE

GB: Blackberry
F: Mûre
E: Mora, Zarzamora
I: Mora
Lat.: *Rubus fructiosus*

Dunkelrote bis blauschwarze Beere, botanisch gesehen eine Sammelnussfrucht

Wildformen sind auf der gesamten Nordhalbkugel zu finden.

Kulturbrombeeren sind meist größer, fester und süßer als wilde Sorten, aber auch weniger aromatisch.

Verwendung: roh (Frischobst, Kuchenbelag, Salate), gekocht (Gelee, Konfitüre, Sauce), Saft

★★★★

HEIDELBEERE, BLAUBEERE, MOOSBEERE (A), SCHWARZBEERE (A)

GB: Blueberry
F: Myrtille, Brimbelle
E: Arándano, Arándano azul, Mirtilo
I: Mirtillo nero, Bacola
Lat.: *Vaccinium corymbosum*

Bis zu 1 cm große runde Beere mit mittel- bis schwarzblauer Schale und heller Wachsschicht

Wächst wild auf der Nordhalbkugel in gemäßigten Klimazonen im Wald.

Im Handel meist Kulturheidelbeeren mit bis zu 2 cm großen Früchten

Geschmack: aromatisch süß bis süß-säuerlich

Verwendung: roh (Frischobst, Desserts), gekocht (Konfitüre, Kompott, Gelee, Saucen), gebacken (Kuchen, Muffins, Pies)

★★★★

SCHWARZE JOHANNISBEERE, CASSISBEERE, RIBISEL (A)

GB: Black currant
F: Cassis, Groseille noire
E: Grosella negra
I: Ribes nero
Lat.: *Ribes nigrum*

Erbsengroße, schwarzviolette Beere mit saftigem Fruchtfleisch

Geschmack: je nach Sorte süßsäuerlich bis fein-säuerlich, manchmal leicht bitter, typisches Aroma

Hauptanbaugebiete: Mitteleuropa und Eurasien

Verwendung: roh (Frischobst, Kuchenbelag, Salate), gekocht (Gelee, Konfitüre, Grütze), Saft, Most, Wein, Likör

★★★★

ROTE JOHANNISBEERE, ROTE RIBISEL (A)

GB: Red currant
F: Groseille rouge, Raisinet
E: Grosella roja
I: Ribes rosso
Lat.: *Ribes rubrum*

Kleine, saftige, rote, manchmal auch weiß oder rosafarbene Beere, die zahlreiche Samen enthält
Wächst in Trauben an 1–2 m hohen Sträuchern.

Geschmack: herb-säuerlich

Anbau: in allen klimatisch gemäßigten und kalten Zonen

Verwendung: roh (Frischobst, Kuchenbelag, Salate), gekocht (Gelee, Konfitüre, Sauce), Saft

★★★★

STACHELBEERE

GB: Gooseberry
F: Groseille à maquereau
E: Grosella espinosa
I: Uva spina
Lat.: *Ribes uva-crispa*

Kugelige bis ovale Beere

Schale: sortentypisch glatt oder mit borstigem Flaum besetzt, durchscheinend, weißlich grün, gelb oder rötlich mit zarten weißen Streifen

Geschmack: je nach Sorte herbsauer bis zuckersüß

Anbau: auf der Nordhalbkugel

Verwendung: roh (Frischobst, Kuchenbelag), gekocht (Konfitüre, Kompott, Chutney, Grütze, Saucen), gebacken (Auflauf, Muffins, Kuchen)

Enthält viel Vitamin C.

★★★★

PREISELBEERE

GB: Lingonberry
F: Airelle rouge
E: Arándano rojo, Arándano encarnado
I: Mirtillo rosso
Lat.: *Vaccinium vitis-idaea*

Runde bis ovale, hell- bis dunkelrote Beere, etwa 1 cm groß

Fruchtfleisch: sehr herb, intensiv, säuerlich bis leicht süßlich

Wird selten roh verzehrt.

Wächst auf der gesamten Nordhalbkugel wild.

Anbau: Schweden, Finnland, Norddeutschland

Verwendung: gekocht (Kompott, Konfitüre, Gelee, Chutney, Saucen) gebacken (Auflauf, Kuchen, Muffins), Saft, Likör

Beliebte Beilage zu Wild und Geflügel

★★★★

CRANBERRY, MOOSBEERE (A)

GB: Cranberry
F: Airelle rouge, Canneberge
E: Arándano agrio, Arándano rojo
I: Ossococco, Mirtillo pallustre
Lat.: *Vaccinium macrocarpon*

Rund 2 cm große, rote Beere

Geschmack: fruchtig-herb

Hauptanbaugebiet: Norden der USA, Süden Kanadas und Süddeutschland

Verwendung: gekocht (Kompott, Chutney, Saucen), gebacken (Kuchen), Saft

Auch als Trockenfrucht beliebt

★★★★

HOLUNDERBEERE, SCHWARZER HOLLUNDER

GB: Elderberry
F: Sureau
E: Saúco
I: Sambuco
Lat.: *Sambucus nigra*

Flache bis handgroße Dolde mit kleinen, blauschwarzen Beeren, deren Saft stark färbt.

Geschmack: bitter bis herb, süßsäuerlich bis mild-süß

Wächst meist wild in Europa, Westasien und Nordafrika.

Wird im Handel vor allem verarbeitet und als Saft angeboten.

Roh leicht giftig

Verwendung: gekocht (Konfitüre, Gelee, Suppe, Grütze, Kompott), gebacken (Kuchen, Muffins), Saft, Most, Wein

★★★

WEINTRAUBE

GB: Grape
F: Raisin, Grappe
E: Uva
I: Uva da vino
Lat.: *Vitis vinifera*

Eine der ältesten und wichtigsten Kulturpflanzen

Runde bis ovale Beere mit oder ohne Kerne

Sorten: über 10.000, weltweit angebaut

Schale: glatt, je nach Sorte grüngelb oder dunkelrot bis violett

Fruchtfleisch: saftig, meist fest, knackig

Geschmack: sortentypisch von zuckersüß bis süß-säuerlich

Verwendung: roh (Frischobst, Salate, Desserts, Kuchenbelag), gekocht (Gelee), Saft, Most, Wein

In hohem Maß gesundheitsfördernd

Ausgewogenes Verhältnis von Vitaminen und Mineralstoffen

Hoher Zuckergehalt

Blaue und rote Trauben enthalten viele Flavonoide.

★★★★★

ORANGE, APFELSINE

GB: Orange
F: Orange
E: Naranja
I: Arancia
Lat.: *Citrus sinesi*

Weltweit am häufigsten angebaute Zitrusfrucht. Form, Farbe, Geschmack, Saft- und Kerngehalt sind sortentypisch.

Sorten: über 400

Unterteilung entsprechend der Färbung von Schale und Fruchtfleisch in Blond-, Halbblut- und Blutorangen

Fruchtfleisch: in Segmente geteilt, saftig, je nach Sorte orangegelb bis tiefrot

Geschmack: aromatisch-süß bis süß-säuerlich

Essbar: Fruchtfleisch

Anbau: weltweit in wärmeren Klimazonen

Verwendung: roh (Frischobst, Salate), gekocht (Konfitüre, Marmelade, Saucen)

Sehr beliebt als Saft und Konzentrat, häufig auch Bestandteil von Multivitaminsäften

Enthält viel Vitamin C, B-Vitamine, Folsäure und Mineralstoffe.

★★★★★

KUMQUAT

Lat.: *Fortunella margarita, Fortunella japonica*

Kleine, maximal 4 cm große kugelige oder länglich ovale Frucht mit orange-gelber, dünner Schale und wenigen Kernen

Geschmack: süß-säuerlich wie aromatische Orangen

Essbar: ganze Frucht mit Schale

Anbau: Tropen und Subtropen

Verwendung: roh (Frischobst, Salate), gekocht (Kompott, Konfitüre, Saucen)

Enthält viel Vitamin C und Beta-Carotin.

★★★

MANDARINE

GB: Tangerine
F: Mandarine
E: Mandarina
I: Mandarino
Lat.: *Citrus reticulata*

Mittelgroße, an Stiel und Blüte abgeflachte Zitrusfrucht mit feinporiger, dünner Schale

Fruchtfleisch: hellgelb bis orangefarben, zart, sehr saftig

Geschmack: süß, aromatisch

Essbar: Fruchtfleisch

Verwendung: roh

Enthält viel Vitamin C und Kalium.

★★★★

CLEMENTINE

GB: Clementine
F: Clémentine
E: Clementina
I: Clementina
Lat.: *Citrus x aurantium*

Kernlose bis kernarme, kleine bis mittelgroße, flachrunde Zitrusfrucht, Kreuzung aus Mandarine und Pomeranze

Fruchtfleisch: in Segmente geteilt, saftig, gelb

Geschmack: aromatisch süß

Essbar: Fruchtfleisch

Leicht schälbar

Anbau: in Südeuropa, Nordwestafrika, Israel und in den USA

Verwendung: roh (Frischobst, Salate), als Kuchenbelag

★★★★

POMELO

GB: Pomelo, Pummelo
F: Pomélo
E: Pomelo
I: Pomelo, Pummelo
Lat.: *Citrus paradisi x Citrus maxima*

Israelische Kreuzung aus Grapefruit und Pampelmuse

Leicht birnenförmige Frucht mit weißgelber bis grünlicher, sehr dicker, großporiger Schale und wenigen oder gar keinen Kernen

Fruchtfleisch: hellgelb oder rosafarben, fest, saftig, in Segmente geteilt

Geschmack: würzig, süß-säuerlich

Essbar: Fruchtfleisch

Hauptanbaugebiete: Israel, China, Vietnam

Verwendung: roh (Frischobst, Salate), gekocht (Konfitüre), Saft

★★★

GRAPEFRUIT

GB: Grapefruit
F: Pomélo, Pamplemousse
E: Toronja, Pomelo, Pomelo rosado
I: Pompelmo
Lat.: *Citrus paradisi*

Runde, leicht abgeflachte, bis zu 15 cm große Frucht. Kreuzung aus Orange und Pampelmuse

Schale: hellgelb bis rötlich, dick, fest und glatt. Löst sich schwer vom Fruchtfleisch.

Fruchtfleisch: meist kernlos, sehr saftig, weißgelb bis rosa (Pink Grapefruit)

Geschmack: säuerlich-süß, herb-bitter

Essbar: Fruchtfleisch

Reift nach der Ernte nicht nach.

Hauptanbaugebiete: USA, Israel, Spanien, Türkei, Südamerika, Südafrika

Verwendung: roh (Frischobst, Salate), gekocht (Konfitüre, Kompott), geschmort (Beilage zu hellem Fleisch), Saft

Reich an Vitamin C, Kalium, Kalzium und sekundären Pflanzenstoffen.

Verzehrtipp: halbieren und das Fruchtfleisch aus der Schale löffeln

★★★★

ZITRONE

GB: Lemon
F: Citron
E: Limón
I: Limone
Lat.: *Citrus limon*

Ovale, grünlich bis satt gelbe Zitrusfrucht mit deutlicher Spitze und dicker Schale

Fruchtfleisch: saftig, sauer

Essbar: Fruchtfleisch, unbehandelte Schale

Reift nach der Ernte nicht nach.

Anbau: weltweit in wärmeren Klimazonen

Verwendung: Wegen des hohen Säuregehalts wird meistens nur der Saft oder die abgeriebene Schale zum Aromatisieren von Speisen und Getränken verwendet.

Enthält viel Vitamin C.

★★★★★

ZEDRATZITRONE

GB: Citron
F: Cédrat
E: Cidro, Toronja
I: Cedro
Lat.: *Citrus medica*

Zitronengelbe, wulstige Frucht des Zedratzitronenbaums

In den Lebensmittelhandel kommt meist nur die kandierte Fruchtschale (Zitronat).

Das aus der Schale gewonnene Öl wird in der Kosmetikindustrie verwendet.

Verwendung: als Zitronat für Desserts, Eis, Backwaren und Kuchen

★★★

LIMETTE

GB: Lime
F: Limette
E: Lima ácida, Limón peruano
I: Limetta
Lat.: *Citrus aurantifolia*

Rundliche, 3–5 cm große Zitrusfrucht mit grüner bis gelbgrüner, sehr dünner Schale

Fruchtfleisch: hellgrün bis gelbgrün, sehr saftig mit herb-säuerlichem, zitronigem Aroma

Essbar: Fruchtfleisch, unbehandelte Schale

Hauptanbaugebiete: Tropengebiete Asiens und der Karibik

Verwendung: Fruchtfleisch, Schale und Saft wie Zitronen (Salate, Suppen, Fisch- und Geflügelgerichte, Cocktails)

Enthält viel Vitamin C.

★★★★

WASSERMELONE
GB: Watermelon
F: Pastèque, Melon d'eau
E: Sandía
I: Anguria, Cocomero
Lat.: *Citrullus lanatus*

Kürbisgewächs mit bis zu 15 kg schweren Früchten mit dicker, glatter Schale

Schale: meist hell- bis dunkelgrün, einige Sorten auch leuchtend gelb

Fruchtfleisch: leuchtend rot oder gelb, mit dunklen Kernen, die im Fruchtfleisch eingebettet sind. Sehr saftig

Essbar: Fruchtfleisch

Geschmack: leicht süß, fruchtig, wenig Säure

Verwendung: roh

★★★★

GELBE HONIGMELONE
GB: Honeydew melon
F: Melon d'hiver
E: Melón blanco, Melón honeydew
I: Melone bianco
Lat.: *Cucumis melo var. inodorus*

Bekannteste Zuckermelonensorte

Länglich ovale, 1,5–3 kg schwere, leuchtend gelbe Frucht

Schale: dünn, glatt mit leichten Einkerbungen

Fruchtfleisch: weißgelb bis zartgrün, fest, saftig, süß

Essbar: Fruchtfleisch

Hauptanbaugebiete: USA, Mittelmeerländer

Verwendung: roh

★★★★

CANTALOUPE-MELONE, WARZENMELONE

GB: Cantaloupe
F: Cantaloup
E: Melón cantalupo
I: Melone cantalupo
Lat.: *Cucumis melo var. cantalupensis*

Wichtige Varietät der Zuckermelone mit kleinen, bis zu 1,5 kg schweren, leicht länglichen Früchten

Schale: grün bis gelb, gerippt

Fruchtfleisch: gelblich orange mit rosa Einschlag, sehr saftig, duftend

Geschmack: süß, aromatisch

Hauptanbaugebiete: Italien, Spanien und Frankreich

Verwendung: roh

Beliebt auch als Trockenfrucht

★★★★

CHARENTAIS-MELONE

GB: Charentais melon
F: Melon charentais
E: Melón charentais
I: Melone charentais
Lat.: *Cucumis melo var. cantalupensis 'Alienor'*

Zuchtform der Cantaloupe-Melone mit ca. 2 kg schweren Früchten

Schale weißgrün bis hellgelb oder sandfarben, deutlich dunkler gefärbte, glatte Rippen

Fruchtfleisch: aprikosenfarben bis orange, sehr saftig, süß

Essbar: Fruchtfleisch

Hauptanbaugebiet: Frankreich

Verwendung: roh

★★★★

GALIA-MELONE

GB: Galia melon
F: Melon galia
E: Melón Galia
I: Melone galia
Lat.: *Cucumis melo var. reticulatus 'Galia'*

Runde, bis zu 1,5 kg schwere Netzmelone mit grünlich gerippter Schale, die beim Reifen gelblich grün wird und mit einem leichten Rippennetz überzogen ist.

Israelische Kreuzung aus Honig- und Ogen-Melone

Fruchtfleisch: weißlich bis grünlich, süß, aromatisch, sehr saftig

Essbar: Fruchtfleisch

Hauptanbaugebiete: Israel, Spanien, Italien, Südafrika

Verwendung: roh

★★★★

BANANE
GB: Banana
F: Banane
E: Plátano, Banana
I: Banana
Lat.: *Musa x paradisiaca*

Fingerlange bis 30 cm große Frucht der Bananenstaude mit grüner oder gelber bis rötlicher Schale. Schale von überreifen Früchten wird braun.

Im Handel vorwiegend große noch grüne oder gelbschalige Früchte

Fruchtfleisch: weiß, fest

Geschmack: süß

Essbar: Fruchtfleisch

Reift bei Zimmertemperatur nach.

Anbau: Tropen

Verwendung: roh, geschmort, gebacken, gebraten, eingekocht

Enthält viel Kalium.

★★★★★

ANANAS

GB: Pineapple
F: Ananas
E: Piña, Ananás
I: Ananas
Lat.: *Ananas comosus*

Königin der exotischen Früchte

Über 100 Sorten; im Handel sind meist Früchte der Sortengruppe „Chayenne“ mit zylindrischen, bis zu 4 kg schweren Früchten und hellgelbem Fruchtfleisch.

Reift nach der Ernte kaum nach.

Geschmack: süßsauer, aromatisch; als geschmacklich am besten gelten Fluganans

Essbar: Fruchtfleisch und Strunk

Anbau: Tropen

Verwendung: roh (Frischobst, Salate), gekocht (Konfitüren, Chutneys), geschmort (Beilage zu Fleisch und Geflügel), Saft

Frische Frucht enthält das eiweißspaltende Enzym Bromelain.

★★★★★

STACHELANNONE, SAUERSACK

GB: Soursop
F: Corossolier
E: Guanábana, graviola
I: Graviola, guanabana
Lat.: Annona muricata

Herzförmige, bis zu 4 kg schwere und bis zu 40 cm große Frucht, botanisch gesehen eigentlich eine Beere. In den Handel kommen meist kleinere Früchte

Schale: dunkelgrün mit weichen Stacheln

Fruchtfleisch: gelblich-weiß, saftig und cremig mit großen schwarzen Kernen

Geschmack: süß und erfrischend säuerlich

Essbar: Fruchtfleisch

Anbaugebiete: Zentral- und Südamerika, Karibik, Asien und Israel

Verwendung: roh (Frischobst, Desserts), gekocht (Konfitüre, Kompott), Saft

Verzehrtipp: Frucht halbieren, Fruchtfleisch auslösen und ungenießbare Kerne entfernen

★★★★

MARACUJA, GELBE PASSIONSFRUCHT

GB: Yellow passionfruit
F: Maracuja, Fruit de la passion
E: Maracuyá, Fruta de la pasión amarilla
I: Maracuja, Frutto della passione
Lat.: *Passiflora edulis var. flavicarpa*

Ei- bis aprikosengroße Frucht mit vielen schwarzen Samen

Schale: hellgrün und glatt; bei reifen Früchten gelb und runzlig

Fruchtfleisch: geleeartig, gelb, saftig

Geschmack: süß mit deutlicher Säure, sehr aromatisch

Essbar: Fruchtfleisch und Samen

Hauptanbaugebiete: Tropen Mittel- und Südamerikas, Hawaii, Sri Lanka

Verwendung: roh, Saft

Enthält viel Provitamin A.

Verzehrtipp: Frucht halbieren und auslöffeln

★★★★

PAPAYA

GB: Papaya
F: Papaye
E: Papaya
I: Papaya
Lat.: *Carica papaya*

Länglich ovale Frucht mit vielen schwarzen Kernen; Aussehen und Gewicht sortenabhängig

Schale: grün bis orangerot mit gelben oder dunklen Flecken

Fruchtfleisch: hellorange bis rot, saftig

Geschmack: zart-aromatisch, süß, fast keine Säure

Essbar: Fruchtfleisch

Anbaugebiete: weltweit in den Tropen und Subtropen

Verwendung: roh (Frischobst, Salate), gekocht (Kompott, Konfitüre, Chutney, Suppe, Currys, Saucen), Saft

Verzehrtipp: Frucht halbieren, Kerne entfernen und das Fruchtfleisch mit einem Löffel auslösen

★★★★

MANGO

GB: Mango
F: Mangue
E: Mango
I: Mango
Lat.: *Mangifera indica*

Steinfrucht, je nach Sorte pflaumen- bis melonengroß, rundlich, herz-, ei- oder nierenförmig

Schale: glatt, mehrfarbig von grün über gelb bis rot

Fruchtfleisch: gelb bis orange, saftig, zart, mit und ohne Fasern

Geschmack: süß und säuerlich-herb, sehr aromatisch

Essbar: Fruchtfleisch

Hauptanbaugebiete: Tropen, Südspanien, Israel, Kanaren

Verwendung: roh (Frischobst, Salate, Desserts), getrocknet, gekocht (Suppe, Kompott, Konfitüre, Chutney), Saft

Verzehrtipp: Frucht schälen und das Fruchtfleisch parallel zum flachen Stein abschneiden

★★★★★

GUAVE

GB: Guava
F: Goyave
E: Guayaba
I: Guaiava
Lat.: *Psidium guajava*

Birnen- oder apfelähnliche Frucht mit grüner bis gelber Schale, weißgelblichem oder rosafarbenem, weichem Fruchtfleisch und intensivem Duft

Essbar: Fruchtfleisch und Kerne

Geschmack: süß-säuerlich nach Birne, Quitte oder Feige

Anbau: weltweit in den Tropen und Subtropen

Verwendung: roh (Frischobst, Salate, Desserts), gekocht (Suppen, Saucen, Kompott, Konfitüre, Gelee), püriert (Drinks)

Enthält viel Vitamin C und Kalium.

Blätter können zu Tee aufgebrüht werden.

★★★★

MANGOSTANE

GB: Mangosteen
F: Mangoustan
E: Mangostán
I: Magostano
Lat.: *Garcinia mangostana*

Apfelförmige, etwa orangengroße Frucht mit flachen, langen Samen, dickem Stil und wulstiger Blattkrone

Schale: purpurfarben, fest

Fruchtfleisch: perlweiß, in Segmente unterteilt, pfirsichähnliche Konsistenz

Geschmack: harmonisch süßsäuerlich, erfrischend

Essbar: Fruchtfleisch

Hauptanbaugebiete: Thailand, Malaysia und Indonesien

Verwendung: roh (Frischobst, Salate, Dekoration)

Enthält viele Mineralstoffe.

Verzehrtipp: Frucht halbieren und Fruchtfleisch mit der Gabel auslösen

★★★

GRANATAPFEL

GB: Pomegranate
F: Grenade
E: Granada
I: Melagrana
Lat.: *Punica granatum*

300-500 g schwere, leicht kantige Frucht mit fester, gelber bis dunkelvioletter Schale

Fruchtfleisch: hellrosa bis dunkelrot, sehr saftig, umhüllt in dünner Schicht die roten Samen. Saft stark färbend

Essbar: Samen und Fruchtfleisch

Geschmack: süß-säuerlich, aromatisch

Anbau: Tropen und gemäßigte Klimazonen

Verwendung: roh (Salate, Dressings, Marinaden), gekocht (Saucen, Reisgerichte), Saft

Der Saft wird zu schmackhaftem Sirup (Grenadine) verarbeitet.

Im Orient Symbol der Liebe und der Fruchtbarkeit

★★★

PITAHAYA, PITAYA

Lat.: *Hylocereus*

Ovale, bis zu 10 cm große Kaktusfrucht mit pinkfarbener oder gelber Schale

Fruchtfleisch: weiß oder rötlich mit zahlreichen kleinen, schwarzen Samen, galertartig

Geschmack: sehr aromatisch, süßlich, erfrischend

Essbar: Fruchtfleisch und Samen

Hauptanbaugebiet: in den Tropen und Subtropen Südamerikas

Verwendung: roh (Frischobst oder Salate)

Verzehrtipp: Frucht halbieren und auslöffeln

★★★★

KAKI

Lat.: *Diospyros kaki*

Tomatengroße Beerenfrucht mit gelber bis kräftig roter, dünner Schale, kräftigen dunkelgrünen Kelchblättern und wenigen Kernen

Fruchtfleisch: in Segemente geteilt, orangefarben bis dunkelrot, süß, saftig, galertartig, weich

Geschmack: klebrig-süß, leicht an Aprikose oder Birne erinnernd

Essbar: Fruchtfleisch und Schale

Reife Früchte sind sehr druckempfindlich.

Anbau: weltweit in den Subtropen

Verwendung: roh

Verzehrtipp: Frucht halbieren, Kerne entfernen, Fruchtfleisch aus der Schale löffeln

★★★★

SHARON

Lat.: *Diospyros kaki*

Orangefarbene, runde Frucht mit 4 braunen Kelchblättern

Veredelte Kaki-Sorte. Neuere Züchtung aus Israel, die inzwischen auch in Spanien und Südamerika kultiviert wird.

Orangefarbenes, saftiges, weiches Fruchtfleisch mit aromatischem Geschmack, der an Birne und Aprikose erinnert.

Essbar: ganze Frucht

Verwendung: roh (Frischobst oder Salate)

Enthält viel Provitamin A.

★★★★

BAUMTOMATE, TAMARILLO

GB: Tree tomato
F: Tamarillo
E: Tomate de árbol, tamarillo
I: Tamarillo, pomodoro arboreo
Lat.: *Solanum betaceum, syn. Cyphomandra betacea*

Eiförmige, rote, violette oder gelborangefarbene Frucht von kleinen, immergrünen Bäumen aus der Familie der Nachtschattengewächse

Fruchtfleisch: saftig, weich, süß-herb

Essbar: Fruchtfleisch und Samen

Ursprüngliche Heimat: Bolivien. Wird heute vorwiegend in Neuseeland, Mittelamerika und der Karibik angebaut.

Verwendung: roh (Frischobst) und gekocht für Desserts, Chutneys, Konfitüre, Sorbets, als Beilage oder Brotaufstrich

Verzehrtipp: rohe Früchte halbieren und das Fruchtfleisch auslöffeln

★★★★

CHERIMOYA, ZIMTAPFEL

GB: Cherimoya
F: Chérimole
E: Chirimoya, Chirimoyo
I: Cherimoya, Anona
Lat.: *Annona cherimola*

Etwa faustgroße, 200–300 g schwere Frucht mit ledriger, grüner Schale, die sich beim Reifen bräunlich färbt.

Fruchtfleisch: weiß bis gelblich, weich, cremig

Geschmack: mild süß bis säuerlich, zimtähnlich

Essbar: Fruchtfleisch

Anbau: Höhenlagen der Tropen und Subtropen

Verwendung: roh

Verzehrtipp: Frucht halbieren, Kerne entfernen, Fruchtfleisch auslöffeln

★★★

KAKTUSFEIGE

GB: Prickly pear, Indian fig
F: Figue d'Inde, Figue de Barbarie
E: Higo chumbo, Tuna
I: Fico d'India
Lat.: *Opuntia ficus-indica*

5–10 cm lange, ovale Frucht mit vielen Stacheln

Schale: dünn, erst grün, mit zunehmender Reife rötlich, lachsfarben oder gelb gefleckt

Fruchtfleisch: gelb, orange oder rot mit vielen kleinen schwarzen Samen, weich, saftig

Geschmack: süßlich-sauer

Essbar: Fruchtfleisch und Samen

Anbau: Tropen, Subtropen, Mittelmeerraum

Verwendung: roh (Frischobst, Salate), gekocht (Konfitüre, Chutney, Saucen)

Tipp: Zum Schälen der Früchte Handschuhe tragen.

★★★

KIWI

Lat.: *Actinidia chinensis*

Rundovale, ca. 100 g schwere Frucht mit dünner, dunkelbrauner, behaarter Schale

Fruchtfleisch: leuchtend grün oder goldgelb mit hellem Strunk und dunklen Samen

Geschmack: frisch, süß mit feiner Säure

Essbar: Fruchtfleisch, Strunk und Samen

Hauptanbaugebiete: Neuseeland, Italien, Spanien, Griechenland und Frankreich

Verwendung: roh (Frischobst, Salate, Drinks), gekocht (Kompott, Konfitüre)

Enthält viel Vitamin C und Kalium.

Verzehrtipp: Frucht halbieren und das Fleisch aus der Schale löffeln

★★★★

GOLDEN KIWI

Lat.: *Actinidia chinensis*

Kiwisorte mit gelbem Fruchtfleisch

Rundovale, ca. 100 g schwere Frucht mit dünner, dunkelbrauner, unbehaarter Schale

Fruchtfleisch: goldgelb mit hellem Strunk und dunklen Samen

Geschmack: aromatisch süß mit Noten von exotischen Früchten

Essbar: Fruchtfleisch, Strunk und Samen

Hauptanbaugebiete: Neuseeland, Italien

Verwendung: roh (Frischobst, Salate, Drinks), gekocht (Kompott, Konfitüre)

Enthält viel Vitamin C und Kalium.

Verzehrtipp: Frucht halbieren und das Fleisch aus der Schale löffeln

★★★

PHYSALIS, KAPSTACHELBEERE, LAMPIONFRUCHT

GB: Cape gooseberry
F: Coqueret du Pérou
E: Aguaymanto, Uchuva
I: Alchechengi
Lat.: *Physalis peruviana*

Kleine, orangefarbene Frucht mit dünner, gerippter, lampionartiger Blatthülle, die in trockenem Zustand bastartig wird.

Schale: glänzend, leicht klebrig

Fruchtfleisch: weich, saftig

Geschmack: leicht säuerlich-süß, erfrischend

Essbar: Frucht

Verwendung: roh (oft als Dekoration), gekocht (Kompott, Konfitüre)

Enthält viel Eisen, Provitamin A und B-Vitamine.

★★

KARAMBOLE, STERNFRUCHT

GB: Carambola, Starfruit
F: Carambole
E: Carambola
I: Carambola
Lat.: *Averrhoa carambola*

Ovale, bis zu 12 cm lange Beerenfrucht mit 5 stark ausgeprägten Rippen und sternförmigem Querschnitt

Schale: grünlich bis gelb, glänzend

Fruchtfleisch: gelb mit kleinen Kernchen, knackig, saftig

Geschmack: süß-säuerlich

Essbar: ganze Frucht

Anbau: weltweit in den Tropen

Verwendung: roh (Frischobst, Salate), als Dekoration (Torten, Drinks), gekocht (Konfitüre, Kompott)

Enthält viel Vitamin C.

★★

LITSCHI

GB: Lychee
F: Litchi
E: Lichi
I: Litchi
Lat.: *Litchi chinensis*

Ovale, ca. 2,5–4 cm große Frucht mit großem Kern und zarter, aber harter rotbrauner Schale mit stumpfen Stacheln

Fruchtfleisch: dick, glasig-weiß, sehr saftig

Geschmack: mild, süß mit leichter Säure, leicht parfümiert

Essbar: Fruchtfleisch

Reift nicht nach.

Hauptanbaugebiet: Subtropen Südostasiens

Verwendung: roh (Frischobst, Salate, Desserts, Drinks)

Enthält viel Vitamin C.

★★★

RAMBUTAN

GB: Rambutan
F: Ramboutan, Litchi chevelu
E: Rambután, Mamón chino,
I: Rambutan
Lat.: *Nephelium lappaceum*

Bis zu 8 cm große, ovale Frucht mit großen Samen

Schale: gelb, rot oder braun, hart, dicht mit roten, gelben oder grünen „Haaren" besetzt

Fruchtfleisch: milchig-weiß, sehr saftig

Geschmack: süß-säuerlich, erfrischend

Essbar: Fruchtfleisch

Anbau: Tropen Indiens, Südostasiens, Malaysias

Verwendung: roh (Frischobst, Salate), gekocht (Konfitüre, Kompott)

Enthält viel Vitamin C.

Verzehrtipp: Frucht halbieren und Fruchtfleisch auslösen

★★★

DATTEL

GB: Date
F: Datte
E: Dátil
I: Dattero
Lat.: *Phoenix dactylifera*

8–10 cm große, meist bernsteinfarbene Frucht mit länglichem Kern, glatter Schale und festem Fruchtfleisch

Reife Früchte: Schale leicht schrumpelig, Fruchtfleisch weich

Essbar: Fruchtfleisch mit Haut

Geschmack: sehr süß

Hauptanbaugebiete: Nordafrika, Israel, Vorderasien, Kalifornien

Verwendung: roh (Frischobst, Salat), gebacken (gefüllt, Kuchen)

Sehr beliebt als Trockenobst

Wertvoller Energiespender, reich an Fruchtzucker, Mineralstoffen und B-Vitaminen

★★★★★

FEIGE

GB: Fig
F: Figue
E: Higo
I: Fico
Lat.: *Ficus carica*

Birnenförmige, bis zu 7 cm lange Frucht mit dünner, gelblichgrüner bis tiefvioletter Haut und rosafarbenem bis braunrotem, sehr saftigem Fruchtfleisch

Geschmack: süß mit wenig Säure

Hauptanbaugebiete: Mittelmeerraum

Verwendung: roh (Frischobst, Salate, Dessert, Beilage zu Fleisch, Geflügel, Käse), gekocht (Konfitüre, Kompott, Senf, Chutney)

Sehr beliebt auch als Trockenfrucht

Hat den höchsten Folsäuregehalt aller Obstarten.

★★★★

KOKOSNUSS

GB: Coconut
F: Noix de coco
E: Coco
I: Noce di cocco
Lat.: *Cocos nucifera*

Frucht der Kokospalme, die vor allem an tropischen Küsten wächst.

Unter einer Faserschicht liegt der von einer harten Schale umgebene weißfleischige Samen, der mit milchig-weißem Fruchtwasser (Kokosmilch) gefüllt ist.

Essbar: Fruchtfleisch. Fruchtwasser der unreifen Früchte ist in den Anbauländern ein beliebtes Erfrischungsgetränk.

Verwendung: roh, getrocknet als Kokosraspel (Süßspeisen, Backwaren), Kokosmilch (zum Kochen, für Desserts und Getränke)

★★★★★

MACADAMIANUSS

GB: Macadamia nut
F: Noix de macadamia
E: Macadamia, Nuez de macadamia
I: Noce macadamia
Lat.: *Macadamia tetraphylla, Macadamia ternifolia*

Gilt als die feinste und teuerste Nuss der Welt.

Rundlich, mit harter, schwer zu knackender Schale

Fast nur geschält oder weiterverarbeitet erhältlich

Cremig-weicher, feiner, süßer Geschmack

Anbau: Australien, Hawaii, Neuseeland, Israel, Afrika, Amerika

Verwendung: als Snack, in Nussmischungen, Obstsalat und süßen Aufläufen

★★★★★

PARANUSS

GB: Brazil nut
F: Noix du Brésil
E: Nuez de Brasil, Nuez amazónica, Castaña de Pará
I: Noce del Brasile, Noce amazzonica
Lat.: *Bertholletia excelsa*

Ungleichmäßiger, dreikantiger, etwa 2 x 5 cm großer Samen des Paranussbaums mit verholzter, harter Schale und weißlichem, fettreichem Nusskern

Baum wächst ausschließlich wild im Amazonsgebiet.

Wird geschält und ungeschält angeboten, süßlicher Geschmack.

Verwendung: als Snack, in Nussmischungen, Obstsalat und Süßspeisen

★★★★

PEKANNUSS

GB: Pecan
F: Noix de pécan, Pacane
E: Nuez pacana, Nuez pecán
I: Noce pecan
Lat.: *Carya illinoinensis*

Etwas schmaler als die Walnuss mit dünner, glatter, brauner Schale, die leicht zu knacken ist.

Nusskern ist hellbraun und schmeckt süßlich, aromatisch.

Anbau: USA

Verwendung: als Snack, in Nussmischungen, Obstsalat, Backwaren und süßen Aufläufen

★★★★

CASHEWKERN, CASHEWNUSS

GB: Cashew nut
F: Noix de cajou
E: Anacardo, Castaña de cajú
I: Anacardo
Lat.: *Anacardium occidentale*

Nierenförmiger, ölhaltiger Samen des tropischen Cashew- oder Acajobaums in einer harten, ungenießbaren Schale

Wird ausschließlich geschält und geröstet oder im Wasserdampf erhitzt angeboten.

Geschmack: mandelähnlich, zart süß, buttrig

Verwendung: als Snack, in Nussmischungen, Obstsalat und süßen Aufläufen

★★★★★

ERDNUSS, ASCHANTINUSS (A), SPANISCHE NUSS (CH)

GB: Peanut
F: Arachide, Cacahuète
E: Cacahuete, Maní
I: Arachide, Cece di terra
Lat.: *Arachis hypogaea*

Ölhaltiger Samen, von einer holzigen Hülle umgeben, die leicht zu knacken ist.

Botanisch eine Hülsenfrucht, deren junge Früchte sich in die Erde bohren, um dort zu reifen.

Geschmack: typisch

Werden ungeschält sowie geschält, geröstet und gesalzen in unterschiedlichen Geschmacksrichtungen angeboten.

Verwendung: als Snack, in Nussmischungen, Back- und Süßwaren, Erdnussbutter, Öl; rohe Erdnüsse werden zu Mehl vermahlen (für Süßwaren, Backmischungen)

Enthalten wertvolle Öle und Fettsäuren.

★★★★★

MANDEL

GB: Almond
F: Amande
E: Almendra
I: Mandorla
Lat.: *Prunus dulcis*

Werden unterteilt in Süßmandeln mit harter Schale und mild schmeckendem Kern, Krach- oder Knackmandeln mit poröser Schale und süßem Kern und Bittermandeln mit harter Schale und bitterem Kern.

Süße Mandeln werden blanchiert, geschält und ungeschält, im Ganzen, gehackt, als Stifte, Blättchen oder fein gemahlen angeboten.

Bittermandeln enthalten Blausäure und sind roh ungenießbar.

Süße Mandeln: als Snack, für Back- und Süßwaren, Süßspeisen, in Nougat und Krokant

Bittermandeln: zum Würzen von Gebäck, Süßspeisen und Konfekt, für Marzipan

★★★★★

WALNUSS, BAUMNUSS (CH)

GB: Walnut
F: Noix
E: Nuez
I: Noce
Lat.: *Juglans regia*

Hartschalige Frucht des Walnussbaums. Zählt botanisch nicht zu den Nüssen, sondern zu den Steinfrüchten.

Der essbare Kern ist von einer harten braunen Schale umschlossen.

Gehört zu den ältesten Nahrungsmitteln der Menschen und wurde in Europa schon in der Jungsteinzeit gesammelt.

Verwendung: als Snack, für Back- und Süßwaren sowie Süßspeisen, Likör

50 g Walnüsse decken den täglichen Omega-3-Fettsäuren-Bedarf eines Erwachsenen.

★★★★★

HASELNUSS

GB: Hazelnut
F: Noisette
E: Avellana
I: Nocciola
Lat.: *Corylus avellana, Corylus maxima*

Kugelige, oval oder spitz zulaufende Nuss mit brauner Haut und ungenießbarer Schale

Wird ungeschält oder geschält, ganz oder gemahlen sowie als Mus angeboten.

Geschmack: herb-nussig

Verwendung: als Snack, für Backwaren und Süßspeisen, in Nougat und Krokant

★★★★★

MARONE, ESSKASTANIE

GB: Chestnut
F: Marron, Châtaigne
E: Castaña
I: Marrone, Castagna
Lat.: *Castanea sativa*

Braune Frucht der Edelkastanie in stacheliger Hülle

Besonders schmackhaft sind die kleinfrüchtigen Maroni.

Entfaltet ihren mehlig-süßen Geschmack erst durch Erhitzen.

Wird auch zu Kastanienmehl vermahlen.

Verwendung: geröstet, gekocht (Beilage zu Wild), für Geflügel-Füllungen, püriert, kandiert und glasiert (Konfekt), Likör

Enthält wenig Fett, dafür viele Kohlenhydrate.

★★★★

ZEDERNNÜSSE

GB: Cedar nuts
F: Noix de cèdre
E: Piñón de cedro
I: Noce di cedro

Ölhaltige Samen der Zeder, die ca. 93 % ungesättigte Fettsäuren und viel Vitamin E enthalten.

Werden geschält und getrocknet angeboten.

Verwendung: als Snack, im Müsli, leicht geröstet für Salate, Füllungen oder Reisgerichte

★★★★

PINIENKERNE

GB: Pine nuts
F: Pignons de pin
E: Piñones
I: Pinoli
Lat.: *Pinus pinea*

Elfenbeinfarbene Samenkerne der südeuropäischen Schirmkiefer, die in faustgroßen Zapfen heranwachsen.

Buttrig-zart mit mandelähnlichem Geschmack

Aufwendige Ernte mit wenig Ertrag, daher verhältnismäßig teuer

Verwendung: als Snack, in Müsli, Kuchen, Füllungen, Süßspeisen

Wichtiger Bestandteil des italienischen Pestos

★★★★★

SONNENBLUMENKERNE

GB: Sunflower seeds
F: Graines de tournesol
E: Pipas de girasol, Semillas de girasol
I: Semi di girasole
Lat.: *Helianthus annuus*

Weiße Samen der Sonnenblume, besonders wichtige Ölsaat (Rohstoff für Speiseöl). Eine Sonnenblume hat bis zu 3000 Samen.

Spielen eine große Rolle in der Vollwerternährung.

Schale: schwarz mit weißen Streifen, hart, ungenießbar

Hauptanbaugebiete: USA, China, Ukraine, Europa

Verwendung: als Snack, in Müsli, Salaten, Backwaren

Enthalten bis zu 60 % Fett.

Reich an Aminosäuren und Vitaminen

★★★★

KÜRBISKERNE

GB: Pumpkin seeds
F: Graines de potiron
E: Pipas de calabaza
I: *Semi di zucca*

Kerne von Speisekürbissen, die getrocknet angeboten werden.

Am hochwertigsten sind die weichschaligen grünen Kerne des Steirischen Ölkürbisses, die mit der Schale gegessen werden können.

Verwendung: als Snack, für Müsli, geröstet für Salate, für Brot

Reich an ungesättigten Fettsäuren

★★★★

PISTAZIEN

GB: Pistachios
F: Pistaches
E: Pistachos
I: Pistacchi
Lat.: *Pistacia vera*

Kleine grüne Kerne, von einer rötlichen Haut und weißer, harter Schale umgeben

Werden in der hellen Schale oder geschält und enthäutet, roh, geröstet oder gesalzen angeboten.

Verwendung: als Snack, für Fleischgerichte und Wurstwaren (Mortadella), Süßspeisen, Gebäck und Eis

Werden wegen des hohen Ölgehalts schnell ranzig.

★★★★★

SÜSSUNGSMITTEL UND SÜSSES

ROHRZUCKER

GB: Cane sugar
F: Sucre de canne
E: Azúcar de caña
I: Zucchero di canna

Hellbrauner Haushaltszucker, der aus Zuckerrohr gewonnen wird, wobei der eingedampfte Zuckersaft nur einmal mit Wasser raffiniert wird.

Verwendung: zum Süßen von kalten und warmen Speisen und Getränken

★★★★★

BRAUNER ZUCKER

GB: Brown sugar
F: Sucre roux
E: Azúcar morena
I: Zucchero scuro

Grob auskristallisierter, leicht klebriger Zucker, bei dem noch ein Teil der Melasse an den Kristallen haftet und ihnen die braune Farbe gibt. Eigentlich ist brauner Zucker ein Zwischenprodukt bei der Zuckerherstellung.

Etwas aromatischer als weißer Zucker, leicht malziger Karamellgeschmack

Verwendung: zum Süßen von kalten und warmen Speisen und Getränken, für Müsli, Kuchen und Backwaren

★★★★

KRISTALLZUCKER, HAUSHALTSZUCKER, SACCHAROSE

GB: Crystal sugar
F: Sucre cristal, Sucre semoule, Sucre blanc
E: Azúcar granulada
I: Zucchero semolato

Weißer Zucker, der aus Zuckerrüben oder Zuckerrohr durch mehrmaliges Kristallisieren und Raffinieren gewonnen wird.

Zweifachzucker, der sich zu gleichen Teilen aus Traubenzucker (Glukose) und Fruchtzucker (Fruktose) zusammensetzt.

Wird in verschiedenen Sorten und Körnungen angeboten.

Verwendung: zum Süßen von kalten und warmen Speisen und Getränken

★★★★★

HAGELZUCKER

GB: Coarse sugar
F: Sucre en grains
E: Azúcar en grano, Azúcar perlado
I: Zucchero a granelli

Hagelkorngroßer Zucker aus granulierter Raffinade, einem Zucker von höchster Reinheit und bester Qualität

Verwendung: zum Bestreuen von Gebäck und Desserts

★★★

PUDERZUCKER, STAUBZUCKER (A)

GB: Icing sugar, Powdered sugar
F: Sucre glace
E: Azúcar glacé, Azúcar glas
I: Zucchero a velo

Sehr feiner raffinierter Zucker mit puderähnlicher Konsistenz

Verwendung: zum Überstäuben von Kuchen und Desserts, für Zuckerguss und Glasuren, für Süßspeisen

★★★★

WÜRFELZUCKER

GB: Sugar cubes
F: Sucre en morceaux
E: Terrones de azúcar
I: Zucchero in zollette

In kleine Würfel gepresster Zucker aus granulierter Raffinade, einem Zucker von höchster Reinheit und bester Qualität

Verwendung: zum Süßen von heißen Getränken

★★★

ZUCKERHUT

GB: Sugarloaf
F: Pain de sucre
E: Pan de azúcar, Pilón
I: Pan di zucchero

Traditionelle Form, in der früher Zucker gehandelt wurde.

Bei der Herstellung wird weißer Zucker angefeuchtet und in die typische lang gezogene Hutform gepresst.

Verwendung: Bestandteil der Feuerzangenbowle, einem Rotwein-Punsch, für den der Zuckerhut mit braunem Rum getränkt und angezündet wird. Durch die Hitze verflüssigt sich der Zucker und tropft in den Rotwein.

★★★

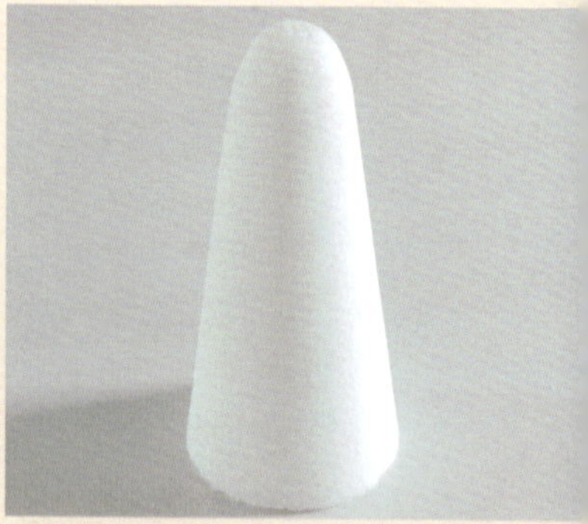

WEISSER KANDIS

GB: White candies
F: Sucre candi blanc
E: Azúcar candi blanca
I: Zucchero candito bianco

Kandis entsteht durch das langsame Auskristallisieren reiner Zuckerlösungen (Rübenzucker und Wasser).

Die so entstandenen Zuckerkristalle werden anschließend zerbrochen oder gemahlen und nach Größe sortiert angeboten.

Verwendung: zum Süßen von Tee, Punsch und Glühwein

★★★

KRUSTENKANDIS

GB: Crusty candies
F: Sucre candi brun
E: Azúcar candi en trozos
I: Zucchero candito bruno

Kleine, gebrochene Kandisstücke (Zuckerkristalle)

Kandis entsteht durch das langsame Auskristallisieren reiner Zuckerlösungen (Rübenzucker und Wasser).

Die braune Färbung der Kristalle wird durch Karamellisierung erzeugt.

Geschmack: süß, malzig

Verwendung: zum Süßen von Tee, Punschgetränken und Grog

★★★

FRIESENKANDIS, KLUNTJE-KANDIS

GB: Friesian candies
F: Sucre candi «Kluntje»
E: Azúcar candi «Kluntje»
I: Zucchero candito «Kluntje»

Große, weiße Kandisstücke (Zuckerkristalle), die besonders in Norddeutschland beliebt sind.

Kandis entsteht durch das langsame Auskristallisieren reiner Zuckerlösungen (Rübenzucker und Wasser).

Verwendung: zum Süßen von Tee, Punsch und Glühwein

★★★

KANDISSTICKS

GB: Candy sticks
F: Bâtonnets au candi
E: Varitas de azúcar candi
I: Bastoncini di zucchero candito

Weißer oder brauner Kandis (kristalliner Zucker), der an Holzstäbchen kristallisiert.

Kandis entsteht durch das langsame Auskristallisieren reiner Zuckerlösungen (Rübenzucker und Wasser).

Verwendung: zum Süßen von Tee, Kaffee, Punschgetränken und Grog

★★★

VANILLEZUCKER

GB: Vanilla sugar
F: Sucre vanillé
E: Azúcar vainillado
I: Zucchero vanigliato

Mischung aus Haushaltszucker und gemahlener, echter Vanille oder natürlichem Vanillearoma (Vanilleessenz)

Nicht zu verwechseln mit dem Vanillinzucker, einem mit künstlich hergestelltem Vanillin aromatisierten Zucker

Verwendung: zum Aromatisieren

★★★★

FRUCHTZUCKER, FRUKTOSE

GB: Fructose, Levulose
F: Fructose, Lévulose
E: Fructosa, Levulosa
I: Fruttosio, Levulosio

Natürlicher Zuckerstoff, der vor allem in Honig und Obst, aber auch in Gemüse vorkommt.

Wird industriell aus Mais bzw. Maissirup hergestellt und häufig zum Süßen diätetischer Lebensmittel verwendet.

Fruchtzucker ist wie der Traubenzucker ein Einfachzucker.

Verwendung: zum Süßen von kalten Getränken, Obstsalat und Desserts

★★★★

TRAUBENZUCKER, DEXTROSE, GLUKOSE

GB: Dextrose, Glucose
F: Dextrose
E: Dextrosa, Glucosa
I: Destrosio

Natürlicher Zuckerstoff, der in süßen Früchten und Honig vorkommt, aber auch in Maisstärke, Kartoffeln und Weizen zu finden ist.

Traubenzucker ist ein Einfachzucker, der von allen Zuckerarten am schnellsten vom menschlichen Organismus aufgenommen wird.

Verwendung: zum Süßen von kalten Getränken, Obstsalat und Desserts

★★★

MELASSE

GB: Molasses
F: Mélasse
E: Melaza
I: Melassa

Dunkelbrauner, zähflüssiger, zuckerhaltiger Sirup, der bei der Herstellung von Zucker aus Zuckerrüben oder Zuckerrohr als Nebenprodukt anfällt.

Wird hauptsächlich industriell verarbeitet.

Verwendung: zum Süßen von Gebäck und Backwaren

★★

AGAVENDICKSAFT

GB: Agave nectar, Agave syrup
F: Sirop d'agave, Nectar d'agave
E: Jarabe de agave
I: Sciroppo d'agave

Natürliches, sirupartiges Süßungsmittel, das aus dem Herz der mexikanischen Blauen Agave gewonnen wird.

Wegen des hohen Fruchtzuckergehalts für Diabetiker geeignet

Geschmack: starke, neutrale Süßkraft, etwas süßer als Zucker

Sehr gut löslich, hat weniger Kalorien als Zucker.

Verwendung: zum Süßen von kalten und warmen Getränken, von Müsli, Desserts und Backwaren

★★★

AHORNSIRUP

GB: Maple syrup
F: Sirop d'érable
E: Jarabe de arce
I: Sciroppo d'acero

Natürliches, dickflüssiges Süßungsmittel aus dem eingedickten Saft des nordamerikanischen Zucker-Ahornbaums

Für Allergiker geeignet

Je heller der Sirup, desto milder sein Geschmack und desto höher die Qualität

Geschmack: von fein-mild bis kräftig-aufdringlich, dunkler Sirup karamellartig

Hauptproduzent: Kanada

Verwendung: zum Süßen von kalten und warmen Speisen, Müsli, Saucen und Dressings, als Brotaufstrich, süßt Waffeln und Pfannkuchen

★★★★★

ZUCKERRÜBENSIRUP, RÜBENKRAUT

GB: Sugar beet syrup
F: Sirop de betterave
E: Sirope de remolacha azucarera
I: Sciroppo di barbabietola

Dunkler, zähflüssiger, naturreiner, konzentrierter Rübensaft, der aus geschnitzelten, gekochten Zuckerrüben abgepresst wird.

Kräftiger, süßer Geschmack mit leichtem Karamellaroma

Verwendung: für Brot und Backwaren, dunkle Saucen, Süßspeisen und Desserts, als Brotaufstrich

★★★★

APFELKRAUT, APFELSIRUP

GB: Apple butter
F: Sirop de Liège
E: Sirope de manzana, Sirope de Lieja
I: Sciroppo di mela

Dunkler, zähflüssiger, naturreiner, konzentrierter Saft aus eingekochten Äpfeln, denen oft zur Geschmacksverfeinerung eine kleine Menge Birnen zugefügt wird.

Geliert durch den natürlichen Pektingehalt der Äpfel, kann aber je nach Hersteller auch zusätzlich Pektin enthalten.

Kräftiger, fruchtig-süßer Geschmack

Verwendung: als Brotaufstrich, zum Süßen von Backwaren und Saucen

★★★★

BIRNENKRAUT, BIRNENSIRUP

GB: Pear butter
F: Sirop de poire
E: Sirope de pera
I: Sciroppo di pera

Dunkler, zähflüssiger, naturreiner, konzentrierter Sirup aus eingekochten Birnen

Enthält meist auch einen gewissen Anteil Äpfel, damit es besser geliert.

Kann je nach Hersteller auch zusätzlich Pektin enthalten.

Kräftiger, fruchtig-süßer Geschmack

Verwendung: als Brotbelag, zum Süßen von Backwaren und Saucen

★★★★

TANNENHONIG

GB: Fir tree honey
F: Miel de sapin
E: Miel de abeto
I: Miele di melata di abete

Dunkler, dickflüssiger Honig, dessen Grundlage hauptsächlich der Honigtau der Weißtanne ist; spezielle Sorte des Waldhonigs

Geschmack: kräftig-aromatisch

Verwendung: Süßt Speisen und Getränke, Kuchen und Backwaren; beliebt als Brotaufstrich.

★★★★

GEBIRGSBLÜTENHONIG

GB: Mountain blossom honey
F: Miel de fleurs de montagne
E: Miel de flores de montaña
I: Miele di fiori di montagna

Goldgelber, cremiger Honig, dessen Grundlage die wild wachsende Gebirgsflora ist.

Geschmack: süß-aromatisch, blumig, frisch

Verwendung: Süßt Speisen und Getränke, Kuchen und Backwaren; beliebt als Brotaufstrich.

★★★★

AKAZIENHONIG

GB: Acacia honey
F: Miel d'acacia
E: Miel de acacia
I: Miele di acacia

Hellgelber, sehr flüssiger Honig, der im Süden Europas von den Akazien stammt, im deutschsprachigen Raum von den stark duftenden Blüten der Robinien, die auch falsche Akazien genannt werden.

Kristallisiert wegen seines hohen Fruchtzuckeranteils selten.

Geschmack: lieblich, mild-aromatisch

Verwendung: Süßt Speisen und Getränke, Kuchen und Backwaren; beliebt als Brotaufstrich.

★★★★

KASTANIENHONIG

GB: Chestnut honey
F: Miel de marron
E: Miel de castaña
I: Miele de castagno

Goldbrauner, flüssiger Honig aus den Blüten der Edelkastanie

Kristallisiert wegen des hohen Fruchtzuckeranteils nur langsam.

Geschmack: kräftig-aromatisch, leicht bitter

Verwendung: Süßt Speisen und Getränke, Kuchen und Backwaren.

★★★★

RAPSHONIG

GB: Canola honey
F: Miel de colza
E: Miel de colza
I: Miele di colza

Heller, fast weißer, cremiger Honig aus den Blüten des Raps

Kristallisiert wegen seines hohen Glukosegehalts schnell.

Geschmack: mild-aromatisch, süß

Verwendung: Süßt Speisen und Getränke, Kuchen und Backwaren.

★★★★

THYMIANHONIG

GB: Thyme honey
F: Miel de thym
E: Miel de farigola
I: Miele di timo

Dunkler, flüssiger Honig aus den Blüten des Thymians

Geschmack: kräftig-aromatisch, intensiv-würzig mit Kräuternoten

Verwendung: Süßt Speisen und Getränke, Kuchen und Backwaren.

★★★★

QUITTENGELEE

GB: Quince jelly
F: Gelée de coing
E: Jalea de membrillo
I: Gelatina di cotogna

Streichfähige Zubereitung aus Quittensaft, Zucker und Wasser

Kann je nach Hersteller auch Geliermittel, Konservierungs- und Farbstoffe, Gewürze, Alkohol und Säuerungsmittel enthalten.

Der Obstsaftanteil ist innerhalb der EU gesetzlich geregelt: „Gelee Extra“ enthält mindestens 45 % Obstsaft, „Gelee einfach“ mindestens 35 %.

Verwendung: als Brotaufstrich, für Kekse und Kuchen, zum Aromatisieren von Saucen

★★★★

LIMETTENGELEE

GB: Lime jelly
F: Gelée de limette
E: Jalea de lima
I: Gelatina di limetta

Streichfähige Zubereitung aus Limettenfruchtsaft und/oder Saftkonzentrat und Limettenschalen, Zucker und Wasser

Kann je nach Hersteller auch Geliermittel, Konservierungs- und Farbstoffe, Gewürze, Alkohol sowie Säuerungsmittel und Schaumregulatoren enthalten.

Verwendung: als Brotaufstrich, für Kekse und Kuchen, zum Aromatisieren von Saucen

★★★★

ORANGENMARMELADE

GB: Orange marmalade
F: Marmelade d’oranges
E: Mermelada de naranja
I: Marmellata di arancia

Streichfähige Zubereitung aus eingekochten Orangen und/oder Orangenschalen, Zucker und Wasser

Nach EU-Definition dürfen industriell hergestellte Fruchtaufstriche nur dann als „Marmelade“ bezeichnet werden, wenn sie mindestens 200 g Fruchtstücke, Fruchtmark, Saft und Schale pro kg enthalten.

Verwendung: als Brotaufstrich, für Kekse und Kuchen, zum Aromatisieren von Saucen

★★★★

KONFITÜRENHERSTELLUNG

Bei der Herstellung von Birnenkonfitüre muss zunächst das reife Obst geschält werden.

Dann werden die Früchte vom Gehäuse befreit und in Stücke geschnitten.

Zu den Birnenstücken können unterschiedliche Gewürze gegeben werden, beispielsweise Vanille, Sternanis, Zimt und geröstete Mandelplättchen.

Anschließend wird Zucker in einer Pfanne karamellisiert und mit Wasser abgelöscht. Der Karamell wird über die Früchte und Gewürze verteilt, dann wird alles aufgekocht.

Zuletzt werden die Gewürze entfernt und die fertige Konfitüre in Gläser abgefüllt. Diese werden luftdicht verschlossen, sterilisiert und etikettiert.

KONFITÜRE

GB: Jam
F: Confiture
E: Confitura
I: Confettura

Streichfähige Zubereitung aus eingekochtem Obst, Zucker und Wasser

Kann je nach Hersteller Geliermittel, Konservierungs- und Farbstoffe, Gewürze, Alkohol und Säuerungsmittel enthalten.

Der Fruchtanteil ist innerhalb der EU gesetzlich geregelt: „Konfitüre Extra" enthält mindestens 45 % Fruchtfleisch, „Konfitüre einfach" mindestens 35 %.

Verwendung: als Brotaufstrich, für Kekse und Kuchen, zum Aromatisieren von Saucen

★★★★

PFLAUMENMUS

GB: Plum butter
F: Confiture de prunes
E: Confitura de ciruela
I: Confettura di prugne

Streichfähige Zubereitung aus eingekochten Pflaumen, Zucker und Wasser, oft auch mit Gewürzen verfeinert

★★★★

APRIKOSENKONFITÜRE

GB: Apricot jam
F: Confiture d'abricots
E: Confitura de albaricoque
I: Confettura di albicocche

Streichfähige Zubereitung aus eingekochten Aprikosen, Zucker und Wasser

★★★★

BROMBEERKONFITÜRE

GB: Blackberry jam
F: Confiture de mûres
E: Confitura de moras
I: Confettura di more

Streichfähige Zubereitung aus eingekochten Brombeeren, Zucker und Wasser

★★★★

ERDBEERKONFITÜRE

GB: Strawberry jam
F: Confiture de fraises
E: Confitura de fresas
I: Confettura di fragole

Streichfähige Zubereitung aus eingekochten Erdbeeren, Zucker und Wasser

★★★★

FEIGENKONFITÜRE

GB: Fig jam
F: Confiture de figues
E: Confitura de higos
I: Confettura di fichi

Streichfähige Zubereitung aus eingekochten Feigen, Zucker und Wasser

★★★★

HIMBEERKONFITÜRE

GB: Raspberry jam
F: Confiture de framboises
E: Confitura de frambuesas
I: Confettura di lamponi

Streichfähige Zubereitung aus eingekochten Himbeeren, Zucker und Wasser

★★★★

SCHOKOLADE
GB: Chocolate
F: Chocolat
E: Chocolate
I: Cioccolato

Süßware aus Kakaobohnen, Kakaomasse, Kakaopulver, Zucker und Kakaobutter, die bei nicht hochwertigen Produkten teilweise durch anderes Pflanzenfett oder -öl ersetzt ist.

Vollmilchschokolade hat einen geringeren Kakaoanteil (mindestens 30 %) als Zartbitterschokolade (mindestens 50 %) und ist weicher und süßer.

Weiße Schokolade enthält als einzige Sorte keine Kakaomasse und ist deshalb weiß.

Enthält über 600 natürliche Aromen.

Der Anteil der Kakaomasse bestimmt die Sorte und den Geschmack der Schokolade. Je höher der Kakaoanteil, desto hochwertiger und bitterer ist die Schokolade.

Wird meist in Form gegossen als Tafel angeboten.

Verwendung: als Snack, zum Kochen und Backen

★★★★★

BLOCKSCHOKOLADE, KOCHSCHOKOLADE

GB: Baking chocolate
F: Chocolat à cuire, Chocolat en plaque, Chocolat de couverture
E: Chocolate de cobertura
I: Cioccolato per dolci, Cioccolato da copertura

Schokolade mit hohem Zuckeranteil (50–60 %) und über 30 % Kakaoanteil

Enthält relativ wenig Fett und ist deshalb als Kuvertüre zum Überziehen von Kuchen und Pralinen ungeeignet.

Wird meist in großen Tafeln angeboten, die durch Kerben in Blöcke unterteilt sind.

Verwendung: fein gehackt für Teige und Saucen

★★★

GOURMETSCHOKOLADE

GB: Gourmet chocolate
F: Chocolat fin
E: Chocolate de gourmet
I: Ciccolato gourmet

Schokolade der Extraklasse aus hochwertigen Kakaosorten, vielfach sortenrein

Meist handwerklich hergestellt, handgeschöpft und mit Nüssen, exotischen Früchten oder Blüten sowie mit Gewürzen aromatisiert

Verwendung: als Snack

★★★★★

Bei der Schokoladenherstellung müssen als Erstes die Kakaobohnen gemahlen und so lange conchiert – d.h. in einer speziellen Maschine gerührt – werden, bis eine glatte Masse entstanden ist.

Die flüssige Schokolade wird auf eine Art langes Blech gegossen und anschließend sorgfältig verstrichen.

Sobald die Schokolade fest geworden ist, wird die Füllung – hier Marzipan – daraufgegeben und mit einer weiteren Schokoladenschicht überzogen.

Ist die Schokolade getrocknet, wird die Masse in Stücke geschnitten und ein letztes Mal in flüssige Schokolade getaucht.

Nach einer letzten Kontrolle werden die handgemachten Tafeln verpackt und können verkauft werden.

REGISTER

Aal 197
Aal, geräuchert 224
Abate Fetel 329
Aceto Balsamico 114
Ackerbohnen 283
Ackersegen 258
Adzuki-Bohnen 286
Agata 259
Agavendicksaft 369
Agria 259
Ahornsirup 369
Ährenfisch 199
Akazienhonig 371
Alexander Lucas 329
Allgäuer Bergkäse 96
Allgäuer Emmentaler 97
Alpikoner 81
Altenburger Ziegenkäse 66
Amarant 18
Amerikanische Auster 212
Ananas 348
Anchovis 194
Anchovisfilets 220
Anchovis, getrocknet 220
Anis 310
Äpfel 324–327
Apfelessig 117
Apfelkraut 370
Apfelsine 341
Apfelsirup 370
Appenzeller 81
Aprikose 334
Aprikosenkonfitüre 376
Arborio-Reis 13
Ardenner Schinken 179
Arganöl 118
Artemismuschel 215
Artischocke 264
Arzúa-Ulloa 77
Aschantinuss 358
Asetra-Kaviar 229
Asiago fresco pressato 75
Ästiger Stachelbart 244
Aubergine 280
Austern 211–212
Austernpilz 243
Austernseitling 243
Avocado 280
Ayran 49
Azuki 286

Baguette 24
Baguettebrötchen 28
Balsamessig 114
Balsamessig-Herstellung 115
Bamberger Hörnchen 259
Banane 347
Banon 66
Bärlauch 292
Basilikum 299
Basmatireis 11
Batate 263
Bataviasalat 270
Baumpilz 245
Baumtomate 352
Beaufort 89
Beenleigh Blue 109
Beeren 336–340
Beifuß 294
Beinscheibe 140
Beluga-Kaviar 229
Beluga-Linsen 288
Berglinsen 289
Berner Alpkäse 81
Beurre d'Échiré 124
Bierschinken 162
Birnen 328–331
Birnenkraut 370
Birnensirup 370
Bischofsmütze 279
Bismarckhering 223
Blacksticks Blue 106
Blattgemüse 264–271
Blaubeere 337
Blaukraut 248
Blauschimmelkäse 104–109
Bleu d'Auvergne 104
Bleu de Gex 104
Bleu des Causses 104
Blockschokolade 378
Blue Stilton 107
Blume (Kalb) 135
Blumenkohl 250
Blutwurst-Herstellung 157
Bockwurst 160
Boeren-Leidse met sleutels 83
Bohnen, getrocknet 284–286
Bohnenkraut 294
Borlotti-Bohnen 286
Borretsch 294
Boskop 325
Boule de Lille 89
Brachsenmakrele 189
Bra Duro 98
Braeburn 325
Brandhorn 219
Branntweinessig 116
Brathering 222
Bratwurst 161
Braune Linsen 289
Brauner Zucker 364
Braunkappe 240
Brennnessel 265
Bresaola della Valtellina 172
Bresse-Poularde 149
Brezel 30
Brie de Meaux 58
Brie de Nangis 58
Brillat-Savarin 53
Brokkoli 250
Brombeere 337
Brombeerkonfitüre 376
Brot 21–27
Brühwürste 159–163
Brunnenkresse 296
Bubespitzle 39
Buchstabennudeln 38
Buchweizen 18
Bückling 222
Bündnerfleisch 179
Burgos 57
Burrata 54
Butifarra blanca 159
Butifarra negra 159
Butter 124
Butter-Herstellung 125
Buttermilch 48
Butternusskürbis 277
Butterpilz 240
Butterröhrling 240
Butterschmalz 126

Cabanossi 170
Caboc 52
Caerphilly 79
Calamaretto 209
Camembert au Calvados 58
Camembert de Normandie 59
Canestrato Pugliese 100
Cannelloni 37
Cantal 72
Cantaloupe-Melone 346
Capelli d'angelo 34
Capellini 34
Cappeletti 41
Cashewkern 357
Cashewnuss 357
Cassisbeere 338
Castelmagno 98
Cayennepfeffer 304
Cecina de León 176
Chablis 59
Champignon 241
Champignonzucht 242
Chaource 60
Charentais-Melone 346
Châteaulinsen 289
Cheddar 92
Cheddar-Herstellung 93
Cherimoya 352
Chèvrefeuille 57
Chicorée 268
Chili-Flocken 304
Chilischoten 303
Chinakohl 252
Chinesischer Senfkohl 252
Chinesisches Ei 153
Chorizo tradicional 167
Christa 259
Ciabatta 25
Cidre-Essig 117
Cilena 260
Clementine 342
Cocktailtomate 273
Cœur Gourmand 57
Comté 89
Conchiglie 37
Conference 329
Conger 197
Cornish Blue 106
Cornish Yarg 79
Corsu vecchiu 87
Costoluto-Tomate 274
Cotherstone 79
Cottage cheese 52
Cox Orange 325
Cranberry 339
Crème double 47
Crème fraîche 51
Cripps Pink 327
Croissant 31
Crottin de Chavignol 67
Crozier Blue 109
Curry 313

Dattel 355
Debreziner 163
Derby 80
Desmond 94
Deutscher Kaviar 230
Devon Blue 106
Dextrose 368
Dicke Bohnen 283
Dicke Rippe 130
Dijon-Senf 317
Dill 293
Dinkel 17
Dinkelmehl 20
Dorade 189
Dorsch 182
Dosenmilch 47
Drachenkopf 198

Edamer 83
Édel de Cléron 60
Edelkrebs 206
Edzell Blue 260
Eichblattsalat 270
Eier 151–153
Eier aus artgerechter Hühnerhaltung 152
Eierfrucht 280
Eierschwamm 241
Eiertomate 273
Einlegegurke 276
Einsiedlerkrebs 205
Eisbein 133
Eisbergsalat 271
Eismeergarnele 208
Eissalat 271
Eiszapfen 255
Elstar 325
Emmentaler 85
Endivie 267
Englischer Senf 317
Enoki-Pilz 245
Ente 149
Entenei 151
Entenmuschel 217
Entrecôte 137
Époisses de Bourgogne 61
Erbsen 281

Erbsen, getrocknet 287
Erdäpfel 258–263
Erdbeere 336
Erdbeerkonfitüre 376
Erdnuss 358
Erdnussöl 118
Esrom 84
Essbare Blüten 271
Essige 114–117
Esskastanie 359
Estragon 298
Etoile de Gatin 67
Europäische Auster 212

Fadennudeln 38
Falsches Filet 138
Farfalle 36
Federkohl 249
Feige 355
Feigenkonfitüre 376
Feine Leberwurst 158
Feine Schinkenwurst 162
Feldsalat 266
Fenchel 256
Fenchelkraut 293
Feta 56
Fienoso 75
Filmjölk 49
Fingernudeln 39
Fisch 182–203
Fisolen 282
Fladenbrot 25
Flageoletbohnen 286
Flaschentomate 273
Fleisch
  Geflügel 146–150
  Hackfleisch 144
  Innereien 145
  Kalb 134–135
  Lamm 141–142
  Rind 136–140
  Schwein 130–133
Fleischtomate 274
Fleur de sel 314
Flunder 193
Flussaal 197
Flusskrebs 206
Flûte 24
Fontina 75
Forelle 196
Forelle, geräuchert 224
Forellenkaviar 230
Formaggio di Fossa di Sogliano 99
Fourme d'Ambert 105
Frankfurter 160
Frankfurter Rindswurst 160
Friesenkandis 367
Frischkäse 52–57
Friséepilz 244
Frisée-Salat 269
Fruchtgemüse 272–283
Fruchtzucker 368
Frühlingszwiebel 247
Fruktose 368
Fuet 168
Fusilli 37

Gabeldorsch 183
Gabelspaghetti 38
Gala 326
Galia-Melone 346
Gans 149
Gänseschmalz 127
Garam Masala 313
Garnelen 207
Gartenbohnen 282
Gartenkresse 296
Gebirgsblütenhonig 371
Gefleckter Lippfisch 184
Geflügel 146–150
Gehacktes 144
Geißbrasse 189
Gekochter Schinken 178
Gelbe Buschbohnen 283
Gelbe Honigmelone 345
Gelbe Passionsfrucht 349
Gelbe Rübe 253
Gelbe Schälerbsen 287
Gelbwurz 308
Gelee 373
Gemüse
  Blattgemüse 264–271
  Fruchtgemüse 272–283
  Hülsenfrüchte 284–289
  Kohl 248–252
  Pilze 238–245
  Spargel 236–237
  Wurzel- und Knollengemüse 253–263
  Zwiebelgemüse 246–247
Gemüsegurke 276
Gerste 16
Gerstenmehl 19
Getreide 15–18
Gewürze 302–321
Gewürzmischungen 313
Gewürznelken 311
Ghee 126
Gipfeli 31
Glasnudeln 42
Gloster 326
Glukose 368
Gnocchi 39
Goldbarsch 198
Goldbrasse 189
Golden Delicious 326
Golden Kiwi 353
Gorgonzola 105
Gouda 84
Gourmetsalz 314
Gourmetschokolade 378
Grana Padano 90
Granatapfel 350
Gran Capitán 99
Granny Smith 326
Grapefruit 343
Graubrot 21
Graved Lachs 226
Gravlax 226
Grönlandgarnele 208
Grüne Bohnen 282
Grüne Erbsen 287
Grüne Linsen 288
Grüne Nudeln 33
Grüner Pfeffer 305
Grüner Salat 270
Grünkohl 249
Grünlipp-Muschel 217
Grünschalmuschel 217
Gruyère 95
G'selchtes 178
Guave 350
Gudbrandtalsost 111
Gurkenkraut 294

Hackepeter 144
Hackfleisch 144
Hafer 16
Hafermehl 19
Hagelzucker 365
Hähnchen 146
Hähnchenbrustfilet 147
Hähnchenflügel 147
Hähnchenschenkel 147
Halbfester Käse 72–88
Halloumi 85
Hartkäse 89–103
Haselnuss 359
Haselnussöl 118
Haushaltszucker 364
Havarti 85
Haxe 133
Hecht 202
Heidelbeere 337
Heiden 18
Heilbutt 192
Hering 194
Heringskönig 200
Heringsrogen, gesalzen 231
Herkuleskeule 219
Hermanns Blaue 260
Herzmuschel 213
Herzmuscheln im eigenen Sud 232
Heuschreckenkrebs 205
Highland Burgundy Red 260
Himbeere 336
Himbeerkonfitüre 376
Hirschfilet 143
Hirse 17
Hochrippe 138
Hohe Rippe 138
Hokkaido 278
Holsteiner Katenschinken 177
Holunderbeere 339
Honig 371–372
Hörnchen 31
Hörnchennudeln 36
Hornhecht 203
Hühnerei 151
Hülsenfrüchte 284–289
Hummer 204
Hüttenkäse 52

Idared 327
Ingwer 302
Innereien 145

Jack be Little 279
Jagdwurst 162
Jakobsmuschel 213
Jambon d'Ardenne
Jamón Ibérico 174
Jamón-Ibérico-Herstellung 175
Jamón Serrano 176
Japanische Auster 211
Japanischer Meerrettich 318
Jarlsberg 97
Jasminreis 11
Joghurt 50
Johannisbeere 338
Jonagold 327
Judasohr 245

Kabanos 170
Kabanossi 170
Kabeljau 182
Kai Choi 252
Kaisergranat 205
Kaiserschoten 281
Kaki 351
Kaktusfeige 352
Kalbsbrust 134
Kalbsfilet 135
Kalbsfleisch 134–135
Kalbshals 134
Kalbshüfte 135
Kalbsnacken 134
Kalbsrücken 134
Kalbsschnitzel 135
Kalmar 209
Kaminwurzen 166
Kammmuscheln in Würzsauce 232
Kamut 15
Kandissticks 367
Kaninchen 143
Kapaun 148
Kapern 319
Kapernäpfel 319
Kapstachelbeere 353
Karambole 354
Kardamom 311
Karfiol 250
Karotte 253
Karpfen 203
Kartoffeln 258–263
Käse
  Blauschimmelkäse 104–109
  Frischkäse 52–57
  Halbfester Käse 72–88

Hartkäse 89-103
Molkekäse 111
Sauermilchkäse 110-111
Weichkäse 58-71
Kashkaval 85
Kashkaval hart 103
Kastanienhonig 372
Kastanienseitling 243
Katenrauch-Salami 170
Katfisch 186
Katzenhai 202
Kaviar 229-230
Kefalotiri 103
Kefir 49
Keniabohnen 282
Kerbel 295
Kerne 360-361
Kernobst 324-331
Keta-Kaviar 230
Keulenrochen 201
Kichererbsen 287
Kieler Sprotten 227
Kirsche 332
Kirschtomate 273
Kiwi 353
Klebereis 13
Kleiner Wiesenknopf 295
Kleingebäck 28-31
Kluntje-Kandis 367
Knäckebrot 27
Knoblauch 292
Knollensellerie 257
Knöpfle 30
Knurrhahn 198
Kochschokolade 378
Kochwürste 156-159
Kohl 248-252
Köhler 182
Kohlrabi 251
Kokosfett 127
Kokosnuss 356
Kondensmilch 47
Konfitüre 374-376
Konfitürenherstellung 374
Königsausternpilz 243
Kopfsalat 270
Koriander 301
Kornspitz 30
Krakauer 162
Krake 210
Krause Endivie 269
Kräuter 292-301
Kräuterseitling 243
Krautstiel 264
Krebsscheren im eigenen Sud 233
Krebstiere 204-208
Kren 318
Kreuzkümmel 307
Kreuzmuster-Teppichmuschel 214
Kristallzucker 364
Krustenbrötchen 29
Krustenkandis 366
Küchenzwiebel 246
Kugel (Rind) 139
Kumin 307
Kümmel 307
Kumquat 341
Kürbiskerne 361
Kürbiskernöl 121
Kürbiskernöl-Herstellung 120
Kurkuma 308

Lachs 195
Lachsersatz 226
Lachsforelle 196
Lachs, geräuchert 225
Lachskaviar 230
Laguiole 72
Lammfilet 141
Lammkarree 141
Lammkeule 142
Lammkotelett 141
Lammrücken 141
Lammschulter 142
Lampionfrucht 353
Lancashire 80
Langkornreis 11
Langres 61
Languste 204
Lardo di Colonnata 172
Lasagneblätter 34
Lattich 268
Lauch 247
Lauchzwiebel 247
Laugenbrezel 30
Lavendel 297
Leberwurst 158
Leerdammer 84
Leinöl 123
Lendensteak 137
Lengfischrogen, gesalzen 231
Liebstöckel 295
Limburger 64
Limette 344
Limettengelee 373
Linguine 35
Linsen 288-289
Litschi 354
Livarot 61
Lollo biondo 269
Lollo rosso 269
Lomo Ibérico 174
Longaniza extra 168
Lorbeerblätter 300
Lotte 200
Lungenbraten 136
Lyoner 163

Macadamianuss 356
Macadamiaöl 119
Maccheroni 37
Macis 309
Maggikraut 295
Mahón-Menorca 77
Mailänder Salami 166
Mairübe 254
Mais 17
Maiskeimöl 122
Maismehl 20
Maja 261
Majoran 298
Makrele 190
Makrele, geräuchert 225
Makrelenfilet in Olivenöl 225
Makrelenrogen in Öl 231
Mandarine 342
Mandel 358
Mango 349
Mangold 264
Mangostane 350
Manouri 56
Maracuja 349
Margarine 127
Marille 334
Marmelade 373
Maroilles 62
Marolles 62
Marone 359
Maronenröhrling 240
Mascarpone 53
Matjes 222
Matzen 27
Maultaschen 41
Meeraal 197
Meeräsche 201
Meeräschenrogen 231
Meeresfrüchte 204-219
Meeresschnecken 218-219
Meeresschnecken im eigenen Sud 233
Meerforelle 196
Meerrettich 318
Mehl 19-20
Melanzani 280
Melasse 368
Melonen 345-346
Merlan 184
Messerlippfisch 184
Mie-Nudeln 42
Miesmuschel 217
Miesmuscheln in Öl 232
Miesmuschelzucht 216
Milch 46
Milder Senf 316
Mimolette 89
Minze 300
Mirabelle 333
Mischbrot 21
Mittelmeerschnecke 219
Mittelscharfer Senf 316
Mochi 14
Mohnbrötchen 28
Möhre 253
Möhre Purple Haze 253
Mohrrübe 253
Mojama 228
Molke 48
Molkekäse 111
Morbier 72
Morcilla 156
Mortadella di Bologna 156
Mozzarella di Bufala Campana 54
Mozzarella-Herstellung 55
Mu-Err-Pilz 245
Münchner Leberkäse 161
Münchner Weißwurst 161
Mungobohnen 285
Munster 62
Muscheln 211-217
Muskatblüte 309
Muskatkürbis 278
Muskatnuss 309

Naan 26
Nagelrochen 201
Nashi-Birne 331
Naturreis 10
Navette 254
Nektarine 335
Nelkenpfeffer 306
Neufchâtel 62
Nordseekrabbe 208
Nudeln 32-43
Nüsse 356-359
Nüsslisalat 266

Oberschale 132
Obst
Beeren 336-340
Exoten 347-355
Kernobst 324-331
Melonen 345-346
Steinobst 332-335
Zitrusfrüchte 341-344
Ochsenherztomate 274
Ochsenkotelett 137
Ochsenschlepp 140
Ochsenschwanz 140
Odenwälder Blaue 261
Odenwälder Frühstückskäse 65
Öle 118-123
Oliven 320-321
Olivenöl 123
Ölsardinen 220
Orange 341
Orangenmarmelade 373
Orecchiette 37
Oregano 298
Ossau-Iraty 87
Ossetra-Kaviar

Pak Choi 252
Pancetta di Calabria 173
Pancetta steccata agli Aromo 173
Pancetta tesa 173
Pangasius 199
Panino Pugliese 28

Papaya 349
Pappardelle 34
Paprikapulver 304
Paprikaschote 275
Paradeiser 272–274
Paranuss 357
Parboiled Reis 10
Parisienne 25
Parmaschinken 171
Parmesankäse 90
Parmigiano-Reggiano 90
Passionsfrucht 348
Pastrami 179
Pazifische Felsenauster 211
Pecorino Fiore Sardo 100
Pecorino Romano 100
Pecorino Siciliano 101
Pecorino Toscano 101
Pekannuss 357
Pélardon 67
Penne 36
Peperoni 275, 303
Perlhuhn 150
Perlzwiebel 247
Petersilie 296
Petit Basque 87
Pfahlmuschel 217
Pfälzer Leberwurst 158
Pfeffer 305
Pfeffer-Salami 170
Pfifferling 241
Pfirsich 335
Pflaume 333
Pflaumenmus 376
Physalis 353
Picodon 68
Picón Bejes-Tresviso 108
Pilgermuschel 213
Pilze 238–245
Piment 306
Pimientos de Padrón 275
Pimpinelle 295
Pinienkerne 360
Pink fir Apple 261
Pink Lady 327
Pinto-Bohnen 284
Pistazie 361
Pistazienöl 119
Pitahaya 351
Pluot 334
Pomelo 343
Pom-Pom blanc 244
Pont-L'Évêque 63
Porree 247
Portulak 266
Postelein 266
Pouligny Saint-Pierre 68
Preiselbeere 339
Presssack 156
Priesterfisch 199
Prosciutto di Parma 171
Provolone piccante 91
Puderzucker 365
Puffbohnen 283
Pul Biber 304
Pumpernickel 23
Purpurschnecke 219
Putenbrustfilet 146
Puter 146

Quark 52
Queijo de Ovelha 71
Queijo Flamengo 78
Queso Cabrales 108
Queso de Burgos 57
Queso de Cantabria 78
Queso de la Serena 88
Queso de Murcia al vino 86
Queso de Valdeón 108
Queso Grazalema 88
Queso Ibérico 86
Queso Idiazábal 102
Queso Majorero 86
Queso Manchego 102
Queso Roncal 102
Queso Tetilla 78
Quinoa 18
Quitte 331
Quittengelee 373

Raclette-Käse 82
Radicchio 268
Radieschen 256
Rahne 254
Rambutan 354
Rande 254
Rapshonig 372
Rapsöl 123
Rapunzel 266
Raschera 76
Ratte, La 262
Räucheraal 224
Räucherforelle 224
Räucherlachs 225
Rauke 267
Ravioli 41
Reblochon 73
Reblochon de Savoie 73
Red Barlett 330
Red Delicious 327
Red Leicester 94
Red Snapper 185
Red Williams Christ 330
Reh 143
Reichskanzler 262
Reis 10–14
Reisernte 12
Reismehl 20
Reisnudeln 42
Rettich 255
Rheinisches Schwarzbrot 23
Ribisel 338
Ricotta 111
Riesengarnele 208
Rigatoni 37
Rigotte de Condrieu 69
Rinderbrust 138
Rinderfilet 136
Rindernuss 139
Rinderroulade 139
Rindfleisch 136–140
Ripperl 130
Rispentomate 273
Roastbeef 136
Rocamadour 69
Roche Baron 105
Rogen 229–231
Roggen 16
Roggenbrötchen 29
Roggenmehl 19
Rohrzucker 364
Rohwürste 164–170
Rollmops 223
Romadur 65
Romana-Salat 268
Romanesco 250
Römischer Salat 268
Roquefort 109
Rosa Pfeffer 306
Rosenkohl 251
Rosmarin 297
Rostbratenried 138
Rotbarbe 186
Rotbarsch 198
Rotbrasse 188
Rote Bete 254
Rote Johannisbeere 338
Rote Kidney-Bohnen 285
Rötel 195
Rote Linsen 289
Rote Meerbarbe 186
Roter Camargueреis 14
Roter Schnapper 185
Roter Thunfisch 190
Rote Rübe 254
Rotkäppchen 65
Rotkohl 248
Rotweinessig 116
Rouelle cendrée 69
Rübenkraut 370
Rübstiel 266
Rukola 267
Rumpsteak 137

Saccharose 364
Safran 309
Sage Derby 80
Saibling 195
Sainte Maure de Touraine 70
Saint-Nectaire 73
Salame al tartufo 165
Salame cacciatore 164
Salame crudo 165
Salame di cinta senese 164
Salame finocchiona 165
Salame montanaro 164
Salame 'Nduja 166
Salametti bocconcini 165
Salatgurke 276
Salbei 299
Salchichón del Pirineo 167
Salchichón de Vic 167
Salchichón extra cular 167
Salm 195
Salz 314–315
Salzhering 222
Salzwiesenlamm 142
Samtfußrübling 245
San-Daniele-Schinken 171
Sankt Petersfisch 200
Santa Maria 330
Sardelle 194
Sardellen einlegen 221
Sardellenfilets 220
Sardine 194
Saubohnen 283
Saucisses de Strasbourg 159
Saucisson Bridé au St. Joseph 169
Saucisson d'Ardeche 169
Saucisson les Saboias fumé 169
Saucisson sec d'Auvergne 169
Sauerampfer 265
Sauerkirsche 332
Sauerkraut 248
Sauermilchkäse 110–111
Sauerteigbrot 21
Saure Sahne 51
Sbrinz 95
Scamorza 54
Scampi 205
Schafjoghurt 50
Schafmilch 46
Scheidenmuschel 215
Schillerlocke 227
Schinken in Aspik 158
Schinkensülze 158
Schinken und Speck 171–179
Schinkenwurst 162
Schlagobers 47
Schlagrahm 47
Schlagsahne 47
Schmand 51
Schmorgurke 276
Schnittlauch 293
Schokolade 377–379
Scholle 193
Schultermeisl 138
Schupfnudeln 39
Schüttelbrot 26
Schwarzbrot 21, 22–23
Schwarzbrot backen 22
Schwarze Bohnen 284
Schwarze Johannisbeere 338
Schwarzer Hollunder 339
Schwarzer Pfeffer 305
Schwarzer Piemont Reis 49
Schwarzer Rettich 255
Schwarze Trüffel 238
Schwarzgeräuchertes 178
Schwarzkümmel 307

Schwarzwälder Schinken 177
Schwarzwurzel 257
Schwedenmilch 49
Schweinebauch 130
Schweinebrustspitz 130
Schweinefilet 132
Schweinefleisch 130-133
Schweinekotelett 131
Schweineleberpastete 159
Schweinemaus 132
Schweinemett 144
Schweinenackensteak 131
Schweinenuss 132
Schweinerollbraten 131
Schweineschmalz 126
Schweineschnitzel 133
Schwertfisch 191
Schwertmuschel 215
Schwertmuscheln im eigenen Sud 232
Schwimmkrabbe 206
Secura 262
Seebarsch 187
Seehecht 183
Seeigel 218
Seelachs 182
Seelachsscheiben in Öl 226
Seespinne 207
Seeteufel 200
Seewolf 186
Seezunge 193
Selles-sur-Cher 70
Senf 316-317
Senf à l'ancienne 317
Sepia 210
Sesambrötchen 29
Sesamöl 122
Sevruga-Kaviar 229
Sharon 351
Sharon Blue 262
Sharpham 64
Sherry-Essig 117
Shetland Black 263
Shichimi togarashi 313
Shiitake 245
Shropshire Blue 107
Single Gloucester 94
Sirup 369-370
Soba 43
Sobrasada de Mallorca 168
Sojabohnen 284
Solara 263
Somen 43
Sommertrüffel 238
Sonnenblumenkerne 361
Sonnenblumenöl 121
Spaghetti 35
Spaghettikürbis 278
Spaghettini 35
Spanferkel 133
Spanische Nuss 358
Spare Ribs 130
Spargel 236-237
Spätzle 39
Speisefette 124-127
Speiseöl 118-123
Spinat 265
Spitzkohl 249
Spitzmorchel 239
Stachelbeere 338
Stangenbohnen 282
Stangensellerie 257
Staubzucker 365
Staudensellerie 257
Steckrübe 254
Steinbeißer 186
Steinbutt 192
Steinobst 332-335
Steinpilz 239
Stelze 133
Sternanis 310
Sternfrucht 354
Stielmus 266
Stilfser 76
Stilton 107
Stockfisch 228
Stör 197
Strandschnecke 219
Strathdon Blue 107
Strauchtomate 273
Straußenei 153
Straußenfilet 150
Stremellachs 226
Stripetti 279
Stubenküken 148
Südtiroler Speck 172
Suppenhuhn 148
Surimi 227
Sushi-Reis (Shinode) 13
Süße Brotaufstriche 369-376
Süßer Reis 14
Süßer Senf 316
Süßholz 311
Süßkartoffel 263
Süßungsmittel 364-372
Swaledale 88

Tafelmeerrettich 318
Tafelspitz 139
Tafelstück 139
Tagliatelle 35
Taleggio 64
Tamarillo 352
Tamarinde 308
Tannenhonig 371
Taschenkrebs 206
Tatar 144
Taube 150
Tausendjähriges Ei 153
T-Bone-Steak 136
Tellerlinsen 288
Testùn al barolo 99
Tête de Moine 82
Thai-Curry 313
Thon 190
Thunfisch 190-191
Thunfisch in Öl 227
Thüringer Rotwurst 158
Thymian 297
Thymianhonig 372
Tilapia 185
Tilsiter 83
Tintenfische 209-210
Tintenfisch in eigener Tinte 233
Tiroler Graukäse 111
Toastbrot 26
Toma Biellese 76
Toma Piemontese 76
Tomaten 272-274
Tomme de Montagne 74
Tomme de Savoie 74
Topfen 52
Torta del Casar 71
Tortelli 40
Tortellini 40
Tortelloni 40
Traubenkernöl 121
Traubenzucker 368
Trüffel 238
Truthahn 146
Truthahnbrustfilet 146
Tulum peyniri 56
Türkenkorn 18

Ubriaco 91
Udon 43
Ungarische Salami 170

Vacherin du Haut-Doubs 63
Vacherin Fribourgeois 82
Vacherin Mont d'Or 63
Valençay 70
Vanilleschote 312
Vanillezucker 367
Venusmuschel 214
Violetter Rötelritterling 240
Violette Samtmuschel 215
Vogerlsalat 266
Vollkornbrot 23
Vollkornnudeln 33
Vollkornreis 10
Vorarlberger Bergkäse 96

Wacholderbeeren 306
Wachsbohnen 283
Wachtel 150
Wachtelbohnen 284
Wachtelei 153
Waller 199
Walnuss 358
Walnussöl 119
Warzenmelone 346
Wasabi 318
Wassermelone 345
Weckchen 31
Weichkäse 58-71
Weintraube 340
Weißbrot 21
Weiße Bohnen 285
Weißer Balsamico-Essig 114
Weißer Kandis 366
Weißer Pfeffer 305
Weißer Thunfisch 191
Weiße Trüffel 238
Weißkohl 248
Weißkraut 248
Weißweinessig 116
Weizen 15
Weizenbrot 21
Weizenkeimöl 122
Weizenmehl 19
Wellhornschnecke 218
Wels 199
Westfälischer Knochenschinken 178
Wiener Würstchen 160
Wilder Wermut 294
Wildreis 14
Williams Christ 330
Winterendivie 267
Winterspargel 257
Wirsing 249
Wirz 249
Wittling 184
Wolfsbarsch 187
Wolkenohr 245
Würfelzucker 365
Wurst
  Brühwürste 159-163
  Kochwürste 156-159
  Rohwürste 164-170
  Schinken und Speck 171-179
Wurzelsellerie 257
Wurzel- und Knollengemüse 253-263

Ysop 300

Zackenbarsch 187
Zahnbrasse 188
Zamorano 103
Zander 186
Zedernnüsse 360
Zedratzitrone 344
Ziegenjoghurt 50
Ziegenmilch 46
Zigert 52
Zillertaler Bergkäse 96
Zimt 312
Zimtapfel 352
Zitrone 344
Zitronengras 302
Zitronenmelisse 301
Zitrusfrüchte 341-344
Zucchini 277
Zucker 364-368
Zuckerhut 366
Zuckerrübensirup 370
Zuckerschoten 281
Zwetschge 333
Zwiebel 246
Zwiebelgemüse 246-247